Eu sou o caminho, a verdade e a vida.
(Jesus)

REDAÇÃO PARA CONCURSOS

TEORIA E TESTES

REDAÇÃO PARA CONCURSOS

TEORIA E TESTES

15ª edição
Revista e atualizada

RENATO AQUINO

Impetus

Niterói, RJ
2022

© 2022, Editora Impetus Ltda.

Editora Impetus Ltda.
Rua Alexandre Moura, 51 – Gragoatá – Niterói – RJ
CEP: 24210-200 – Telefax: (21) 2621-7007

Conselho Editorial:
Ana Paula Caldeira • Benjamin Cesar de Azevedo Costa
Ed Luiz Ferrari • Eugênio Rosa de Araújo • Fábio Zambitte Ibrahim
Fernanda Pontes Pimentel • Izequias Estevam dos Santos
Marcelo Leonardo Tavares • Renato Monteiro de Aquino
Rogério Greco • William Douglas

Projeto e Editoração Eletrônica: Editora Impetus Ltda.
Capa: Editora Impetus Ltda.
Revisão: Do autor
Impressão e encadernação: Psi7 - Printing Solutions & Internet 7 S.A.

2ª tiragem

A669r

Aquino, Renato.
Redação para concursos: teoria e testes / Renato Aquino. – 15. ed. – Niterói, RJ: Impetus, 2022.
496 p. ; 17 x 24 cm.

Inclui bibliografia.

ISBN: 978-85-7626-934-2

1. Serviço público – Brasil - Concursos. 2. Língua portuguesa – Composição e exercícios. I. Título.

CDD-351.81076

TODOS OS DIREITOS RESERVADOS – É proibida a reprodução, salvo pequenos trechos, mencionando-se a fonte. A violação dos direitos autorais (Lei nº 9.610/98) é crime (art. 184 do Código Penal). Depósito legal na Biblioteca Nacional, conforme Decreto nº 1.825, de 20/12/1907.

O autor é seu professor; respeite-o: não faça cópia ilegal.

A **Editora Impetus** informa que se responsabiliza pelos defeitos gráficos da obra. Quaisquer vicios do produto concernentes aos conceitos doutrinários, às concepções ideológicas, às referências, à originalidade e à atualização da obra são de total responsabilidade do autor/atualizador.

www.impetus.com.br

Agradecimentos

À esposa querida, companheira de todos os momentos; aos filhos amados, sempre presentes em minha vida; à mãe devotada, através de cujo amor Deus me enviou ao mundo físico; à memória de meu pai, grande homem que tanto me ensinou. Mas, acima de tudo, a Deus, que nos concede o milagre da vida, para que, enobrecendo-a com nossas atitudes retas, cheguemos a Ele.

Renato Aquino

O Autor

RENATO MONTEIRO DE AQUINO
- Mestre em Letras (Filologia Românica) pela UFRJ
- Ex-professor de Língua Portuguesa e Literatura Brasileira do Colégio Militar do Rio de Janeiro
- Ex-professor de Língua Portuguesa da Secretaria de Estado de Educação do Rio de Janeiro
- Ex-professor de Língua Portuguesa da Secretaria Municipal de Educação do Rio de Janeiro
- Fiscal de atividades econômicas aposentado do município do Rio de Janeiro
- Professor de cursos preparatórios para concursos públicos

Outras obras do autor
- Interpretação de Textos. 16ª ed. Editora Impetus
- Português para Concursos – 29ª Ed. Editora Impetus
- Gramática Objetiva da Língua Portuguesa. 5ª ed. Editora Campus/Elsevier
- Dicionário de Gramática. 3ª ed. Editora Impetus
- Manual de Português e Redação Jurídica (em parceria com William Douglas). 5ª ed. Editora Impetus
- Português – Questões Comentadas – 2ª ed. Editora Impetus
- Amor e Luz (poesias). Editora Pongetti
- Espelho da Alma (sonetos, trovas e outros poemas). Editora Impetus

Apresentação da Série

A preparação para concursos públicos é composta por diversas etapas, dentre as quais se destaca a escolha e seleção dos materiais adequados ao estudo de cada disciplina. Ao longo dos anos, o mercado de apoio ao concurso vem se expandindo à medida que aumenta a procura de cidadãos pela boa remuneração e estabilidade asseguradas pelo cargo público. Observando este cenário e acompanhando as demandas e preferências dos concurseiros, a editora Impetus oferece a *Série Impetus Concursos*, apresentando aos leitores os conteúdos mais completos e atualizados para sua preparação.

Reforçando o caráter completo das obras, a *Série* prima pela adequação constante aos conteúdos abordados em concursos por meio do desenvolvimento de uma estrutura diferenciada, pensada especificamente para cada disciplina, atendendo, assim, às suas peculiaridades. Seu objetivo é alcançar a compreensão plena do conteúdo apresentado, pelo destaque das características essenciais e respeito à lógica interna da matéria. Para isso, disponibiliza o máximo de conteúdo da maneira mais eficiente, sem desperdiçar tempo de estudo ao abordar assuntos que não são cobrados pelas bancas.

Apresentação

Este livro se destina a todos que necessitam e desejam melhorar sua redação. Ele é, antes de tudo, prático e objetivo. Mostrando, de maneira clara e simples, as técnicas para se escrever bem, não se propõe fazer milagres – e é importante que se tenha isso em mente –, mas conduzir o leitor interessado a um desenvolvimento seguro e contínuo.

Rico em exercícios, que devem ser resolvidos com boa vontade e atenção, sem consulta prévia ao gabarito, traz os fatos gramaticais cujo domínio é fundamental para o progresso objetivado. Também fazem parte do livro um importante glossário de dúvidas; listas de homônimos e parônimos, de siglas e abreviaturas, de radicais gregos e latinos; textos especialmente selecionados para despertar o gosto maior pela leitura etc.

O progresso é gradativo e constante. Pede paciência e esforço, ferramentas sem as quais não se vai a lugar nenhum. Que o leitor não tente fazer tudo ao mesmo tempo, para que não se prejudique a assimilação da matéria. O importante é estudar sempre, derrubar gradativamente as barreiras, caminhar inabalavelmente para a frente. É o que desejo, com sinceridade, a todos.

O Autor

Palavras da Coordenação da Obra

Saber formular textos e apresentar ideias de forma clara, concisa e objetiva é imprescindível para todos aqueles que almejam uma boa colocação profissional e a aprovação em concursos públicos.

Para escrever bem não é necessário, contudo, recorrer a fórmulas mágicas, bastando que se some a dedicação ao estudo à prática constante da leitura. Reforçando essa equação, Renato Aquino, um dos nomes de maior referência no estudo de língua portuguesa para concursos no país, apresenta a obra *Redação para Concursos*, na qual o conteúdo, dividido em duas partes centrais, é tratado em profundidade com atenção aos pontos de maior dúvida para estudantes e concurseiros.

Nas dez lições que compõem a primeira parte do livro, o autor apresenta diferentes tipos de textos alegóricos, de diversos formatos, chamando a atenção dos leitores para a gramática que estrutura tais redações, questões ortográficas que devem ser observadas, exercícios, enriquecimento vocabular e, por último, a proposta de novos temas, devidamente orientados, para a prática de elaboração de textos.

Já na segunda parte, são apresentadas e esclarecidas dúvidas e destacadas as principais questões que tiram o sono dos estudantes na preparação para certames, para complementar os conhecimentos apreendidos em toda a obra, Renato Aquino propõe ainda a leitura de textos essenciais ao acervo literário de um futuro profissional.

Uma obra na medida certa para despertar o interesse pela leitura e estimular o desenvolvimento contínuo e embasado daqueles que se preparam para a elaboração de redações. Um manual de redação que não procura condicionar o leitor às técnicas vigentes, e sim a desenvolver seu raciocínio e prepará-lo para ser capaz de desenvolver qualquer tipo de texto.

Reforço aqui o que disse nas Palavras da Coordenação da obra *Português para Concursos*, 28ª ed. e *Interpretação de Textos*, 14ª ed.: Renato Aquino não é somente professor, é também educador, filólogo e poeta. O respeito do professor para com os alunos e, principalmente, a visão humanista com a qual exerce seu trabalho justificam o porquê de seu êxito entre os leitores e a admiração que granjeou entre seus pares. Em todos os trabalhos em que se envolve, o amor pelo ensino exacerba-se, reafirmando seu extraordinário talento.

William Douglas
Juiz Federal, Professor Universitário e
Presidente do Conselho Editorial

Sumário

PRIMEIRA PARTE

PRIMEIRA LIÇÃO

POESIA MATEMÁTICA **2**
GRAMÁTICA – Acentuação gráfica **5**
    Tipos de palavras 5
    Regras gerais 5
    Casos especiais...6
    Dupla prosódia...8
    Pronúncia duvidosa 8
    Exercícios 8
ORIENTAÇÃO ORTOGRÁFICA – Emprego de letras (I) **11**
    Exercícios 12
PARA ESCREVER BEM – Conhecimentos gerais (I) **13**
EXERCÍCIOS ESTRUTURAIS – Pronomes relativos (I) **15**
    Exercícios 16
ENRIQUECIMENTO DO VOCABULÁRIO............................. **19**
    Exercícios 19
TEMAS PARA REDAÇÃO **25**

SEGUNDA LIÇÃO

VALE POR DOIS **26**
GRAMÁTICA – Concordância nominal.................................. **28**
    Casos especiais...28
    Exercícios 31

ORIENTAÇÃO ORTOGRÁFICA – Emprego de letras (II) **33**
    Observações finais 34
    Exercícios 34
PARA ESCREVER BEM – Conhecimentos gerais (II) **36**
EXERCÍCIOS ESTRUTURAIS – Pronomes relativos (II) **38**
    Exercícios 38
ENRIQUECIMENTO DO VOCABULÁRIO **41**
    Exercícios 41
TEMAS PARA REDAÇÃO **45**

TERCEIRA LIÇÃO

UM HOMEM DE CONSCIÊNCIA **46**
GRAMÁTICA – Concordância verbal **48**
    Casos especiais 48
    Exercícios 52
ORIENTAÇÃO ORTOGRÁFICA – Grafia de certas palavras e expressões **56**
    Exercícios 58
PARA ESCREVER BEM – Conhecimentos gerais (III) **60**
EXERCÍCIOS ESTRUTURAIS – Transformação de palavras e expressões ... **63**
    Exercícios 63
ENRIQUECIMENTO DO VOCABULÁRIO **65**
    Exercícios 65
TEMAS PARA REDAÇÃO **70**

QUARTA LIÇÃO

A MOÇA TECELÃ **71**
GRAMÁTICA – Regência verbal (I) **74**
    Exercícios 78
ORIENTAÇÃO ORTOGRÁFICA – Emprego do hífen (I) **81**
    Exercícios 82
PARA ESCREVER BEM – Conhecimentos gerais (IV) **83**
EXERCÍCIOS ESTRUTURAIS – Repetição de palavras e expressões **85**
    Exercícios 85
ENRIQUECIMENTO DO VOCABULÁRIO **87**
    Exercícios 87
TEMAS PARA REDAÇÃO **92**

QUINTA LIÇÃO

FACULTATIVO **93**
GRAMÁTICA – Regência verbal (II) **95**
    Exercícios 97
ORIENTAÇÃO ORTOGRÁFICA – Emprego do hífen (II) **100**
    Exercícios 102
PARA ESCREVER BEM – Conhecimentos gerais (V) **104**
EXERCÍCIOS ESTRUTURAIS – Desfazimento de cacofonias e cacófatos **106**
    Exercícios 106
Desfazimento de ambiguidades **107**
    Exercícios 107
ENRIQUECIMENTO DO VOCABULÁRIO **108**
    Exercícios 108
TEMAS PARA REDAÇÃO **113**

SEXTA LIÇÃO

DA SOLIDÃO **114**
GRAMÁTICA – Crase **116**
    Casos obrigatórios 117
    Casos facultativos 118
    Casos proibitivos 119
    Exercícios 121
ORIENTAÇÃO ORTOGRÁFICA – Divisão silábica **124**
    Exercícios 125
PARA ESCREVER BEM – Conhecimentos gerais (VI) **127**
EXERCÍCIOS ESTRUTURAIS – Emprego de este, esse, aquele etc. **129**
    Exercícios 130
ENRIQUECIMENTO DO VOCABULÁRIO **131**
    Exercícios 131
TEMAS PARA REDAÇÃO **136**

SÉTIMA LIÇÃO

A PONTA DO NARIZ **137**
GRAMÁTICA – Flexão nominal **138**
    Principais casos de plural 138
CASOS ESPECIAIS **142**
    Exercícios 142
ORIENTAÇÃO ORTOGRÁFICA – Formas variantes **145**
PARA ESCREVER BEM – Denotação e conotação **148**

Figuras de linguagem **148**
    Algumas figuras importantes..149
    Observações finais 150
    Exercícios 151
EXERCÍCIOS ESTRUTURAIS – Resumo de textos (I) **152**
    Exemplos diversos 154
    Exercícios 155
ENRIQUECIMENTO DO VOCABULÁRIO **156**
    Exercícios 156
TEMAS PARA REDAÇÃO **161**

OITAVA LIÇÃO

ENERGIA **162**
GRAMÁTICA – Flexão verbal **163**
    Tempos do indicativo 163
    Tempos do subjuntivo 164
    No imperativo 164
    Exercícios 169
ORIENTAÇÃO ORTOGRÁFICA – Emprego de maiúsculas (I) **172**
    Exercícios 173
PARA ESCREVER BEM – Descrição **174**
EXERCÍCIOS ESTRUTURAIS – Resumo de textos (II) **177**
ENRIQUECIMENTO DO VOCABULÁRIO **179**
    Exercícios 179
TEMAS PARA REDAÇÃO **184**

NONA LIÇÃO

LENDA ORIENTAL **185**
GRAMÁTICA – Colocação pronominal **187**
    Com uma forma verbal simples 187
    Com uma locução verbal 190
    Exercícios 191
ORIENTAÇÃO ORTOGRÁFICA – Emprego de maiúsculas (II) **193**
    Emprego de minúsculas 194
    Exercícios 195
PARA ESCREVER BEM – Narração **196**
    Tipos de discurso 200
EXERCÍCIOS ESTRUTURAIS – Eliminação de palavras muito usadas **201**
    Exercícios 201
Correção de frases incoerentes **203**
    Exercícios 203

ENRIQUECIMENTO DO VOCABULÁRIO.. **204**
    Exercícios 204
TEMAS PARA REDAÇÃO **209**

DÉCIMA LIÇÃO

INVOCAÇÃO **210**
GRAMÁTICA – Pontuação... **211**
    Emprego da vírgula..211
    Emprego do ponto e vírgula..214
    Emprego de dois-pontos 215
    Emprego do ponto..216
    Emprego do ponto de exclamação 216
    Emprego do ponto de interrogação 216
    Emprego do travessão 216
    Emprego de aspas...217
    Emprego de parênteses 218
    Emprego de reticências 218
    Emprego do apóstrofo..218
    Exercícios 219
ORIENTAÇÃO ORTOGRÁFICA – Abreviação, abreviatura, sigla **223**
    Abreviação..223
    Abreviatura 223
    Sigla 225
    Exercícios 225
PARA ESCREVER BEM – Dissertação.. **227**
    Estrutura da dissertação 228
OBSERVAÇÃO FINAL... **229**
TEXTOS DISSERTATIVOS.. **230**
EXERCÍCIOS ESTRUTURAIS – Melhoramento de textos **232**
    Exercícios 232
ENRIQUECIMENTO DO VOCABULÁRIO.................................. **234**
    Exercícios 234
TEMAS PARA REDAÇÃO **239**

SEGUNDA PARTE

I – GLOSSÁRIO DE DÚVIDAS E DIFICULDADES **242**
II – ABREVIATURAS **319**
III – SIGLAS **323**
IV – EMPREGO DAS LETRAS... **328**
    Com S, e não Z 328
    Com Z, e não S 330

- Com J, e não g 331
- Com G, e não J 332
- Com X, e não CH 333
- Com CH, e não X 334
- Com SS, e não Ç ou C 334
- Com Ç, e não SS ou S 336
- Com S, e não Ç ou C 337
- Com X, e não S 338
- Com S, e não X 339
- Com E, e não I 339
- Com I, e não E 340
- Com O, e não U 341
- Com U, e não O 342
- Com H inicial 343

V – MASCULINOS E FEMININOS 344
VI – SUPERLATIVOS ABSOLUTOS SINTÉTICOS 346
VII – COLETIVOS 348
VIII – ADJETIVOS E LOCUÇÕES ADJETIVAS 349
IX – HOMÔNIMOS E PARÔNIMOS 354
X – RADICAIS E PREFIXOS GREGOS 362
XI – RADICAIS E PREFIXOS LATINOS 374
XII – PALAVRAS COM O RADICAL GREGO FOBIA 380
XIII – CONJUGAÇÃO DE VERBOS IRREGULARES 384

- Ser 384
- Estar 385
- Ter 385
- Haver 386
- Ver 387
- Vir 387
- Pôr 388
- Ir 389

XIV – TEXTOS PARA LEITURA 390
APÊNDICE 421

- Termos da oração 422
- Classificação das orações 431
- Exercícios 440

GABARITO 1 448
GABARITO 2 452
GABARITO 3 468

BIBLIOGRAFIA 472

PRIMEIRA PARTE

PRIMEIRA LIÇÃO
POESIA MATEMÁTICA

Às folhas tantas
do livro matemático,
um Quociente apaixonou-se
um dia
doidamente
por uma Incógnita.
Olhou-a com seu olhar inumerável
e viu-a do ápice à base:
uma figura ímpar;
olhos romboides, boca trapezoide,
corpo retangular, seios esferoides.
Fez da sua uma vida
paralela à dela,
até que se encontraram
no infinito.
"Quem és tu?" – indagou ele
em ânsia radical.
"Sou a soma dos quadrados dos catetos.
Mas pode me chamar de hipotenusa."

E de falarem descobriram que eram
(o que em aritmética corresponde a almas irmãs)
primos entre si.
E assim se amaram
ao quadrado da velocidade da luz
numa sexta potenciação
traçando,
ao sabor do momento
e da paixão,
retas, curvas, círculos e linhas senoidais
nos jardins da quarta dimensão.

Escandalizaram os ortodoxos das fórmulas euclidianas
e os exegetas do Universo Finito.
Romperam convenções newtorianas e pitagóricas.
E enfim resolveram se casar,
constituir um lar,
mais que um lar, um perpendicular.
Convidaram para padrinhos
o Polígono e a Bissetriz.
E fizeram planos e equações e diagramas para o futuro,
sonhando com uma felicidade
integral e diferencial.
E se casaram e tiveram uma secante e três cones
muito engraçadinhos.
E foram felizes
até aquele dia
em que tudo vira afinal
monotonia.

Foi então que surgiu
o Máximo Divisor Comum,
frequentador de círculos concêntricos viciosos.
Ofereceu-lhe, a ela,
uma grandeza absoluta
e reduziu-a a um denominador comum.
Ele, Quociente, percebeu
que com ela não formava mais um todo, uma unidade.
Era um triângulo, tanto chamado amoroso.
Desse problema ela era uma fração
a mais ordinária.
Mas foi então que Einstein descobriu a Relatividade
e tudo que era espúrio passou a ser
moralidade,
como aliás em qualquer
sociedade.

(Millôr Fernandes, *in* Jornal dos Sports, 25/6/67)

GRAMÁTICA

ACENTUAÇÃO GRÁFICA

Quem escreve, seja lá o que for, tem a obrigação de saber acentuar as palavras. Se você tem alguma dificuldade neste assunto, leia com atenção o ponto e faça os exercícios, e tudo mudará.

Há dois tipos distintos de regras de acentuação, a saber:
a) as que dependem do tipo da palavra: oxítonas, paroxítonas, proparoxítonas;
b) as situações especiais, como certos ditongos e hiatos.

■ TIPOS DE PALAVRAS

1) Oxítonas: palavras com a última sílaba tônica.
   Ex.: ca**ju**, cora**ção**, pin**tar**

2) Paroxítonas: palavras com a penúltima sílaba tônica.
   Ex.: gran**de**za, **por**ta, reali**da**de

3) Proparoxítonas: palavras com a antepenúltima sílaba tônica.
   Ex.: próximo, **pás**saro, **ré**plica

Com base nessa distribuição, podemos mostrar os primeiros casos de acentuação gráfica.

■ REGRAS GERAIS

1) Levam acento as oxítonas terminadas em **a**, **e**, **o**, **em** e **ens**.
   Ex.: guaraná, você, jiló, ninguém, parabéns

2) Acentuam-se as paroxítonas terminadas em **l**, **n**, **r**, **x**, **i**, **u**, **um**, **uns**, **om**, **ons**, **ã**, **ps** e **ditongo**.
   Ex.: amável, tórax, médium, rádom, ímã, lírio

3) Acentuam-se todas as proparoxítonas.
   Ex.: máximo, aromático, histórico

4) Acentuam-se os monossílabos tônicos terminados em **a**, **e** e **o**.
   Ex.: já, fé, só

OBSERVAÇÕES

a) As palavras de apenas uma sílaba não são consideradas oxítonas. Para efeito de acentuação, diz-se apenas monossílabos tônicos.

b) Quando juntamos a letra **s** a uma vogal, a acentuação da palavra não se altera.
Ex.: guaraná – guaranás; ímã – ímãs

c) Para acentuar verbos acompanhados de pronomes átonos, faça o seguinte:

VENDÊ-LO – retire o pronome (lo) e aplique a regra de acentuação: **vendê** é acentuado por se tratar de uma oxítona terminada em **e**.

ENCONTRÁ-LO-Á – retire o pronome e encontrará duas partes do verbo (**encontrá** e **á**): a primeira é oxítona terminada em **a**; e a segunda é a terminação de **encontrará**, a qual leva acento.

ENCONTRÁ-LO-EI – aqui a terminação (ei) não é acentuada porque a palavra original (encontrarei) não leva acento.

Como você observou, as regras que acabamos de mostrar dizem respeito ao tipo de palavra (oxítona, paroxítona etc.). Há, no entanto, situações especiais, que passamos a analisar.

■ CASOS ESPECIAIS

1) São acentuados os ditongos abertos **ÉI**, **ÉU** e **ÓI**, apenas quando se acham no final da palavra.
   Ex.: carretéis, troféu, herói

OBSERVAÇÕES

a) Não se acentuam palavras como ideia, assembleia, paranoico e heroico, mesmo tratando-se de ditongos de timbre aberto, uma vez que as palavras são paroxítonas.

b) Se o ditongo tiver timbre fechado, não haverá acento, mesmo no final da palavra.
Ex.: cheguei, fariseu, boi

2) Levam acento as letras **I** e **U**, tônicas, quando são a segunda vogal de um hiato, desde que sozinhas ou formando sílaba com S.
   Ex.: ruído, miúdo, saíste, balaústre

OBSERVAÇÕES

a) Não se acentuam quando formam sílaba com letra que não seja S.
   Ex.: juiz, Saul

b) Não se acentuam se, em palavras paroxítonas, estão precedidas por um ditongo.
   Ex.: cauila, bocaiuva (**cau**-i-la, bo-**cai**-u-va)

   No final da palavra, o acento aparece, como na palavra **Piauí**.

c) Quando seguida de NH, a letra I, mesmo sozinha na sílaba, não é acentuada.
   Ex.: rainha, moinho

---

3) Emprega-se o acento circunflexo na terceira pessoa do plural do presente do indicativo dos verbos **TER** e **VIR** e seus derivados (conter, deter, provir, intervir etc.).
   Ex.: eles têm, eles vêm, eles retêm, eles intervêm
   Obs.: A terceira pessoa do singular segue as regras gerais.
   Ex.: ele tem, ele vem (monossílabos tônicos terminados em EM: sem acento)
   ele retém, ele intervém (oxítonos terminados em EM: com acento agudo)

4) Usa-se trema em raríssimas palavras estrangeiras ou delas derivadas.
   Ex.: Müller, mülleriano

   Importante! Não se usa trema nos grupos **GUE**, **GUI**, **QUE**, **QUI**, mesmo que a letra **U** seja pronunciada. Assim, escreve-se: unguento, linguiça, sequência, tranquilo, pinguim, sagui etc.

5) Acento diferencial
a) De intensidade (obrigatório), no verbo **PÔR**, para diferençar da preposição **POR**.
   Ex.: Vamos pôr a água na geladeira. Caminhemos por ali.

b) De timbre (obrigatório), na forma verbal **PÔDE** (pretérito perfeito de **PODER**), para diferençar da forma do presente do indicativo: **PODE**.
   Ex.: Ontem, meu amigo não pôde responder; agora ele já pode fazê-lo.

c) De timbre (facultativo), em **FÔRMA**, para diferençar de **FORMA**.
   Ex.: Pegarei a fôrma (ou forma) do pudim. Mostre-lhe outra forma de agir.

■ DUPLA PROSÓDIA

Algumas palavras podem ser pronunciadas de duas maneiras, uma acentuada, a outra não. São as palavras de dupla prosódia. Eis as mais importantes:

acrobata ou acróbata

anidrido ou anídrido

réptil ou reptil

projétil ou projetil

zangão ou zângão

hieróglifo ou hieroglifo

Oceania ou Oceânia

sóror ou soror

■ PRONÚNCIA DUVIDOSA

1) São oxítonas: ureter, condor, ruim, novel, Nobel.

2) São paroxítonas: ibero, filantropo, misantropo, pudico, dúplex, látex, maquinaria (ri), necropsia (si), rubrica, aziago, decano.

3) São proparoxítonas: ômega, álibi, aerólito, arquétipo, protótipo, zênite, lêvedo, álcali, ínterim, biótipo. bávaro

EXERCÍCIOS

1) **Acentue, quando necessário (só palavras oxítonas).**
cipo – angu – acaraje – armazem – bone – vatapa – aqui – carijos – vintens – tatus – atras – atraves

2) **Acentue, quando necessário (só palavras paroxítonas).**
doce – facil – coroa – eter – segredo – climax – orfã – patria – virus – ritmo – radom – albuns – enigma – rede – eden – juri

3) Uma das alternativas abaixo apresenta erro de acentuação gráfica. Assinale-a.
   a) lá, bônus, flores
   b) ótimo, rapé, vi
   c) mes, prótons, fórceps
   d) lápis, urubu, área

4) Assinale a alternativa com erro de acentuação.
   a) moço, lá
   b) amável, jovem
   c) mártir, neném
   d) polones, vez

5) Assinale a única palavra correta quanto à acentuação.
   a) prêço
   b) índex
   c) aureo
   d) pneumatico

6) Acentue, quando necessário, as formas verbais seguintes.
   compremo-lo, ajuda-la-emos, amei-o, ve-la-ei, escondi-os, parti-lo-a, quero-as, admiti-lo-iamos, ajudamo-los, po-lo-ei

7) Acentue, quando necessário.
   trofeu, boia, judeu, eu apoio, o apoio, paranoia, boi, aneis, jiboia, afoito, fogareu, geleia, meia, aveia, panaceia, os sois, vós sois

8) Acentue, quando necessário.
   Luis, ruido, ruindo, ruiste, raiz, raizes, juiz, juiza, substituirdes, caistes, eu cai, ele cai, proteina, bau, saimos, saiu

9) Uma das alternativas abaixo apresenta palavra com erro de acentuação. Assinale-a.
   a) Ele detém, ela vem, eles advêm
   b) coroo, corôa, eles descreem
   c) para (verbo), por (preposição), pelo (substantivo)
   d) voos, pôde (pret. perfeito), pode (presente)

10) Corrija a acentuação, quando necessário.
    corôa, faróis, comprá-lo, degráu, néon, môita, so, pária, aínda, bíceps, leem

11) Assinale a palavra com acento diferencial.
    a) cárie
    b) cipó
    c) próton
    d) fôrma

12) Sublinhe as palavras que apresentam erro de acentuação, corrigindo-as ao lado.

benção –	gas –	vêzes –
geógrafo –	enjoo –	através –
miosotis –	centêio –	suino –
amavel –	peru –	zenite –
cipo –	amêndoa –	Lisboa –
mes –	pera (s.) –	necrópsia –
segrêdo –	ve-lo-ás –	cre –
baú –	filantropo –	dúplex –
ja –	platéia –	tenis –
orfã –	púdico –	dôce –
energico –	moita –	protótipo –
estigma –	ananas –	paje –
fogaréu –	fenix –	creramos –
pasteizinhos –	teia –	cri –
para (v.) –	atraimos –	pangare –
abrico –	coice –	soa –
moo –	retem (sing.) –	
serio –	saimos –	

ORIENTAÇÃO ORTOGRÁFICA

EMPREGO DE LETRAS (I)

Um dos grandes problemas para quem escreve é, sem dúvida, o emprego de certas letras, como j/g, s/z etc. Vamos, a partir de agora, mostrar algumas regrinhas bem práticas que vão ajudá-lo bastante. Estude-as bem.

1) Depois de ditongo usa-se S, e não Z.
   Ex.: coisa, pausa, deusa, Sousa.

> **OBSERVAÇÕES**
>
> a) Como vimos no último exemplo, os nomes próprios seguem regras ortográficas.
> b) Só não seguem essa regra as palavras no diminutivo com a letra Z.
>   **Ex.:** papeizinhos, azuizinhas

2) Depois de ditongo usa-se X, e não CH.
   Ex.: caixa, peixe, faixa, frouxo
   Obs.: Não acompanham essa regra a palavra **caucho** e seus derivados (recauchutar, recauchutagem etc.).
3) Depois de ditongo usa-se Ç, e não SS.
   Ex.: afeição, eleição
4) Depois de ME usa-se X, e não CH.
   Ex.: mexer, México, mexilhão
   Obs.: Fogem a essa regra **mecha** (de cabelo), **mechar** e **mechoação**.
5) Depois de EN usa-se X, e não CH.
   Ex.: enxergar, enxoval, enxada
   Obs.: Não seguem essa regra:
   a) o verbo **encher** e seus derivados;
   b) palavras derivadas de outras com CH inicial.
   Ex.: enchumbar (de chumbo)
6) Usa-se EZA ou EZ em substantivos abstratos derivados de adjetivos.
   Ex.: pobre – pobreza, rico – riqueza, pálido – palidez
7) Usa-se ESA ou ISA na formação do feminino.
   Ex.: duque – duquesa, príncipe – princesa, poeta – poetisa

EXERCÍCIOS

13) **Assinale o erro de ortografia.**
   a) Neusa
   b) ojeriza
   c) faizão
   d) prazo

14) **Marque a palavra correta.**
   a) mecherico
   b) bazar
   c) folhajem
   d) puchar

15) **Marque a palavra com erro de ortografia.**
   a) deixar
   b) louça
   c) mexido
   d) magestade

16) **Assinale a palavra grafada corretamente.**
   a) enxaqueca
   b) louza
   c) querozene
   d) cangica

17) **Marque a opção que apresenta erro de ortografia.**
   a) riso, rezar
   b) açude, paçoca
   c) jeito, laje
   d) desleicho, flecha

18) **Há erro de ortografia em:**
   a) usar, usina
   b) pêssego, sossego
   c) enxarcado, xingar
   d) topázio, buzina

19) **Aponte o erro de ortografia.**
   a) beleza
   b) limpesa
   c) estupidez
   d) grandeza

20) **Há erro de ortografia em:**
   a) xereta, capixaba
   b) realeza, acaso
   c) viuvez, gengibre
   d) diaconiza, piso

PARA ESCREVER BEM

CONHECIMENTOS GERAIS (I)

Escrever bem não é tão difícil quanto possa parecer. Você não precisa ser um Machado de Assis para fazer boa redação. Há técnicas simples que vão ajudá-lo a compor um texto coerente, preciso e de fácil compreensão. O que você não pode fazer é ficar ansioso, excessivamente preocupado com possíveis erros. O aprendizado é um processo lento, porém seguro; pede paciência e dedicação. Tudo que for apresentado neste livro deve ser aplicado por você ao escrever. Não se deixe desanimar pelos obstáculos encontrados: o desenvolvimento, você verá, é realmente uma questão de tempo.

Dessa forma, vamos destacar alguns itens importantes, sem os quais não seria possível redigir adequadamente.

1) **Simplicidade**

Alguns dos maiores escritores brasileiros ou estrangeiros escrevem com enorme simplicidade. São artistas da palavra que encantam multidões de leitores espalhados pelo mundo. Então, por que complicar as coisas?

Com base nisso, jamais use palavras de cujo significado você não esteja certo. Não procure enfeitar o texto, pois isso pode ser-lhe fatal. É possível escrever muito bem, usando-se apenas palavras simples, ou seja, de conhecimento geral. Caso não tenha dúvida quanto ao significado de uma palavra menos conhecida, é claro que você pode utilizá-la. Porém, não exagere, para que o texto não fique complexo, fato que naturalmente vai desagradar àqueles que o lerem. Sem falar no alto risco de eles não entenderem a redação, o que seria um desastre. Pense no seguinte: quem lê quer e precisa entender, não é mesmo?

Ex.: Numa noite de plenilúnio, os homúnculos machucaram-se nas fragas do caminho.

A frase está construída com perfeição gramatical, porém abusa do mau gosto. Seria preferível dizer: Numa noite de lua cheia, os homenzinhos machucaram-se nas rochas do caminho. Assim, qualquer mortal compreende.

Vou repetir uma coisa: você não está proibido de usar um bom vocabulário; apenas, não exagere, ou sua composição pode ficar hermética (opa!), fechada, impenetrável.

2) **Linguagem culta**

Seja qual for a finalidade do seu texto (composição escolar, concurso público, obra literária, prazer de escrever etc.), evite a linguagem coloquial, popular, descompromissada com a gramática. Estude sempre as regras da língua portuguesa, em especial a acentuação, a concordância, a regência, a crase, a colocação pronominal, a pontuação e a ortografia. Assim, não escreva nunca frases como:

a) Haviam muitas pessoas lá.

Erro de concordância. Correção: Havia muitas pessoas lá.

b) Assisti o filme com meus pais.

Erro de regência. Correção: Assisti ao filme com meus pais.

c) Não encontrava a saida.

Erro de acentuação gráfica. Correção: Não encontrava a saída.

d) Aquilo seria uma excessão.

Erro de ortografia. Correção: Aquilo seria uma exceção.

e) Iremos a praia.

Erro de crase. Correção: Iremos à praia.

f) Fizemos apesar de tudo, um bom trabalho.

Erro de pontuação. Correção: Fizemos, apesar de tudo, um bom trabalho.

g) Ninguém ensinou-me aquilo.

Erro de colocação pronominal. Correção: Ninguém me ensinou aquilo.

Neste livro, você terá um treinamento especial em todos esses assuntos. Só depende de você. Aprenda e aplique em seus textos, e o progresso virá automaticamente. Mas, repito, depende de você, dos seus esforços, da sua dedicação. Você deseja? Então, começou a alcançar.

EXERCÍCIOS ESTRUTURAIS
PRONOMES RELATIVOS (I)

Pronome relativo é uma palavra utilizada para evitar a repetição de um termo colocado antes dele, chamado antecedente.

Ex.: O homem pegou o jornal. O jornal estava na varanda.

O homem pegou o jornal **que** estava na varanda.

Obs.: Se o verbo da oração pedir preposição, esta deve ficar antes do pronome relativo (Veja esse assunto em Regência Verbal).

Ex.: O livro está esgotado. Gosto muito do livro.

O livro **de que** gosto muito está esgotado. (gostar de)

Há oito pronomes relativos na língua portuguesa. Eis os quatro primeiros:

a) O qual (a qual, os quais, as quais): refere-se a pessoas ou coisas.

Ex.: Meus filhos são pessoas preparadas. Meus filhos estudam muito.

Meus filhos, os quais estudam muito, são pessoas preparadas.

O homem chegou agora. Eu lhe falei do homem.

O homem do qual lhe falei chegou agora.

Obs.: Escreve-se **do qual** porque o verbo **falar** pede a preposição **de**.

b) Cujo (cuja, cujos, cujas): corresponde a um pronome possessivo.

Ex.: O animal uiva muito. A pata do animal (= A sua pata) está ferida.

O animal cuja pata está ferida uiva muito.

O professor chegou cedo. Eu me referi à orientação do professor.

O professor a cuja orientação eu me referi chegou cedo.

Obs.: Escreve-se **a cuja** porque o verbo **referir-se** pede a preposição **a**.

c) Que: refere-se a coisas ou pessoas.

   Ex.: Fiz o trabalho. Você pediu o trabalho.

   Fiz o trabalho que você pediu.

   O lápis estava apontado. Escrevi com o lápis.

   O lápis com que escrevi estava apontado.

Obs.: Escreve-se **com que** porque o verbo **escrever** pede a preposição **com**.

d) Quem: refere-se apenas a pessoas e é sempre precedido de preposição.

   Ex.: O funcionário foi embora. Eu me queixei do funcionário.

   O funcionário de quem me queixei foi embora.

Obs.: Note que nesta frase pode usar-se também **que** ou **o qual.**

EXERCÍCIOS

Os exercícios que seguem são importantíssimos para o seu desenvolvimento no estudo da língua. Siga rigorosamente o que se propõe nos modelos.

21) Substitua o termo sublinhado pelo pronome relativo que. Ele deve aparecer logo após a palavra cuja repetição se quer impedir.

   Modelo: A árvore foi derrubada pelo vento. Você plantou a árvore.

   A árvore que você plantou foi derrubada pelo vento.

Note que árvore, que aparece repetida, é substituída pelo que.

Obs.: Se houver preposição, ela ficará antes do pronome relativo.

   Ex.: A fruta é doce. Gosto da fruta.

   A fruta de que gosto é doce.

   1) O copo está limpo. Eu lhe trouxe o copo.
   2) Adquiri as revistas. Ele elogiou as revistas.
   3) Ninguém soube fazer os cálculos. Os cálculos resolveriam o problema.
   4) O suco estava sem açúcar. Bebemos o suco.
   5) Respondi à carta. Helena me enviou a carta.
   6) Este é o material. Preciso do material.
   7) O exercício é fácil. Eu me refiro ao exercício.

8) A lâmina é afiada. Ele se cortou com a lâmina.
9) A empresa está progredindo muito. Sempre lutamos pela empresa.
10) A janela estava suja. Você se encaminhou à janela.
11) O vestido é branco. Paula alugou o vestido.
12) Recebi um bilhete. Responderei logo ao bilhete.
13) Os navios estavam carregados. Os navios se aproximavam do porto.
14) Este é o chapéu. Saí com o chapéu.
15) Tudo era possível. Eles me propuseram tudo.
16) A empresa progrediu muito. Eu me dediquei à empresa por muitos anos.
17) Foi perfeita a orientação. Recebemos a orientação na escola.
18) Falava de um acidente. Ninguém percebera o acidente.
19) A comunidade o abandonou. Ele tinha sido útil à comunidade.
20) A transportadora tem sede fora do Rio de Janeiro. Encomendei o serviço à transportadora.

22) **Substitua o termo repetido pelos pronomes quem e o qual (e flexões). Escreva as duas frases.**
    Modelo: O menino chegou cedo. Mandei os doces ao menino.
    O menino a quem mandei os doces chegou cedo.
    O menino ao qual mandei os doces chegou cedo.

1) O rapaz disse a verdade. Enviamos a resposta ao rapaz.
2) Faltou ao serviço o tesoureiro. Necessitamos bastante do tesoureiro.
3) O gerente continua esperando. Discuti com o gerente.
4) Havia naquela casa algumas pessoas. Pedi ajuda a algumas pessoas.
5) Eis aqui a mulher. Lutarás pela mulher.
6) A enfermeira terminou seu trabalho. Fiz referência à enfermeira.
7) Está lá fora o homem. Gostaríamos de conversar com o homem.
8) É muito bonita a criança. Eu lhe falei sobre a criança.
9) A médica está na Europa. Tinhas confiança na médica.
10) Estava triste o jornalista. Vocês se queixaram do jornalista.
11) A empresária sentiu-se mal. Eu me aborreci com a empresária.
12) Antônio é o caseiro. Fiz o pagamento da quinzena ao caseiro.
13) A pesquisadora fez um excelente trabalho. Dei preferência à pesquisadora.
14) O jornalista já entregou a matéria. Você se comprometeu com o jornalista.
15) O pedreiro foi à minha casa pela manhã. Sempre acreditei no pedreiro.
16) Lúcia escreveu-me. Tenho saudades de Lúcia.
17) O sindicalista vai ser entrevistado à noite. Há um delicado processo contra o sindicalista.
18) A costureira resolveu o problema. Prometi ajuda à costureira.
19) Pediu demissão o diretor. Fizemos queixa ao diretor.
20) A moça vai sair da cidade. Jamais duvidei da moça.

23) **Substitua o termo repetido pelo pronome relativo cujo (e flexões).**

Modelo: O livro está esgotado. Conheci o autor do livro.

   O livro cujo autor conheci está esgotado.

1) Comprei o cão. A pata do cão está machucada.
2) O jovem escreveu a carta. A namorada do jovem viajou.
3) O cantor foi premiado mais uma vez. Gosto muito das músicas do cantor.
4) A emissora noticiou o acidente. Os jornalistas da emissora são responsáveis.
5) Fiz uma prova. O gabarito da prova foi anulado.
6) Apareceu o trabalhador. Confio na palavra do trabalhador.
7) A árvore continua viva. O tronco da árvore foi atingido pelo caminhão.
8) Ganhei uma planta. Com as folhas da planta é feito um chá saboroso.
9) O problema atormentou muita gente. Contribuí para a solução do problema.
10) O cientista trabalha naquele laboratório. Ninguém duvida da capacidade do cientista.
11) A mulher deseja prejudicar-me. Eu quis fugir à influência da mulher.
12) A gravata é italiana. Criticamos as cores da gravata.
13) O deputado não mostrou nenhum interesse. Propus ao assessor do deputado uma nova rotina de trabalho.
14) Rodolfo não disse nada. Eu me aborreci com o colega de Rodolfo.
15) O atendente receberá um aumento de salário. A freguesa elogiou a boa vontade do atendente.
16) Está sorridente o atleta. O desempenho do atleta foi satisfatório.
17) Carolina acabou adoecendo. O único prazer de Carolina era ver televisão.
18) Meu vizinho de cima é bem estranho. Jamais aludi aos hábitos de meu vizinho de cima.
19) Mostrou-me uma pesquisa. O teor da pesquisa é sério.
20) Maurício não teve culpa. As ideias de Maurício me desagradam.

ENRIQUECIMENTO DO VOCABULÁRIO

A partir de agora, você terá um treinamento especial para melhorar o vocabulário. Faça sua parte: aprenda as palavras que lhe serão apresentadas, caso não sejam de seu conhecimento.

EXERCÍCIOS

24) **Assinale, em todos os exercícios seguintes, o sinônimo ou a significação precisa do termo destacado.**

1) Mesmo sem o sentir, costumava **abespinhar** toda a família.
   a) admirar
   b) atrapalhar
   c) irritar
   d) menosprezar

2) Dizia-se **infenso** à política.
   a) hostil, contrário
   b) favorável, de acordo
   c) descrente
   d) neutro

3) Contratei um trabalhador **canhestro**.
   a) sem experiência
   b) desajeitado
   c) canhoto
   d) tímido

4) Tais atitudes impensadas irão **conspurcar** todo aquele grupo social.
   a) atrapalhar
   b) envolver, incriminar
   c) desacreditar
   d) sujar

5) Sempre procurávamos **protelar** as reuniões.
   a) cancelar
   b) assistir, presenciar
   c) adiar
   d) antecipar

6) Precisou logo de um **usurário**.
   a) aquele que usa bastante uma determinada coisa.
   b) agiota
   c) especialista
   d) contador

7) Comprou uma cortina **opaca**.
   a) escura
   b) grossa, espessa
   c) sem brilho
   d) que não deixa atravessar a luz.

8) Teu amigo é um **obstinado**.
   a) inflexível, teimoso
   b) estudioso, pesquisador
   c) ignorante
   d) indeciso.

9) Sua **misantropia** era conhecida de todos.
   a) caridade, benevolência
   b) excentricidade
   c) coragem, bravura
   d) aversão à sociedade

10) Minha tese tem por **fulcro** a ingenuidade daquela gente.
    a) finalidade
    b) obstáculo, dificuldade
    c) base, apoio
    d) ponto final

11) Observei-o à minha frente, **exangue**, caído.
    a) desanimado
    b) preocupado
    c) sem sangue
    d) sangrando

12) Só escrevia em lugares **recônditos**.
    a) calmos
    b) frescos
    c) bem iluminados
    d) ocultos, escondidos

13) Você não pode **empecer** o trabalho.
    a) transformar
    b) prejudicar
    c) desvalorizar
    d) anular

14) Deixou entrever um **lasso** rosto.
    a) belo
    b) magro, ossudo
    c) indefinível
    d) cansado, fatigado

15) Ouviu-se um **vagido** triste.
   a) choro de criança recém-nascida
   b) gemido de um enfermo
   c) cântico
   d) suspiro

16) Ele não deixava os frutos **sazonar**.
   a) estragar
   b) crescer
   c) amadurecer
   d) secar

17) Era uma estrada **sinuosa**.
   a) esburacada
   b) cercada por árvores
   c) cercada por rochas
   d) ondulada, tortuosa

18) À frente, seres **diáfanos** lhe acenavam.
   a) angelicais
   b) luminosos
   c) entidades que se manifestam apenas em dias de sol
   d) transparentes, translúcidos

19) A terra **opima** chegou-lhe por herança.
   a) estéril
   b) excelente, fértil
   c) seca
   d) dura, pedregosa

20) A doença deve **grassar** no interior do país.
   a) desaparecer
   b) matar
   c) espalhar-se
   d) isolar-se

21) Ele vai **arrefecer**, quando lhe explicarem a situação.
   a) desanimar, esfriar
   b) irritar-se
   c) fugir
   d) chorar

22) Sentia as dores provocadas pelo **látego**.
   a) corte profundo
   b) espinho de certa planta do Nordeste
   c) picada de abelha
   d) açoite de correia ou de corda, chicote

23) Desconheço o sentido **lato** da palavra.
   a) figurado
   b) próprio
   c) largo, amplo
   d) restrito

24) Seria **exequível** semelhante tarefa?
   a) apropriada
   b) importante
   c) realizável, possível
   d) justificável

25) Passeávamos então pelas **herdades** da região.
   a) cavernas, grutas
   b) grandes propriedades rurais
   c) pequenos montes cobertos de vegetação
   d) planícies

26) Grande **opróbrio** atingiu-o naqueles dias terríveis.
   a) castigo
   b) injúria, afronta infamante
   c) ódio, rancor
   d) oposição política

27) Vimo-lo caminhando pela **necrópole**.
   a) cemitério
   b) cidade de ruas escuras
   c) bairro extremamente pobre
   d) hospital pequeno

28) Foi uma atitude **intempestiva**.
   a) impensada
   b) violenta
   c) estúpida
   d) inoportuna, fora de hora.

29) Dei-lhe uma resposta **peremptória**.
   a) errada
   b) decisiva, categórica
   c) absurda
   d) simples, comum

30) Cantava em versos os belos **orbes** que seus olhos enxergavam.
   a) bosques
   b) pequenos lagos
   c) cometas
   d) mundos, globos

31) Irritado com a **balela**, abandonou o acampamento.
   a) notícia sem fundamento
   b) brincadeira
   c) ameaça
   d) agressão moral

32) Cruéis **harpias** povoavam os seus sonhos irrequietos.
   a) bruxas medievais
   b) mulheres assassinas
   c) monstro com rosto de mulher e corpo de abutre
   d) figuras demoníacas

33) Dali podia ver-se a **lápide** ainda suja.
   a) placa com inscrições fúnebres
   b) parede antiga
   c) mármore
   d) pedra com qualquer inscrição comemorativa

34) A **igarité** será usada por todos na região.
   a) fonte
   b) tipo de embarcação
   c) árvore muito frondosa
   d) lagoa de águas limpas

35) Esse metal é extremamente **dúctil**.
   a) precioso
   b) brilhante
   c) frio
   d) flexível, maleável

36) Não tremeu diante do **algoz**.
   a) inimigo
   b) carrasco
   c) perigo
   d) patrão

37) Acompanhava o **féretro** com respeito.
   a) enterro
   b) caixão
   c) velório
   d) desenlace

38) Não tolero qualquer tipo de **digressão**.
   a) desvio de assunto
   b) regressão
   c) agressão verbal
   d) provocação

39) A **soberba** tornava-o antipático.
   a) vaidade
   b) avareza
   c) orgulho
   d) ambição

40) Chegou ao **cerne** da questão.
   a) esclarecimento
   b) o que está na superfície
   c) elemento complicador
   d) âmago, bojo

41) O proprietário teve uma reação **pueril**.
   a) inesperada
   b) comum
   c) incoerente
   d) infantil

42) Saiu mais forte da **refrega**.
   a) debate
   b) combate
   c) arena
   d) conversa acalorada

43) Depois do merecido **regalo**, voltou à sua terra.
    a) alegria
    b) prêmio
    c) apoio
    d) homenagem

44) Meu professor era um membro **egrégio** daquela academia.
    a) indispensável
    b) muito conhecido
    c) ilustre
    d) humilde

45) Mário é um rapaz **chistoso**.
    a) nervoso
    b) antipático
    c) inocente
    d) engraçado

■ TEMAS PARA REDAÇÃO

Antes de passar ao capítulo seguinte, escreva redações de aproximadamente 30 linhas, sobre os temas propostos abaixo. Cuidado com a acentuação e a ortografia!

1) O mundo inteiro pede paz, porém poucos procuram fazer a sua parte

2) Trabalhar é a melhor maneira de progredir

3) O Brasil é um país de contrastes

4) Liberdade de expressão

5) Ser feliz

SEGUNDA LIÇÃO

VALE POR DOIS

Pela manhã, ao sair de casa, olha antes à janela:

– Estará fazendo frio ou calor?

Veste um terno de casimira, torna a tirar, põe um de tropical. Já pronto para sair, conclui que está frio, devia ter ficado com o de casimira. Enfim... Consulta aflitivamente o céu nublado: será que vai chover?

Volta para pegar o guarda-chuva – um homem prevenido vale por dois: pode ser que chova. Já no elevador, resolve mudar de ideia: mas também pode ser que não chova. Carregar esse trambolho! Torna a subir, larga em casa o guarda-chuva.

Já na esquina, coça a cabeça, irresoluto: de ônibus ou de táxi? Se passar um lotação jeitoso eu tomo. Eis que aparece um: não é jeitoso. Vem em disparada, quase o atropela, para deter-se ao sinal que lhe fez. Não, não entro: esse é dos doidos, que saem alucinados por aí.

Deixa que outros passageiros entrem – quando afinal se decide também a entrar, é barrado pelo motorista: não tem mais lugar. De táxi, pois. Passa um táxi vazio, fica na dúvida, não lhe faz sinal algum. Logo virá outro – pensa, irritado, e se vê de súbito entrando num lotação. Ainda bem não se sentara, já se arrependia: é um absurdo, são desvairados esses motoristas, como é que deixam gente assim tirar carteira? Assassinos – assassinos ao volante. Melhor saltar aqui, logo de uma vez. Poderia esperar ainda dois ou três quarteirões, ficaria mais perto... Deu o sinal: salto aqui, decidiu-se. O lotação parou.

– Pode tocar, foi engano – balbuciou para o motorista.

Já de pé na calçada, vacila entre as duas ruas que se oferecem: uma, mais longa, sombreada; outra, direta, castigada pelo sol. Não iria chover, pois: sua primeira vitória neste dia.

– Se for por esta rua, chego atrasado, mas por esta outra, com tanto calor...

Só então se lembra que ainda não tomou café: entra no bar da esquina e senta-se a uma das mesas:

– Um cafezinho.

O garçom lhe informa que não servem cafezinho nas mesas, só no balcão. Pensa em levantar-se, chega mesmo a empurrar a cadeira para trás, mas reage: pois então tomaria outra coisa ora essa. Como também pode simplesmente sair do bar sem tomar nada, não é isso mesmo?

– Me traga uma média – ordena, com voz segura que a si mesmo espantou. Interiormente sorri de felicidade – mais um problema resolvido.

– Simples ou com leite? pergunta o garçom, antes de servir.

Ele ergue os olhos aflitos para o seu algoz, e sente vontade de chorar.

(Fernando Sabino, *in* Quadrante I)

GRAMÁTICA

CONCORDÂNCIA NOMINAL

O substantivo é uma classe gramatical básica, ou seja, é o núcleo ao qual se prendem outras classes.

Ex.: O professor. Ótimo professor. Primeiro professor. Nosso professor.

As palavras que acompanham o substantivo **professor** são:

a) o artigo definido **o**;

b) o adjetivo **ótimo;**

c) o numeral **primeiro**;

d) o pronome adjetivo **nosso**.

Se flexionarmos a palavra **professor**, isto é, professores, professora, professoras, as palavras que o acompanham também se flexionam: os professores, ótima professora, primeiros professores, nossas professoras.

Assim, podemos enunciar a regra geral da concordância nominal: toda palavra que acompanha substantivo concorda com ele.

■ CASOS ESPECIAIS

1) Alerta e menos são invariáveis.

   Ex.: Ele estava alerta. Eles estavam alerta. Tenho menos dificuldade. (e não **menas**)

2) Bastante pode ser variável (adjetivo ou pronome indefinido) ou invariável (advérbio).

   Ex.: Recebi bastantes propostas. (pronome adjetivo indefinido)
   Recebi propostas bastantes. (adjetivo = suficientes)
   Os meninos gritaram bastante. (advérbio, liga-se ao verbo)
   Eles eram bastante altos. (advérbio, liga-se ao adjetivo)

Obs.: Observe que, nas duas primeiras frases, **bastantes** concorda com o substantivo ao qual se refere: **propostas**.

3) Anexo, obrigado, quite e leso são adjetivos, portanto variáveis.
   Ex.: Bilhete anexo. Carta anexa. Recebi anexas as certidões.

   Obrigado, disse ele. Obrigada, disse ela.

   Estou quite. Estamos quites.

   Crime de leso-patriotismo. Crime de lesa-pátria.

4) Possível
   Ex.: Quartos os mais limpos possíveis. (concordância com **os**)

   Quartos o mais limpos possível. (concordância com **o**)

   Quartos quanto possível limpos. (concordância com **quanto**)

5) Concordância dos adjetivos com o substantivo
   a) Com um só substantivo
   Ex.: Homem alto. Mulher alta. Homens altos. Mulheres altas.

   b) Com mais de um substantivo
   Ex.: Homem e mulher altos (concordância gramatical ou lógica). Homem e mulher alta (concordância atrativa, somente com a palavra mulher).

6) Mesmo e próprio
   Ex.: Ele mesmo. Ela mesma. Eles mesmos. Elas mesmas.

   Ele próprio. Ela própria. Eles próprios. Elas próprias.

   O homem mesmo. A mulher mesma. O homem próprio. A mulher própria.

   Obs.: **Mesmo** pode ser invariável.
   Ex.: Ela fez mesmo o trabalho. (mesmo = realmente)

   Mesmo ela fez o trabalho. (mesmo = até)

7) Um e outro, um ou outro, nem um nem outro
   Ex.: Um e outro amigo dedicados. Um ou outro candidato preparados. Nem um nem outro garoto espertos.

Como se vê, o substantivo concorda com **outro**, e o adjetivo fica no plural.

8) Só
   Ex.: Eles ficaram sós. (Significa **sozinhos**: é variável)

   Só eles faltaram. (Significa **somente**: é invariável)

   Ele ficou a sós. Eles ficaram a sós. (**a sós** pode referir-se a uma pessoa ou mais)

9) Meio

Ex.: Comeu meio melão. Comeu meia maçã. (numeral: é variável)

Ela chegou meio confusa. Ela chegou meia confusa. (Como advérbio, pode flexionar-se ou não)

Obs.: Em sua redação, use sempre o advérbio **meio** sem flexão.

10) Todo

Ex.: Ele chegou todo molhado. Ela chegou toda molhada. Eles chegaram todos molhados. Elas chegaram todas molhadas.

OBSERVAÇÕES

a) Nas frases acima, a palavra **todo**, por ser advérbio (está modificando um adjetivo), pode ficar invariável, embora seja emprego mais raro, que convém evitar.
Ex.: Ela chegou todo molhada.

b) Na expressão **todo-poderoso**, **todo** é invariável.
Ex.: o todo-poderoso, a todo-poderosa

---

11) Com o verbo SER, em frases como as do exemplo, só use o adjetivo no feminino se houver o artigo A.

Ex.: É proibido entrada. É proibida a entrada. Ginástica é bom. A ginástica é boa.

12) Haja vista, a olhos vistos

Embora se admita a flexão dessas expressões, use-as somente como invariáveis.

Ex.: Haja vista os incidentes, tomarei providências.

A criança engordava a olhos vistos.

13) Substantivo usado como adjetivo é invariável.

Ex.: Atividade monstro. Funcionários fantasma.

14) Plural das cores

Ex.: blusas laranja (**laranja**, por ser substantivo, é invariável indicando cor)

blusas alaranjadas (**alaranjadas**, sendo adjetivo, é variável)

Obs.: Com adjetivo composto, a primeira palavra é invariável. A segunda se flexionará se for adjetivo.

Ex.: blusas verde-escuras

blusas verde-abacate

Exceções: azul-marinho e azul-celeste, que são invariáveis.

Ex.: blusas azul-marinho, blusas azul-celeste

EXERCÍCIOS

25) **Complete com uma das palavras colocadas nos parênteses, fazendo a devida concordância.**
   1) Um e outro................fugiu. (animal/animais)
   2) ....ao requerimento, enviamos algumas fotos. (anexo/anexas)
   3) Ela................descobriu o erro. (mesmo/mesma)
   4) É................paciência. (necessário/necessária)
   5) Eram fatos o mais absurdos.................... (possível/possíveis)
   6) – Muito................, falou a garota. (obrigado/obrigada)
   7) Ele já estava................com a secretaria. (quite/quites)
   8) Camomila é................para os nervos. (bom/boa)
   9) A vizinha................denunciou. (mesmo/mesma)
   10) Contava histórias as mais tristes................ (possível/possíveis)

26) **Corrija a concordância, quando necessário.**
   1) Só os jornalistas puderam entrar.
   2) Remeto anexo duas petições.
   3) Bastante pessoas estavam presentes.
   4) Os soldados estavam alerta.
   5) Eles queriam ficar só.
   6) Trouxe camisas azul-piscinas.
   7) Foi um crime de lesa-cristianismo.
   8) Havia menas pessoas na sala.
   9) Mário desejava ficar a sós.
   10) Recebeu uma saia verde-claro.

27) **Assinale o erro de concordância nominal.**
   a) Elas próprias trocaram o pneu.
   b) Anexas seguem as respostas.
   c) Márcia estava meio aborrecida.
   d) Comprou sandálias verde-garrafas.

28) **Só não há erro de concordância em:**
   a) Nem um nem outro alunos perderam a prova.
   b) Não será permitido a permanência de estranhos.
   c) Atividades quanto possível agradáveis.
   d) Ele tinha bastante revistas.

29) **Aponte a frase de concordância inadmissível.**

   a) Trouxemos lápis e caneta novas.
   b) Tenho livro e caderno rasgado.
   c) Comprou carro e lancha importados.
   d) Conheci homem e mulher boêmios.

30) **Marque o erro de concordância nominal.**

   a) Barba e bigode longos
   b) bermuda e camisa velhos
   c) rio e floresta antiga
   d) guitarra e violão afinado

31) **Há erro de concordância em:**

   a) A menina voltou toda machucada.
   b) Ela mesmo fez a pergunta.
   c) Encontraremos um ou outro colega.
   d) Era uma atividade monstro.

32) **Marque o erro de concordância.**

   a) sapatos gelo
   b) calças amarelo-canários
   c) paletós azul-marinho
   d) blusas vermelho-sangue

33) **Preencha as lacunas das frases seguintes e marque a opção correspondente.**

   Conheci a............ -poderosa. Estavam................animados. Elas continuavam.............

   a) toda – bastante – só
   b) todo – bastantes – só
   c) toda – bastantes – sós
   d) todo – bastante – sós

ORIENTAÇÃO ORTOGRÁFICA
EMPREGO DE LETRAS (II)

1) IZAR (com Z) é sufixo, só aparece quando pode ser retirado da palavra.
   Ex.: cristalizar (cristal + izar), amenizar (ameno + izar)
   Em **pesquisar** usa-se S, pois não se trata do sufixo. O verbo vem de **pesquisa**, que é com S.
   Obs.: Em **catequizar** temos o sufixo izar. Há uma redução do radical da palavra **catequese** (catequ + izar).

2) Os sufixos OSO e OSE grafam-se com S.
   Ex.: famoso, rigoroso, neurose, virose

3) Quando uma palavra possui T no radical, suas derivadas se grafam com Ç.
   Ex.: projetar – projeção, exceto – exceção, optar – opção

4) A palavra será grafada com S quando for derivada de um verbo cujo radical termine em ND, RG ou RT.
   Ex.: compreender – compreensão, converter – conversão, imergir – imersão

5) A palavra será escrita com SS quando for derivada de um verbo cujo radical termine em CED, GRED, MET ou PRIM.
   Ex.: conceder – concessão, progredir – progressão, remeter – remessa, imprimir – impressão

6) A palavra será escrita com SS quando no radical do verbo primitivo houver TIR, desde que esse elemento desapareça.
   Ex.: discutir – discussão, emitir – emissão

7) O verbo TER e seus derivados dão origem a palavras com Ç.
   Ex.: reter – retenção, conter – contenção

8) As letras S, J e Z se mantêm nas palavras derivadas.
   Ex.: atrás – atrasar, laranja – laranjeira, cruz – cruzar

■ OBSERVAÇÕES FINAIS

1) **Tórax** forma o adjetivo **torácico**, com C.
2) **Estender** forma o substantivo **extensão**, com X.
3) **Viagem** é o substantivo derivado de **viajar**; **viajem** é a terceira pessoa do plural do presente do subjuntivo: eles viajem.

Veja, na segunda parte do livro, a relação de palavras cuja grafia oferece dificuldade. Aprenda todas elas.

EXERCÍCIOS

34) Assinale o erro de ortografia.
   a) canalizar
   b) moralizar
   c) globalizar
   d) analizar

35) Marque o erro de ortografia.
   a) permissão, paisagem
   b) exagero, várzea
   c) explosão, ascenção
   d) pretensão, rabugento

36) Marque a palavra que não pode ser completada com a letra dos parênteses.
   a) op... ão (ç)
   b) fle... a (x)
   c) gra... a (x)
   d) aten... ão (ç)

37) Assinale a palavra que se completa com a letra dos parênteses.
   a) lo... ista (g)
   b) e... plendor (x)
   c) e... por (s)
   d) e... pontâneo (s)

38) Há erro de ortografia em:
   a) ajeitar, camiseta
   b) estourar, explodir
   c) acusação, diversão
   d) mazela, revesar

39) Só está grafada corretamente a palavra:
   a) brazão
   b) gurisada
   c) compressão
   d) submerção

40) **Aponte a alternativa em que as duas palavras estão grafadas corretamente.**
   a) explêndido, cochichar
   b) verminose, exitar
   c) exótico, puchar
   d) regressão, suspensão

41) **Assinale a palavra que não possui h inicial.**
   a) hindu
   b) hangar
   c) hindiano
   d) hiena

42) **Assinale o erro de ortografia.**
   a) bulir, jabuticaba
   b) chovediço, femural
   c) bueiro, abolir
   d) bússola, óbolo

43) **Marque o erro de ortografia.**
   a) terebintina, casemira
   b) crânio, mimeógrafo
   c) privilégio, cumeeira
   d) digladiar, empecilho

44) **Há erro de ortografia em:**
   a) moleza, deixar
   b) repressão, obtensão
   c) oleoso, afeição,
   d) remexer, enxugar

45) **Há erro de ortografia em:**
   a) admissão, marquesa
   b) freguês, psicose
   c) alisar, reverção
   d) paralisação, ousado

PARA ESCREVER BEM
CONHECIMENTOS GERAIS (II)

1) Gírias

Gíria é palavra de uso familiar, coloquial ou mesmo restrita a um grupo social qualquer. Deve ser evitada em sua redação. Não adianta colocá-la entre aspas, pois continua uma gíria. Ela empobrece a redação, banaliza aquilo que se quer transmitir e, acima de tudo, é prova de pouco vocabulário e, muitas vezes, mau gosto. Se houver dúvida quanto a ser ou não uma gíria, simplesmente não use a palavra, escolha outra, apropriada ao que deseja transmitir. Não corra riscos em sua composição!

Ex.: A comida foi **boi ralado**.

Escreva: carne moída.

2) Neologismos

O português possui cerca de trezentas mil palavras. É, portanto, uma língua riquíssima em vocabulário. Assim, para seu próprio bem, não invente vocábulos: você tem muitos à sua disposição. Há uma tendência popular de criar, principalmente a partir de prefixos e sufixos, novas palavras. É perigoso, dá margem a verdadeiras aberrações. Não o faça jamais.

Ex.: Levou uma **ovada** na testa.

O sufixo **–ada** aparece em palavras como pedrada, bolada, facada etc. Não existe a palavra **ovada**.

Escreva: Jogaram-lhe ovos na testa.

3) Apelações

Em hipótese alguma empregue termos que atentem contra a moral das pessoas. O leitor deve ser respeitado. Usar palavrões significa enfear, estragar, destruir a redação. Mesmo palavras de uso corrente, que aos poucos vão sendo aceitas pela sociedade, não podem aparecer em seu texto.

Ex.: Resolveu me **sacanear.**

Indelicadeza que não pode ocorrer numa redação. É linguagem chula que empobrece a composição. Diga: Resolveu me chatear.

4) Estrangeirismos

Nossa língua nativa é o português. Escrevemos e falamos em português. Não há razão para usar-se outra língua numa redação. Evite escrever palavras estrangeiras, a não ser que não possuam correspondentes em nosso idioma. Mesmo assim, convém evitá-las.

Ex.: Preciso de um **time** para pensar.

Puro pedantismo. É vontade de se mostrar, nada mais do que isso. Em um concurso público, você com certeza perderá pontos, se agir dessa maneira.

Escreva, pois, como autêntico brasileiro: Preciso de um tempo para pensar.

EXERCÍCIOS ESTRUTURAIS

PRONOMES RELATIVOS (II)

a) Onde: refere-se a lugar; significa **no qual**, **em que**.
   Ex.: A casa é bonita. Ele nasceu na casa.
   A casa onde ele nasceu é bonita.
Obs.: Se o verbo pede preposição, usa-se **de onde**, **aonde** (junto) etc.

b) Quanto (quantos, quantas): tem como antecedente um pronome indefinido.
   Ex.: Todos são bem-vindos. Todos estão aqui.
   Todos quantos aqui estão são bem-vindos.

c) Quando: refere-se a tempo: significa **no qual**, **em que**.
   Ex.: O dia foi especial. Eu te vi no dia.
   O dia quando te vi foi especial.

d) Como: tem como antecedente palavras como **jeito**, **modo**, **maneira**.
   Ex.: O jeito me deixa nervoso. Tu falas desse jeito.
   O jeito como falas me deixa nervoso.

EXERCÍCIOS

Os exercícios que seguem envolvem os oito pronomes relativos estudados. Faça uma releitura atenta do assunto, que se iniciou na primeira lição.

46) Substitua o termo repetido pelo pronome relativo <u>onde</u>.
   Modelo: A casa é nova. Nasci na casa.
            A casa onde nasci é nova.
   1) Calçaram a rua. Eu a conheci na rua.
   2) A fábrica tem centenas de trabalhadores. Você trabalha na fábrica.

3) Perdi a carteira. Sua foto estava na carteira.
4) A cidade possui um clima agradável. Viemos da cidade há um ano.
5) Há muitos estrangeiros no bairro. Iremos ao bairro amanhã.
6) A estante será pintada novamente. Coloco meus cadernos na estante.
7) O lugar é aconchegante. Eu vim do lugar.
8) Temos um hotel. Os artistas sempre se hospedam no hotel.
9) Gosto muito do clube. Ele foi ao clube com os filhos.
10) O rio tem águas limpas. Tomei banho no rio.
11) A vala fica naquela estrada. O turista se sujou na vala.
12) O bairro é muito afastado. Iremos ao bairro no sábado.
13) O piso estava ensaboado. Meu filho escorregou no piso.
14) Dali avistávamos o precipício. O ônibus caiu no precipício.
15) O estádio pertence ao município. O jogo será realizado no estádio.
16) O vale tem muita neblina. O animal foi encontrado no vale.
17) A selva fica na África. Eles procedem da selva.
18) O caminhão foi parado pela polícia. O contrabando estava no caminhão.
19) Secou a fonte. Os cisnes nadavam na fonte.
20) O bolso estava furado. Pus as moedas no bolso.

47) **Substitua o termo repetido pelo pronome relativo colocado nos parênteses. Faça as adaptações necessárias.**
1) A árvore é muito antiga. O pássaro fez ninho na árvore. (que)
2) Ele fez uma pergunta. Todos pensaram muito na pergunta. (o qual)
3) Osvaldo ficou bastante feliz. O trabalho de Osvaldo foi premiado. (cujo)
4) Não encontrei a pasta. Deixei os documentos na pasta. (onde)
5) Todas serão aproveitadas. Todas estão aqui. (quanto)
6) A diretora está na Europa. Pedi emprego à diretora. (quem)
7) Era muito difícil a tarefa. Exigi explicações sobre a tarefa. (o qual)
8) Adquiri o dicionário. Você recomendou o dicionário. (que)
9) Mariana é colega de faculdade. Estou escravizado à beleza de Mariana. (cujo)
10) Traga-me o jornal. Li aquela notícia no jornal. (onde)
11) A partida foi emocionante. Aludimos à partida. (o qual)
12) Os moradores ficaram revoltados. A associação impôs silêncio aos moradores. (quem)
13) O tema agradou a todos. Propus o tema. (que)
14) O ancião lançou a sua candidatura. Só podemos elogiar a conduta do ancião. (cujo)
15) Gostava daquela rua. As pessoas sempre se cumprimentavam na rua. (onde)
16) Tudo teve o apoio da sociedade. Realizei tudo. (quanto)
17) Dulce vive sozinha. Inúmeras vezes fiz alusão às virtudes de Dulce. (cujo)

18) A festa foi adiada. Estava ansiosa pela festa. (o qual)
19) O candidato me decepcionou. Votei no candidato. (quem)
20) O clube tem uma bela piscina. Não quis associar-me ao clube. (que)

48) Substitua o termo repetido por um pronome relativo adequado.
1) A história é muito triste. Eu lhe falei da história.
2) O aluno faltou. O pai do aluno ficou doente.
3) O diretor mandou chamá-lo. Você enviou o relatório ao diretor.
4) A escultura está bem protegida. Fiquei impressionado com a escultura.
5) Traga o papel. Coloquei minha assinatura no papel.
6) Fiz o teste. Você exigiu o teste.
7) O pintor alugou aquela sala. Aludimos ao pintor.
8) Aqui está a mulher. Sempre lutei pelo amor da mulher.
9) Mostraram-me o canil. Meu cachorro ficou no canil.
10) Conheci algumas pessoas. Pude conversar com as pessoas.
11) Meus livros estão cheios de pó. Tenho muito amor aos meus livros.
12) Apareceu o policial. Não pude contar com a ajuda do policial.
13) No jarro há flores. As flores precisam ser regadas.
14) Encontrei na estação o arquiteto. A valise pertence ao arquiteto.
15) Na escrivaninha há um estojo. Vocês encontrarão o anel no estojo.
16) Meu sobrinho é excelente pessoa. Residi na casa de meu sobrinho.
17) O céu estava repleto de estrelas. As estrela piscavam suavemente.
18) As roupas eram muito velhas. Ele se desfez das roupas.
19) Conheço naquele bairro uma senhora. A alegria da senhora contagia a todos.
20) Admiro o jornaleiro. Mandaste o recado ao jornaleiro.

ENRIQUECIMENTO DO VOCABULÁRIO

EXERCÍCIOS

49) Marque o sinônimo ou a significação precisa do termo destacado.

1) Um grupo de **neófitos** o observava atentamente.
   a) jovens
   b) estudantes novos
   c) principiantes
   d) desajeitados

2) A **diatribe** afastou-o do jornal.
   a) tipo de doença
   b) calúnia
   c) irresponsabilidade
   d) crítica feroz

3) O **conúbio** de Alfredo e Joana já era esperado.
   a) acordo
   b) pedido
   c) separação
   d) casamento

4) Suas palavras foram **judiciosas**.
   a) sensatas
   b) inteligentes
   c) dúbias
   d) irônicas

5) Havia **azáfama** em toda a casa.
   a) preocupação
   b) respeito
   c) muita pressa, atrapalhação
   d) descrença

6) Permanecia **quedo** junto à parede da sala.
   a) trêmulo
   b) agitado, nervoso
   c) calmo, quieto
   d) desmaiado

7) Sua voz **plangente** é conhecida de todos.
   a) que chora, triste
   b) suave, delicada
   c) rouca
   d) muito fina

8) Não me venha com **ilações** precipitadas!
   a) propostas
   b) respostas
   c) conclusões
   d) críticas

9) Tudo na vida é **efêmero**.
   a) relativo
   b) sem valor
   c) nostálgico
   d) passageiro

10) Jamais me considerei um **bardo**.
    a) poeta
    b) seresteiro
    c) cantor
    d) ator

11) Não conseguiram **malbaratar** o dinheiro herdado.
    a) economizar
    b) receber
    c) desperdiçar
    d) guardar

12) Mostrava-se sempre **fagueiro**.
    a) ardente
    b) contente
    c) sem forças
    d) inocente

13) Percorria as **glebas** de sua família com profundo respeito àquela gente.
    a) terras muito pobres
    b) empresas
    c) propriedades
    d) terrenos próprios para a cultura

14) Precisava de uma **panaceia**.
    a) ajuda financeira
    b) remédio para todos os males
    c) apoio moral
    d) esperança

15) Não resistiria à **sanha** de seus inimigos.
    a) ataque
    b) força
    c) fúria
    d) desprezo

16) Precisávamos de sua **vênia**.
    a) permissão
    b) resposta clara, precisa
    c) boa vontade
    d) orientação

17) Numa tarde **nefasta**, nós o perdemos no bosque.
    a) sem sol
    b) cinzenta
    c) de mau agouro
    d) desagradável

18) Não suportava aquele **ramerrão**.
    a) homem ignorante
    b) uso constante, rotina
    c) barulho estranho
    d) vento gelado

19) Era um acordo **tácito**, que não poderia ser rompido.
   a) especial
   b) por escrito, em documento
   c) implícito, subentendido
   d) de cavalheiros

20) Estudava as formas mais **abjetas** de vida.
   a) simples
   b) delicadas
   c) estranhas
   d) desprezíveis

21) Seus cabelos **cendrados** eram lindos.
   a) ondulados
   b) avermelhados
   c) da cor da terra
   d) da cor da cinza

22) Pessoas de igual **jaez** andavam por ali.
   a) qualidade
   b) feição
   c) profissão
   d) tendência

23) Flores **fragrantes** ornavam aquela vila.
   a) bonitas
   b) novas
   c) perfumadas
   d) pequenas

24) Vivia em um local **malsão**, à espera de ajuda.
   a) sujo
   b) doentio, insalubre
   c) apertado
   d) sem iluminação

25) Fazia sempre comidas **sápidas**.
   a) puras
   b) com sabor
   c) com muito sal
   d) leves

26) Foi uma atitude **pífia**, própria de seu grupo.
   a) desonesta
   b) incoerente
   c) esquisita
   d) grosseira

27) Sorriu após o **ósculo** fraterno.
   a) abraço
   b) aviso
   c) beijo
   d) aperto de mão

28) Andava **taciturno**, inspirando cuidados.
   a) tristonho
   b) adoentado
   c) desequilibrado emocionalmente
   d) abobalhado

29) **Renhido** combate disputou-se então.
   a) breve
   b) sangrento
   c) inútil
   d) infantil

30) Pretendia **ablegar** os adversários políticos.
   a) mandar para longe, exilar
   b) derrotar
   c) mandar prender
   d) humilhar

31) Não pretendíamos **acoimar** os revoltosos.
   a) aceitar
   b) deter
   c) castigar
   d) acalmar

32) Ele veio todo **açodado** para o encontro.
   a) enfeitado
   b) preparado
   c) apressado
   d) agitado

33) Não quis **ilidir** as suas palavras.
   a) rebater
   b) ignorar
   c) admitir
   d) compreender

34) Precisava do **beneplácito** de seus pais.
   a) perdão
   b) orientação
   c) dedicação
   d) aprovação

35) Tentou trazer para a cidade um progresso **falaz**.
   a) muito grande
   b) esperado, desejado
   c) enganador, ilusório
   d) temido

36) Comprazia-se em constantes **solilóquios**.
   a) diálogos
   b) análises
   c) discussões acaloradas
   d) monólogos

37) Queria **comutar** a pena.
   a) aumentar
   b) extinguir
   c) rever
   d) atenuar

38) Esperava ansioso a nova **missiva**.
   a) carta
   b) informação
   c) missão
   d) ajudante

39) Buscarei dados em uma **crestomatia**.
   a) antologia
   b) enciclopédia
   c) biblioteca
   d) livraria

40) Moravam em uma região **edênica**.
   a) muito quente
   b) muito fria
   c) paradisíaca
   d) isolada

41) Vivíamos um tempo de **bonança**.
   a) bondade
   b) boa vontade
   c) conquista
   d) sossego

42) Godofredo nunca teve hábitos **fesceninos**.
   a) puros
   b) selvagens
   c) incoerentes
   d) obscenos

43) Infelizmente, trata-se de um **mentecapto**.
   a) ladrão
   b) tolo
   c) grosseiro, rude
   d) malandro

44) Trazia consigo o **estigma** dos heróis.
   a) marca
   b) bom senso
   c) peso
   d) responsabilidade

45) Tudo se resume à **prosápia** dos envolvidos.
   a) inteligência
   b) participação
   c) atitude
   d) linhagem

■ TEMAS PARA REDAÇÃO

1) Um gesto de coragem
2) Todos precisam das mesmas oportunidades
3) Ser político não é necessariamente ser desonesto
4) Viver é sempre muito bom
5) O amor como princípio de tudo

TERCEIRA LIÇÃO

UM HOMEM DE CONSCIÊNCIA

Chamava-se João Teodoro, só. O mais pacato e modesto dos homens. Honestíssimo e lealíssimo, com um defeito apenas: não dar o mínimo valor a si próprio. Para João Teodoro, a coisa de menos importância no mundo era João Teodoro.

Nunca fora nada na vida, nem admitia a hipótese de vir a ser alguma coisa. E por muito tempo não quis nem sequer o que todos ali queriam: mudar-se para terra melhor.

Mas João Teodoro acompanhava com aperto de coração o deperecimento visível de sua Itaoca.

– Isto já foi muito melhor, dizia consigo. Já teve três médicos bem bons – agora só um e bem ruinzote. Já teve seis advogados e hoje mal dá serviço para um rábula ordinário como o Tenório. Nem circo de cavalinhos bate mais por aqui. A gente que presta se muda. Fica o restolho. Decididamente, a minha Itaoca está se acabando...

João Teodoro entrou a incubar a ideia de também mudar-se, mas para isso necessitava dum fato qualquer que o convencesse de maneira absoluta de que Itaoca não tinha mesmo conserto ou arranjo possível.

– É isso, deliberou lá por dentro. Quando eu verificar que tudo está perdido, que Itaoca não vale mais nada de nada de nada, então arrumo a trouxa e boto-me fora daqui.

Um dia aconteceu a grande novidade: a nomeação de João Teodoro para delegado. Nosso homem recebeu a notícia como se fosse uma porretada no crânio. Delegado, ele! Ele que não era nada, nunca fora nada, não queria ser nada, não se julgava capaz de nada...

Ser delegado numa cidadezinha daquelas é coisa seríssima. Não há cargo mais importante. É o homem que prende os outros, que solta, que manda dar sovas, que vai à capital falar com o governo. Uma coisa colossal ser delegado – e estava ele, João Teodoro, de-le-ga-do de Itaoca!...

João Teodoro caiu em meditação profunda. Passou a noite em claro, pensando e arrumando as malas. Pela madrugada botou-as num burro, montou no seu cavalo magro e partiu.

– Que é isso, João? Para onde se atira tão cedo, assim de armas e bagagens?

– Vou-me embora, respondeu o retirante. Verifiquei que Itaoca chegou mesmo ao fim.

– Mas, como? Agora que você está delegado?

– Justamente por isso. Terra em que João Teodoro chega a delegado, eu não moro. Adeus.

E sumiu.

(Monteiro Lobato, *in* Cidades Mortas)

GRAMÁTICA

CONCORDÂNCIA VERBAL

Uma oração se divide normalmente em duas partes: sujeito e predicado.

Ex.: <u>Aquele repórter</u> entrevistou ontem um escritor muito famoso.
      sujeito   predicado

Se você perguntar: quem **entrevistou?**, a resposta será **aquele repórter**, que é o sujeito da oração. O restante, ou seja, o verbo e seus complementos ou adjuntos, é o predicado.

Se tivéssemos dito **Aqueles repórteres**, como ficaria o predicado? Evidentemente, seria **entrevistaram ontem um escritor muito famoso**, com o verbo no plural.

Assim, podemos enunciar a regra geral da concordância verbal: o verbo concorda em número e pessoa com o sujeito.

Observe bem as frases seguintes:
1) Falta duas semanas.
2) Acontece coisas estranhas ali.
3) Basta duas palavras.

Nas três frases, não se fez a concordância entre o verbo e o sujeito. Deveríamos dizer **Faltam duas semanas**, **Acontecem coisas estranhas ali** e **Bastam duas palavras**.

■ CASOS ESPECIAIS

1) Sujeito composto leva o verbo ao plural.
    Ex.: O cão e o gato corriam pela casa.

Com a frase invertida, há duas concordâncias possíveis.

    Ex.: Corriam pela casa o cão e o gato. (concordância gramatical ou lógica)
           Corria pela casa o cão e o gato. (concordância atrativa)

Obs.: Dê preferência, em sua redação, à concordância gramatical.

2) Verbo **haver** significando **existir** ou indicando tempo não vai para o plural.
   Ex.: Havia muitos erros. (Existiam muitos erros)
Obs.: Com verbo auxiliar, este também não pode ir ao plural.
   Ex.: Deve haver muitos erros. (Devem existir muitos erros)

3) Verbo **fazer**, indicando tempo decorrido ou meteorológico, não admite plural. Da mesma forma, o seu auxiliar.
   Ex.: Faz dias que não saio.
   Deve fazer dias que não saio.
   Ontem fez trinta graus.

4) Verbo transitivo direto mais a palavra **se**.
   Ex.: Compram-se jornais velhos. (Jornais velhos são comprados.)
   sujeito

OBSERVAÇÕES

a) Verbo transitivo direto é o que pede um complemento (objeto) sem preposição obrigatória.
   Ex.: Comprei jornais velhos.
   objeto direto

Com a palavra **se**, o que era objeto direto passa a ser o sujeito da oração. O **se** é uma partícula apassivadora. Veja outros exemplos.
   Vendem-se revistas. (Revistas são vendidas.)
   Estudaram-se as matérias. (As matérias foram estudadas.)
   Pintavam-se as paredes. (As paredes eram pintadas.)

b) Se o verbo pedir preposição, não haverá a concordância no plural.
   Ex.: Necessita-se de ajudantes. (e não necessitam)
   Aqui se obedece às leis. (e não obedecem)

Nesse caso, o **se** é um símbolo de indeterminação do sujeito, e o sujeito da oração se diz indeterminado.

5) Palavras **que** e **quem**.
   Ex.: Fui eu que saí. (concordância com a palavra que vem antes do **que**.)
   Fui eu quem saí.
   Fui eu quem saiu.
Obs.: Com a palavra **quem**, você pode fazer as duas concordâncias.

6) **Dar, bater, soar, tocar** em relação a horas: concordância normal com seu sujeito.
   Ex.: Já deram cinco horas da tarde.
                     sujeito
   O relógio já deu cinco horas da tarde.
      sujeito

7) Sujeito formado por pessoas gramaticais diferentes.
   Ex.: Eu, tu e ele sairemos à tarde. (= nós)
   Tu e ele saireis à tarde. (= vós)
Obs.: Também é correto, no segundo exemplo, colocar o verbo na terceira pessoa do plural: Tu e ele sairão à tarde.

8) Sujeito referente a obra ou nome próprio de lugar, usado com artigo plural, leva o verbo ao plural, concordando com o artigo.
   Ex.: Os Estados Unidos assinaram o acordo.
   Os Sertões foram escritos por Euclides da Cunha.

OBSERVAÇÕES

a) Se houver outra palavra como sujeito, a concordância será com ela.
   Ex.: O livro Os Sertões foi escrito por Euclides da Cunha.
           sujeito

b) Sem artigo, a concordância é no singular.
   Ex.: Alagoas é um estado do nordeste.

c) Com o verbo **ser** e predicativo formado por **livro**, **obra** ou semelhantes, pode haver singular ou plural.
   Ex.: Os Sertões é um livro famoso.
   Os Sertões são um livro famoso.

9) Coletivo mais palavra no plural

   Ex.: A maioria das pessoas gritou. (concordância com o coletivo)

   A maioria das pessoas gritaram. (concordância com o termo seguinte, que é plural)

Obs.: Se o núcleo não for um coletivo, só se usa o singular.

   Ex.: O pedido daqueles cidadãos não será atendido.

10) Pronome indefinido ou interrogativo seguido de pronome pessoal.

    Ex.: Qual de nós lerá o livro? (primeiro pronome no singular)

    Quais de nós lerão o livro?

    Quais de nós leremos o livro?

Obs.: Como se vê, se o primeiro pronome for plural, existem as duas concordâncias.

11) Verbo **ser**.

a) Sujeito formado por **tudo**, **nada**, **isto**, **isso**, **aquilo**: duas concordâncias possíveis.

   Ex.: Tudo é flores. Tudo são flores.

   Aquilo seria dificuldades. Aquilo seriam dificuldades.

Obs.: Prefira, em sua redação, a forma do plural.

b) Indicando horas ou datas: concordância com o numeral mais próximo.

   Ex.: Já são oito horas. Já é uma hora e trinta minutos.

   Hoje são dez de fevereiro.

Obs.: Com a palavra **dia** expressa na frase, usa-se o singular.

   Ex.: Hoje é dia dez de fevereiro.

c) Concordância sempre com a pessoa ou o pronome pessoal.

   Ex.: Carlos é as esperanças da turma. As esperanças da turma é Carlos.

   Tu és as alegrias da família. As alegrias da família és tu.

d) Indicação de quantidade, preço, distância: sempre singular.

   Ex.: Noventa centavos é pouco.

   Vinte reais é o preço.

   Oito quilômetros é a distância.

12) Verbo **parecer**.

    Parecem gritar as crianças. (uma única oração)

    Parece gritarem as crianças (duas orações)

> **OBSERVAÇÕES**
>
> a) No segundo caso, pode aparecer oração começada pela palavra **que**, mantendo-se o verbo **parecer** no singular.
> **Ex.:** Parece que gritam as crianças.
>
> b) O que você **não pode fazer** é colocar o verbo **parecer** e o infinitivo, ao mesmo tempo, no plural.
> **Ex.:** Parecem gritarem as crianças.

EXERCÍCIOS

50) **Complete adequadamente as frases seguintes.**
   1) Não................problemas. (haverá/haverão)
   2) .... muitas dúvidas. (Existe/Existem)
   3) Já................ muitas falhas. (houve/houveram)
   4) Não................haver complicações. (pode/podem)
   5) Não................existir complicações. (pode/podem)
   6) ....quatro anos que não nos encontramos. (Faz/Fazem)
   7) ....fazer quatro anos que não nos encontramos. (Deve/Devem)
   8) A mulher e a menina................no trem. (embarcou/embarcaram)
   9) .... no trem a mulher e a menina. (Embarcou/Embarcaram)
   10) ....apenas um recibo. (Falta/Faltam)
   11) ....apenas alguns recibos. (Falta/Faltam)
   12) ....apenas um recibo e uma promissória. (Falta/Faltam)
   13) ....-se o lote. (Comprou/Compraram)
   14) ....-se os lotes. (Comprou/Compraram)
   15) Aqui se................ uma casa. (construirá/construirão)
   16) Aqui se................ belas casas. (construirá/construirão)
   17) ....-se de doces. (Gosta/Gostam)
   18) ....-se doces. (Come/Comem)
   19) Ali se............... bons livros. (lê/leem)
   20) Ali se............... de bons livros. (precisa/precisam)

51) **Marque o erro de concordância verbal.**
   a) Costumam haver pedidos variados.
   b) Bastariam alguns avisos.
   c) Chegaram José e Mauro.
   d) Chegou José e Mauro.

52) **Assinale a frase errada quanto à concordância.**
   a) Fazia muitos anos que eu não ia à fazenda de meu tio.
   b) Escreveu-se as cartas pacientemente.
   c) Existem algumas alternativas.
   d) Existe uma só alternativa.

53) **Só não há erro de concordância em:**
   a) Houveram grandes conflitos.
   b) Dá-se aulas.
   c) Falam-se em novas contratações.
   d) Amanhã fará vinte graus.

54) **A frase que contraria a norma culta da língua quanto à concordância é:**
   a) Faltou água e energia.
   b) Faltaram água e energia.
   c) Derrubou-se as pontes.
   d) Derrubou-se a ponte.

55) **Preencha as lacunas, fazendo a devida concordância.**
   1) Fomos nós que............ (errou/erramos)
   2) Fomos nós quem..........(errou/erramos)
   3) Já..............três horas. (bateu/bateram)
   4) No relógio da praça já............... três horas. (bateu/bateram)
   5) O relógio da praça já............... três horas. (bateu/bateram)
   6) Ele, tu e eu.............logo. (viajaremos/viajarão)
   7) Ele e tu.............logo. (viajaremos/viajareis/viajarão)
   8) Eu e ele.............a prova. (venci/vencemos/venceram)
   9) ....a prova eu e ele. (venci/vencemos/venceram)
   10) Minas Gerais................os recursos. (conseguiu/conseguiram)
   11) As Minas Gerais................os recursos. (conseguiu/conseguiram)
   12) Os Lusíadas............... a história de Portugal. (conta/contam)
   13) O poema Os Lusíadas.............a história de Portugal. (conta/contam)
   14) Grande parte dos formandos............... no quintal. (festejava/festejavam)
   15) Grande parte da turma...............no quintal. (festejava/festejavam)
   16) Algum de nós.............o problema. (resolverá/resolveremos)
   17) Alguns de nós.............(resolverá/resolveremos/resolverão)
   18) A invenção daqueles cientistas.............a todos. (ajudará/ajudarão)
   19) Tudo......... complicações. (era/eram)
   20) Amanhã............cinco de agosto. (será/serão)
   21) Amanhã............dia cinco de agosto. (será/serão)

22) Já.......nove horas. (é/são)

23) Já.......cinco para as oito. (é/são)

24) Já.......meio-dia. (é/são)

25) ....nascer as flores. (Parece/Parecem)

26) ....nascerem as flores. (Parece/Parecem)

27) ....nascer a flor. (Parece/Parecem)

28) ....que nasce a flor. (Parece/Parecem)

29) .... que nascem as flores. (Parece/Parecem)

30) As flores................que nascem. (parece/parecem)

56) **Assinale o erro de concordância verbal.**
   a) Fomos nós que o procuramos.
   b) Fomos nós quem o procurou.
   c) Fomos nós quem o procuramos.
   d) Deram uma hora e quinze minutos.

57) **Marque o erro de concordância verbal.**
   a) O sino da matriz já bateu sete horas.
   b) Chegaste tu e Antônio.
   c) Leram a reportagem ele e eu.
   d) Tu e ele vão colaborar.

58) **Está errada quanto à concordância a frase:**
   a) Campos do Jordão possui clima saudável.
   b) Os Alpes ficam na Europa.
   c) Os Miseráveis, de Vítor Hugo, representa bem a literatura francesa.
   d) Campinas oferece muitas atividades culturais.

59) **Contraria a norma culta da língua quanto à concordância a frase:**
   a) Duzentos reais seriam o preço.
   b) O país somos nós.
   c) Ele era todas as nossas esperanças.
   d) Isso são hipóteses.

60) **A única frase perfeita quanto à concordância verbal é:**
   a) Parecem sorrirem os estudantes.
   b) Foste tu que comentou o fato.
   c) No relógio da pracinha, já soaram quatro horas.
   d) O exemplo daqueles homens devem ser seguidos.

61) **Preencha as lacunas e escolha a opção adequada.**
   Não................haver muitas oportunidades.
   Naquela época,.................-se recursos no prazo de dez dias.
   Já...........ser cinco horas e trinta minutos.
   a) costuma – admitia – deve
   b) costumam – admitiam – devem
   c) costuma – admitiam – devem
   d) costumam – admitia – deve

62) **Preencha as lacunas e escolha a opção adequada.**
    Não........mais de nove meses que o vi naquele lugar.
    Duzentos metros............ a distância.
    Os empregados................que voltarão.
    a) fazem – são – parecem
    b) faz – são – parecem
    c) fazem – é – parece
    d) faz – é – parece

63) **Há erro de concordância em:**
    a) Deve existir belas montanhas ali.
    b) Fostes vós quem recomendou o filme.
    c) Fostes vós quem recomendastes o filme.
    d) Houve poucas perguntas.

64) **Marque o erro de concordância.**
    a) Tudo seriam novidades.
    b) Tudo seria novidades.
    c) Plantaram-se as árvores.
    d) Tratam-se de meras opiniões.

ORIENTAÇÃO ORTOGRÁFICA

GRAFIA DE CERTAS PALAVRAS E EXPRESSÕES

1) PORQUE, PORQUÊ, POR QUE, POR QUÊ

a) A palavra **porque** é uma conjunção; significa **pois** ou, mais raramente, **para que**. É um dissílabo átono, por isso mesmo sem acento.
Ex.: Ele chorou porque caiu. (=pois)
Trabalhou o ano inteiro porque o filho fizesse o vestibular. (=para que)

b) A palavra **porquê** é substantivação da anterior. Trata-se de um substantivo e deve ser empregada com determinante, geralmente o artigo. É palavra oxítona terminada em **e**, por isso recebendo o acento.
Ex.: Não sei o porquê de toda a confusão.

c) **Por que** é uma expressão formada pela preposição **por** e o pronome **que**. Aparece nos seguintes casos:

- Quando significa **por que motivo** e aparece no início ou no meio da frase.
Ex.: Por que ele chorou? (Por que motivo ele chorou?)
Não sei por que ele chorou. (Não sei por que motivo ele chorou.)

- Quando significa **pelo qual** e flexões.
Ex.: Ali está a firma por que tanto me esforcei. (Ali está a firma pela qual tanto me esforcei.)

- Quando a oração iniciada pelo **por** pode ser trocada por **por isto**.
Ex.: Ele ansiava por que a namorada voltasse. (Ele ansiava por isto.)

d) **Por quê** é uma expressão que significa **por que motivo**, usada sempre no final da frase.
Ex.: Ele chorou por quê? (Ele chorou por que motivo?)

2) A CERCA DE, ACERCA DE, HÁ CERCA DE

a) **Acerca de** equivale a **sobre**, **a respeito de**.
Ex.: Falavam acerca de política. (Falavam a respeito de política.)

b) **A cerca de** significa **a aproximadamente**.
   Ex.: Ficou a cerca de cem metros do local. (Ficou a aproximadamente cem metros do local.)

c) **Há cerca de** significa **há aproximadamente**. A palavra **há** indica tempo decorrido ou significa **existir**.
   Ex.: Não o vejo há cerca de um ano. (Não o vejo há aproximadamente um ano.)
   Há cerca de cinquenta pessoas na sala. (Há aproximadamente cinquenta pessoas na sala.)

3) MAU, MAL

a) **Mau** é o antônimo de **bom**.
   Ex.: Ele é um mau corretor. (Ele é um bom corretor)

b) **Mal** pode significar:

I) O antônimo de **bem**.
   Ex.: Paulo escreve mal. (Paulo escreve bem.)

II) O sinônimo de **logo que**.
   Ex.: Mal a prova acabou, todos saíram. (Logo que a prova acabou, todos saíram.)

III) O mesmo que **quase não**.
   Ex.: Mal ganha para comer. (Quase não ganha para comer.)

4) MAS, MAIS

a) **Mas** é sinônimo de **porém**.
   Ex.: Correu, mas não se cansou. (Correu, porém não se cansou.)

b) **Mais** é o antônimo de **menos**.
   Ex.: Tenho mais livros que você. (Tenho menos livros que você.)

5) TÃO POUCO, TAMPOUCO

a) **Tão pouco** é uma expressão formada pelo advérbio de intensidade **tão** e o pronome ou advérbio **pouco**.
   Ex.: Ele fala tão pouco que ninguém nota sua presença.

b) **Tampouco** significa **também não**.
   Ex.: Não trabalha, tampouco estuda. (Não trabalha, também não estuda.)

6) **ANTE, ANTI**
a) **Ante** é um prefixo que traduz ideia de anterioridade, ou seja, o que vem antes. Como preposição, significa **diante de**.
   Ex.: Esperou-me na antecâmara.
   Estava ante uma situação complicada.
b) **Anti** é um prefixo com o sentido de oposição.
   Ex.: Isso é anti-higiênico.

7) **SOBRE, SOB**
a) **Sobre** significa **a respeito de** ou **em cima de**; pode ser usada como prefixo com o sentido de superioridade.
   Ex.: Falaram sobre futebol. (Falaram a respeito de futebol.)
   Os cadernos estão sobre a mesa. (Os cadernos estão em cima da mesa.)
   Fez um esforço sobre-humano. (superior ao do humano)
b) **Sob** é usado nos demais casos, principalmente com a ideia de posição inferior.
   Ex.: Fiquei sob a ponte. (Fiquei por baixo da ponte.)
   Comprou sapatos sob medida. (Comprou sapatos por medida)

EXERCÍCIOS

65) Complete as frases seguintes com porque, porquê, por que ou por quê.
   1) ....ninguém me avisou?
   2) Veja...............ele está gritando.
   3) Fomos à praia............fazia muito calor.
   4) Volte cedo,...............vai chover.
   5) Diga-me o............... de tudo isso.
   6) Ignorávamos............... o diretor estava tão nervoso.
   7) Não sei.................
   8) Não sei o..................
   9) O carro parou.................acabou a gasolina.
   10) Esforçou-se o mês inteiro................... o irmão pudesse fazer o teste.
   11) Desconheço....................você precisa trabalhar tanto.
   12) Queres o resultado agora.................?

66) **Assinale, nas questões seguintes, o erro de grafia ou emprego de palavras ou expressões.**

1) a) Conheci-o há cerca de dois meses.
   b) Só conversavam a cerca de futebol.
   c) Estávamos a cerca de uma légua do local indicado no mapa.
   d) Não falem agora acerca de seus problemas.

2) a) Ele não é mau caráter.
   b) Não seja tão mal.
   c) Mal cheguei, fui ao banheiro.
   d) Estou mal de saúde.

3) a) Não há mal. que sempre dure.
   b) Se deixarem, mais livros vou trazer.
   c) Não queria intrometer-me, mas não consegui evitar.
   d) Não fale mau dela.

4) a) Estava com tão pouco dinheiro, que não pôde viajar.
   b) Não sabia que ele ganhava tão pouco.
   c) Ela não pinta, tão pouco faz poesias.
   d) Não quero tão pouco assim.

5) a) Estávamos sob forte emoção.
   b) Estudava o período antidiluviano.
   c) Estávamos sobre a casa.
   d) Não quis antedatar o documento.

PARA ESCREVER BEM
CONHECIMENTOS GERAIS (III)

1) Título

Nunca deixe de dar um título à sua redação. Ele pode ser um resumo do tema ou mesmo sua repetição, quando for de pouca extensão.

Com relação ao título, é importante saber o seguinte:

a) Não escreva a palavra **título**, pois o que está ali só pode ser o título.
   Ex.: Título: Passado de glórias

b) Jamais o coloque entre aspas, a menos que ele seja frase de alguém, por exemplo, de um escritor qualquer. Mas isso deve ser evitado.
   Ex.: "Um raio de esperança" – errado
   Um raio de esperança – correto

c) Não o sublinhe, sob qualquer pretexto.
   Ex.: <u>Infância feliz</u> – errado
   Infância feliz – correto

d) Somente a primeira palavra deve ser grafada com inicial maiúscula, a não ser que ele apresente algum nome próprio.
   Ex.: A liberdade de imprensa
   A liberdade de imprensa no Brasil

e) Não use ponto final.
   Ex.: Minha história. – errado
   Minha história – correto

f) Evite começar a redação com o próprio título.
   Ex.: A minha vida
   Inicio da redação: A minha vida tem sido...

2) Parágrafos

Conjunto de frases ou orações que apresenta sentido completo. É marcado na escrita por um afastamento da margem esquerda.

Uma redação escolar ou destinada a concurso público precisa ser dividida em parágrafos. Evite fazer menos do que três. Procure iniciar por um parágrafo curto. Da mesma forma, termine sua redação com um parágrafo de pouca extensão. Geralmente, pede-se ao aluno ou candidato uma redação com um mínimo de vinte e cinco e um máximo de trinta linhas. Em alguns lugares, pede-se redação maior ainda. Em hipótese alguma fuja ao que foi determinado. Nem uma linha a mais, nem a menos.

Obs.: Você tem acima exemplos de parágrafos. No primeiro, a partir da palavra **conjunto**, apresentou-se tão somente uma explicação geral, uma definição. No segundo, falou-se dos parágrafos numa redação escolar ou para concurso. Observe bem que ele é um pouco longo, mas o assunto é, rigorosamente, um só, não podendo, pois, ser dividido.

3) Repetição desnecessária

Algo que empobrece sobremaneira um texto é a repetição de palavras ou expressões, a não ser que se trate de um recurso estilístico, que estudaremos adiante.

Você precisa fazer um rascunho da sua redação. Ao lê-lo, procure eliminar ou substituir aqueles termos que aparecem muitas vezes. É uma questão apenas de atenção e boa vontade. Não é difícil. Você terá ocasião de fazer esse tipo de treinamento na lição seguinte.

Ex. 1: A natureza não dá saltos. Dizem que a natureza é lenta, porém sábia. Vamos substituir a segunda palavra **natureza**? Teremos então: A natureza não dá saltos. Dizem que ela é lenta, porém sábia.

Ex. 2: Não dê bronca numa criança sem a devida explicação. Dar bronca pode ser um ensinamento precioso.
Substituindo, teremos: Não repreenda uma criança sem a devida explicação. Dar bronca pode ser um ensinamento precioso.

Ex. 3: Carlos e Pedro são irmãos. Carlos estuda, e Pedro trabalha.
Fica melhor: Carlos e Pedro são irmãos. O primeiro estuda, o segundo trabalha.

4) Não use rimas

Evite, sempre que possível, rimar palavras dentro da redação. Ao ler o rascunho, tente descobrir palavras próximas que tenham a mesma terminação. Não soa bem, e tem que ser eliminado.

Ex. 1: Rapidamente o tenente falou com a gente.
Frase ridícula, que pode ser alterada para: Com rapidez o tenente falou conosco.

Ex. 2: Em vão teu irmão chorava.
Escreva-se: Inutilmente teu irmão chorava.

Ex. 3: A dor do seu senhor era um terror.
Absurdo! Caso de polícia! Transforme-se para: O sofrimento do seu senhor era terrível.

EXERCÍCIOS ESTRUTURAIS

TRANSFORMAÇÃO DE PALAVRAS E EXPRESSÕES

Vamos fazer agora um treinamento importante para a construção de frases em português. Observe atentamente os modelos, para depois fazer os exercícios propostos. As frases têm de manter rigorosamente o sentido. Cuidado com o tempo verbal, que tem de ser mantido.

EXERCÍCIOS

67) Modelo
Ele confia plenamente no amigo.
Ele tem plena confiança no amigo.

1) Carlos não percebeu o perigo.
2) O garoto admira muito seus pais.
3) Ele quer resolver imediatamente o problema.
4) Lutemos para edificar a paz em nós mesmos.
5) Desejávamos paralisar prontamente todas as atividades econômicas.
6) Os políticos procuravam envolver totalmente na trama os fazendeiros do Amapá.
7) Tentemos aproveitar cabalmente as suas explicações.
8) É necessário manusear corretamente o aparelho.
9) É proibido permanecerem estranhos na seção.
10) O escritor aludiu ao casamento da irmã.
11) Ele não tentará conduzir claramente o processo.
12) Esperamos posicionar melhor os zagueiros no segundo tempo.

68) **Modelo**
O homem que trabalha progride.
O homem trabalhador progride.

1) Paulo e José, que participaram da festa, nada viram de anormal.
2) Encontrei teu sobrinho, que leu todos os meus artigos.
3) Pessoas que amam a natureza são especiais.
4) Os que supervisionam esse departamento não podem faltar.
5) As atividades que mais agradam aos que nos visitam são os passeios pelo bosque.
6) Márcio, que me ajuda usualmente, fala várias línguas.
7) As pessoas que carecem de afeto são normalmente humildes.
8) Trabalham naquela sala os funcionários que têm estabilidade.
9) Os que assinam nosso jornal receberão em casa boletos que podem ser pagos em qualquer agência bancária.
10) Os que oprimem o povo devem ser punidos com a cassação.
11) Conheci no exterior os que herdaram sua fortuna.
12) Aprecio as crianças que orientam os colegas que não têm experiência.

69) **Modelo**
A atriz deu apoio às campanhas.
A atriz apoiou as campanhas.

1) O cientista fez um apelo dramático às autoridades.
2) O pianista dará um concerto naquele teatro.
3) O filho dará continuação à obra do pai.
4) Fazia uma estimativa da construção em trinta mil reais.
5) Fará aos credores uma cessão de inúmeros bens imóveis.
6) Demos uma opinião bastante sincera.
7) Espero que ele dê uma contribuição satisfatória.
8) Não faça a dissolução precipitada da sociedade.
9) O investidor deu a sua posição quanto ao caso.
10) Ninguém queria que ele fizesse manobra tão arriscada.
11) O agricultor fazia pressão para a obtenção das verbas.
12) Fez uma consulta aos economistas visando ao esclarecimento de antigas questões.

ENRIQUECIMENTO DO VOCABULÁRIO

EXERCÍCIOS

70) Assinale a significação ou o sinônimo do termo destacado.

1) A **incúria** dos trabalhadores já fora notada.
   a) desonestidade
   b) força de vontade
   c) negligência
   d) inexperiência

2) Saíam da faculdade cheios de **bazófia**.
   a) conhecimento acadêmico
   b) disposição para o trabalho
   c) esperança
   d) vaidade

3) Não se pode **olvidar** aqueles fatos.
   a) lembrar
   b) admitir
   c) esquecer
   d) descrever

4) Num **tentame** desesperado, foi à casa da colina.
   a) tentativa
   b) ato
   c) decisão
   d) impulso

5) A árvore **vetusta** podia ser vista da ponte.
   a) cheia de galhos
   b) muito velha
   c) imponente
   d) frondosa

6) Deliciava-se com as histórias **primevas** que eu lhe contava.
   a) antigas
   b) ingênuas
   c) relativas a duendes
   d) encantadoras

7) A tudo enfrentava com **denodo** e perseverança.
   a) fé
   b) confiança
   c) bravura
   d) desprendimento

8) Junto à esquina, **hirto**, observava com atenção.
   a) irado
   b) admirado
   c) triste
   d) imóvel

9) Trabalhávamos com um **histrião**, que acabou demitido.
   a) desajeitado
   b) imprudente
   c) bobo
   d) irresponsável

10) Ouvindo minhas palavras, logo pensou em **retorquir**.
    a) replicar, objetar
    b) concordar
    c) obedecer
    d) ir embora

11) Saiu **incólume** da região atingida.
    a) apressado
    b) ileso
    c) sem dinheiro
    d) sem medo

12) Costumava **execrar** aquelas atitudes hipócritas.
    a) condenar
    b) negar
    c) detestar
    d) aprovar

13) Aproximava-se uma **borrasca**.
    a) tempestade
    b) ventania
    c) calmaria
    d) desgraça

14) Meu temperamento não pode **coadunar-se** com isso.
    a) contentar-se
    b) engrandecer-se
    c) misturar-se
    d) harmonizar-se

15) Tentou **ab-rogar** a lei.
    a) transgredir
    b) aplicar
    c) revogar
    d) mudar

16) Não gostava de vê-los **zanzar** pelas ruas escuras.
    a) andar à toa
    b) correr
    c) caminhar com objetivo definido
    d) rolar

17) Encontramos **resquícios** de uma antiga civilização.
   a) ruínas
   b) relíquias
   c) inscrições
   d) vestígios

18) Por ser **tartamudo**, preferiu não participar.
   a) tímido
   b) estrábico
   c) anão
   d) gago

19) Dirigiu-se ao **ínclito** senador com voz repleta de ironia.
   a) experiente
   b) ilustre
   c) antigo
   d) indeciso

20) Agiu com absoluta **vesânia**.
   a) segurança
   b) loucura
   c) convicção
   d) maldade

21) Usava quase sempre a **sinistra**.
   a) imaginação
   b) força de vontade
   c) mão esquerda
   d) descontração

22) Adorava o **fragor** das ondas.
   a) carícia
   b) frio
   c) força
   d) ruído forte

23) Não será tolerada qualquer forma de **perfídia**.
   a) desonestidade
   b) traição
   c) deboche
   d) hipocrisia

24) São marcas **indeléveis** da história.
   a) que não se apagam
   b) profundas
   c) promissoras
   d) deixadas por grande sofrimento

25) Gostaria de **corroborar** minhas ideias.
   a) apresentar
   b) confirmar
   c) defender
   d) explicar

26) Recebeu-me com a **empáfia** de sempre.
    a) indiferença
    b) orgulho
    c) tranquilidade
    d) vontade firme

27) Restaram apenas algumas folhas **adustas**.
    a) verdes
    b) caídas
    c) velhas
    d) queimadas

28) Não havia reparado na **candidez** daquela criatura.
    a) beleza
    b) suavidade
    c) inteligência
    d) pureza

29) Mostrava-se **renitente**, para desespero dos pais.
    a) preguiçoso
    b) rude
    c) sem juízo
    d) teimoso

30) O menino **eloquente** a todos encantava.
    a) esperto
    b) falador
    c) estudioso
    d) alegre

31) Precisamos **elucidar** o caso.
    a) comentar
    b) apresentar
    c) esclarecer
    d) esconder

32) Ele é o **lídimo** representante de nossa família.
    a) legítimo
    b) único
    c) próximo
    d) lúcido

33) Havia enorme **discrepância** entre eles.
    a) distância
    b) dificuldade
    c) divergência
    d) intolerância.

34) Buscava um **adjutório** na pequena cidade.
    a) ajuda
    b) explicação
    c) orador
    d) tipo de carroça usada no campo

35) Tentou **coagir** os participantes.
    a) prejudicar
    b) atemorizar
    c) forçar
    d) desgastar

36) Punha tudo no **bornal**.
   a) espécie de armário
   b) porão habitável
   c) tipo de saco
   d) espécie de embarcação

37) O **esmoler** apareceu pela manhã.
   a) que pede esmolas, mendigo
   b) que dá esmolas, caridoso
   c) bêbado
   d) desocupado

38) Fez uma **oblação** sincera.
   a) súplica
   b) confissão
   c) oferta
   d) crítica

39) Não gosto de vê-lo **tergiversar**.
   a) falar bobagens
   b) fugir aos compromissos
   c) reclamar
   d) usar de evasivas, despistar

40) Certamente outros **óbices** virão.
   a) mortes
   b) compromissos
   c) oportunidades
   d) obstáculos

41) Depende do **imo** de cada um.
   a) ideia
   b) esperança
   c) íntimo
   d) fé

42) Isso não é nenhum **oráculo**.
   a) palavra inspirada, infalível
   b) local de orações
   c) bar de beira de estrada
   d) esconderijo

43) Eles vão **acoroçoar** os assistentes.
   a) intimidar
   b) humilhar
   c) acompanhar
   d) animar

44) Não faça nada **defectível**.
   a) perigoso
   b) apressado
   c) incompleto
   d) imprudente

45) Deram-me uma resposta **verossímil**.
   a) indiscutível
   b) que parece verdadeira
   c) que tem aparência de falsa
   d) com mais de um sentido

■ TEMAS PARA REDAÇÃO

1) Pobreza não é promiscuidade
2) Respeitar a natureza é respeitar a si mesmo
3) Esporte é vida
4) O perigo da impunidade no Brasil
5) Nós somos o que pensamos

QUARTA LIÇÃO

A MOÇA TECELÃ

Acordava ainda no escuro, como se ouvisse o sol chegando atrás das beiradas da noite. E logo sentava-se ao tear.

Linha clara, para começar o dia. Delicado traço de luz, que ela ia passando entre os fios estendidos, enquanto lá fora a claridade da manhã desenhava o horizonte.

Depois lãs mais vivas, quentes lãs iam tecendo hora a hora, em longo tapete que nunca acabava.

Se era forte demais o sol, e no jardim pendiam as pétalas, a moça colocava na lançadeira grossos fios cinzentos do algodão mais felpudo. Em breve, na penumbra trazida pelas nuvens, escolhia um fio de prata, que em pontos longos rebordava sobre o tecido. Leve, a chuva vinha cumprimentá-la à janela.

Mas se durante muitos dias o vento e o frio brigavam com as folhas e espantavam os pássaros, bastava a moça tecer com seus belos fios dourados, para que o sol voltasse a acalmar a natureza.

Assim, jogando a lançadeira de um lado para o outro e batendo os grandes pentes do tear para a frente e para trás, a moça passava seus dias.

Nada lhe faltava. Na hora da fome tecia um lindo peixe, com cuidado de escamas. E eis que o peixe estava na mesa, pronto para ser comido. Se sede vinha, suave era a lã cor de leite que entremeava o tapete. E à noite, depois de lançar seu fio de escuridão, dormia tranquila.

Tecer era tudo o que fazia. Tecer era tudo o que queria fazer.

Mas tecendo e tecendo, ela própria trouxe o tempo em que se sentiu sozinha, e pela primeira vez pensou como seria bom ter um marido ao lado.

Não esperou o dia seguinte. Com capricho de quem tenta uma coisa nunca conhecida, começou a entremear no tapete as lãs e as cores que lhe dariam companhia. E aos poucos seu desejo foi aparecendo, chapéu emplumado, rosto barbado, corpo aprumado, sapato engraxado. Estava justamente acabando de entremear o último fio da ponta dos sapatos, quando bateram à porta.

Nem precisou abrir. O moço meteu a mão na maçaneta, tirou o chapéu de pluma e foi entrando na sua vida.

Aquela noite, deitada contra o ombro dele, a moça pensou nos lindos filhos que teceria para aumentar ainda mais a sua felicidade.

E feliz foi, por algum tempo. Mas se o homem tinha pensado em filhos, logo os esqueceu. Porque, descoberto o poder do tear, em nada mais pensou a não ser nas coisas todas que ele lhe poderia dar.

– Uma casa maior é necessária – disse para a mulher. E parecia justo, agora que eram dois. Exigiu que escolhesse as mais belas lãs cor de tijolo, fios verdes para os batentes, e pressa para a casa acontecer.

Mas pronta a casa, já não lhe pareceu suficiente. – Por que ter casa, se podemos ter palácio? – perguntou. Sem querer resposta, imediatamente ordenou que fosse de pedra com arremates de prata.

Dias e dias, semanas e meses trabalhou a moça tecendo tetos e portas, e pátios e escadas, e salas e poços. A neve caía lá fora, e ela não tinha tempo para chamar o sol. A noite chegava, e ela não tinha tempo para arrematar o dia. Tecia e entristecia, enquanto sem parar batiam os pentes acompanhando o ritmo da lançadeira.

Afinal o palácio ficou pronto. E entre tantos cômodos, o marido escolheu para ela e seu tear o mais alto quarto da mais alta torre.

– É para que ninguém saiba do tapete – disse. E antes de trancar a porta a chave advertiu: – Faltam as estrebarias. E não se esqueça dos cavalos!

Sem descanso tecia a mulher os caprichos do marido, enchendo o palácio de luxos, os cofres de moedas, as salas de criados. Tecer era tudo o que fazia. Tecer era tudo o que queria fazer.

E tecendo, ela própria trouxe o tempo em que sua tristeza lhe pareceu maior que o palácio com todos os seus tesouros. E pela primeira vez pensou como seria bom estar sozinha de novo.

Só esperou anoitecer. Levantou-se enquanto o marido dormia sonhando com novas exigências. E descalça para não fazer barulho, subiu a longa escada da torre, sentou-se ao tear.

Desta vez não precisou escolher linha nenhuma. Segurou a lançadeira ao contrário, e, jogando-a veloz de um lado para o outro, começou a desfazer seus tecidos. Desteceu os cavalos, as carruagens, as estrebarias, os jardins. Depois desteceu os criados e o palácio e todas as maravilhas que continha. E novamente se viu na casa pequena e sorriu para o jardim além da janela.

A noite acabava quando o marido, estranhando a cama dura, acordou, e espantado olhou em volta. Não teve tempo de se levantar. Ela já desfazia o desenho escuro dos sapatos, e ele viu seus pés desaparecendo, sumindo as pernas. Rápido, o nada subiu-lhe pelo corpo, tomou o peito aprumado, o emplumado chapéu.

Então, como se ouvisse a chegada do sol, a moça escolheu uma linha clara. E foi passando-a devagar entre os fios, delicado traço de luz, que a manhã repetiu na linha do horizonte.

(Marina Colasanti, *in* Doze Reis e a Moça no Labirinto do Vento)

GRAMÁTICA

REGÊNCIA VERBAL (I)

Um dos assuntos mais delicados da gramática, a regência é fundamental para os que desejam escrever bem. Estude bastante este ponto.

I) Predicação verbal
Trata da classificação dos verbos. É o ponto de partida da regência e mesmo da análise sintática.

1) Transitivo direto: verbo que pede um complemento sem preposição obrigatória, chamado **objeto direto**.
   Ex.: O estudante escreveu uma bela redação.
         v. tr. dir. obj. dir.

2) Transitivo indireto: verbo que pede um complemento introduzido por preposição obrigatória, chamado **objeto indireto.**
   Ex.: Todos obedeceram aos regulamentos.
       v. tr. indir. obj. indir.

3) Transitivo direto e indireto: verbo que pede dois complementos.
   Ex.: Enviaremos um telegrama aos candidatos.
     v. tr. dir. indir. obj. dir. obj. ind.

4) Verbo intransitivo: verbo que não pede complemento; pode vir acompanhado de um adjunto adverbial.
   Ex.: A criança sorriu.
         v. intr.
   Nós iríamos à praia.
     v. intr. adj. adv. lugar

5) Verbo de ligação: verbo que indica estado ou mudança de estado e é acompanhado por um predicativo do sujeito.
   Ex.: Maria <u>estava</u> <u>adoentada</u>.
                 v.lig. pred. suj.

Obs.: Maria estava no quintal.

Aqui, o verbo é intransitivo, pois está acompanhado de um adjunto adverbial, e não de um predicativo. O termo **no quintal** indica lugar, e não estado ou qualidade.

II) Regência de verbos problemáticos

1) Assistir
a) Transitivo direto ou indireto, significando amparar, dar assistência.
   Ex.: Ele assistiu o doente
         Ele assistiu ao doente.
b) Transitivo indireto, com o sentido de ver, presenciar.
   Ex.: Assistimos ao filme.

Cuidado! Não pode faltar a preposição **a**. **Assistimos o filme** é uma construção errada.

2) Aspirar
a) Transitivo direto: inspirar, sorver.
   Ex.: Aspirei o perfume da flor.
b) Transitivo indireto: desejar, almejar.
   Ex.: Aspirava ao sucesso.

3) Visar
a) Transitivo direto: mirar ou pôr o visto.
   Ex.: Ele visou o alvo.
         Visaram o documento.
b) Transitivo indireto: desejar, pretender.
   Ex.: Visava ao bem dos colegas.

4) Perdoar e pagar
a) Transitivos diretos: com relação às coisas.
   Ex.: Perdoei o erro.
   Paguei o carro.
b) Transitivos indiretos: com relação às pessoas.
   Ex.: Perdoamos ao vizinho.
   Pagaremos ao empregado.
c) Transitivos diretos e indiretos
   Ex.: Perdoemos o erro ao vizinho.
   Paguei o serviço ao empregado.

OBSERVAÇÕES

a) Pode ser usada a preposição **de**, mas o verbo passa a ser transitivo direto.
   Ex.: Perdoemos o erro do vizinho.
   obj. dir.

   Paguei o serviço do empregado.
   obj. dir.

b) Em sua redação, dê preferência às frases com a preposição **de**.

---

5) Preferir
   Prefiro mais estudar do que trabalhar.
Frase errada. Nunca diga prefiro mais, menos, mil vezes etc.
Corrigindo: Prefiro estudar a trabalhar.
Obs.: Se os complementos forem substantivos, ambos devem vir com artigo, ou nenhum dos dois.
   Ex.: Prefiro o futebol ao vôlei.
   Prefiro futebol a vôlei.

6) Implicar
   Isso não implica em maiores dificuldades.
Frase errada. O verbo implicar, quando significa acarretar, pressupor, não admite a preposição **em**.
Corrigindo: Isso não implica maiores dificuldades.

7) Avisar, prevenir, informar, certificar, cientificar
   Ex.: Avisei o menino do perigo.
              obj. dir. obj. indir.

   Avisei ao menino o perigo.
         obj. indir. obj. dir.

Obs.: O objeto direto pode ser a pessoa ou a coisa, o mesmo se dizendo para o objeto indireto. O que não pode ocorrer é o emprego de dois objetos iguais.
   Ex.: Avisei o menino o perigo.
   Avisei ao menino do perigo.

A primeira frase tem dois objetos diretos; a segunda, dois indiretos. Ambas estão erradas.

8) Responder
a) Transitivo direto: em relação à coisa dada como resposta.
   Ex.: Ele respondeu isso. Ele respondeu que iria.
b) Transitivo indireto: em relação a uma pessoa ou coisa (carta, bilhete, questão) à qual se dá uma resposta.
   Ex.: Paulo respondeu ao telegrama. Pedro responderá à carta.

Obs.: à = preposição **a** mais o artigo **a**.

9) Obedecer e desobedecer: sempre transitivos indiretos.
   Ex.: Obedeceu ao tio.

EXERCÍCIOS

71) **Classifique quanto à predicação os verbos grifados.**
   1) Todos **necessitam** de carinho.
   2) Alguém **carregou** a mala.
   3) Os turistas **regressaram** cedo.
   4) Carla **ficou** emocionada.
   5) Carla **ficou** no escritório.
   6) **Dei** um caderno a meu irmão.
   7) Tudo **depende** de boa vontade.
   8) **Derrubamos** o muro.
   9) **Deixei**-o no quarto.
   10) **Enviou**-lhe uma resposta precisa.
   11) Meu avô **continua** doente.
   12) Meu avô **continua** no apartamento.
   13) As flores **secaram**.
   14) O carro **derrubou** algumas árvores.
   15) Nós te **pedimos** um pequeno favor.
   16) Não **discuta** com seu amigo.
   17) Meus pais **foram** à Itália.
   18) **Rasgue** as folhas imediatamente.
   19) **Diga**-me a verdade.
   20) Ela **era** muito bonita.

72) **Assinale o erro de regência.**
   a) Assistiremos o espetáculo logo mais.
   b) Assistiram com dedicação o moribundo.
   c) Quero assistir à novela.
   d) Alguém assistiu ao enfermo.

73) **Marque a frase com erro de regência.**
   a) Aspirava o perfume das rosas.
   b) O aparelho aspirou o pó.
   c) Maurício aspirava o cargo de gerente.
   d) Aspiremos à felicidade.

74) **Há erro de regência verbal em:**
   a) É preciso visar o passaporte.
   b) Poucos visaram adequadamente o ponto na parede.
   c) Visei um melhor relacionamento.
   d) O homem de bem sempre visa a coisas superiores.

75) **Contraria a norma culta da língua quanto à regência a frase:**
   a) Perdoa aos teus inimigos.
   b) Paguei os que trabalharam ontem.
   c) Já paguei a dívida.
   d) Perdoem nossa ignorância.

76) **Marque a frase correta quanto à regência.**
   a) Prefiro mil vezes a ginástica do que o basquete.
   b) Obedeça, meu filho, os códigos de segurança.
   c) Não desobedeço as normas.
   d) Preferia o leite ao vinho.

77) **Há erro de regência em:**
   a) Responda à carta de sua tia.
   b) O erro não implicará em sua saída da empresa.
   c) Respondi-lhe que faria o possível.
   d) Prefiro escrever a pintar.

78) **Assinale o erro de regência verbal.**
   a) Informei a secretária de sua chegada.
   b) Informei à secretária sua chegada.
   c) Preveni o pesquisador de que faltaria luz.
   d) Preveni ao pesquisador de que faltaria luz.

79) **Corrija a regência das frases seguintes, quando houver necessidade.**
   1) Assistamos o jogo novamente.
   2) Não aspire essa poeira.
   3) Responda as questões seguintes.
   4) Poucos obedecem às regras.
   5) Aspirava uma posição de destaque na firma.
   6) Prefiro ao estudo o trabalho.
   7) Avisei ao recepcionista de que voltaria cedo.
   8) Minha mãe sempre visou o bem da família.

9) O professor não visou o teu caderno.
10) Essa resposta implicará necessariamente em uma repreensão.
11) Paguei de manhã o funcionário.
12) Paguei de manhã o apartamento.
13) Quem assistiu o concerto?
14) Nas montanhas se aspira um ar menos poluído.
15) Visava a escrever um novo livro.
16) Desobedeceram o acordo.
17) Respondeu que iria viajar.
18) O médico assistirá o nosso primo.
19) Alguns assistiram a ópera pela segunda vez.
20) Visarei o trabalho do aluno.

ORIENTAÇÃO ORTOGRÁFICA

EMPREGO DO HÍFEN (I)

O estudo do hífen (-) é delicado e controvertido. No entanto, torna-se imprescindível saber usá-lo, o que se pode alcançar com o estudo atento de alguns poucos casos, que apresentaremos a seguir.

1) Usa-se o hífen em palavras compostas por justaposição, isto é, aquelas nas quais os elementos utilizados não sofrem alteração fonética.
   Ex.: guarda-roupa, azul-turquesa

> **OBSERVAÇÕES**
>
> a) Algumas palavras desse tipo não são grafadas com hífen e se escrevem com os elementos unidos. Não há regra para isso: é necessário memorizar tais palavras.
>   **Ex.:** vaivém, passatempo, girassol, mandachuva, paraquedas
>
> b) Quando as palavras apresentam algum elemento de ligação (geralmente preposição), não se usa o hífen, a menos que elas designem espécies botânicas ou zoológicas.
>   **Ex.:** pé de moleque, dona de casa, mula sem cabeça; capim-de-fogo, cana-de-açúcar, erva-da-guiné
>
>   **Exceções:** água-de-colônia, arco-da-velha, cor-de-rosa, mais-que-perfeito, pé-de-meia, ao deus-dará, à queima-roupa

2) Não se usa o hífen nos compostos por aglutinação, ou seja, aqueles em que ocorre algum tipo de alteração fonética.
   Ex.: alvinegro (alvo + negro)
           boquiaberto (boca + aberta)

3) Usa-se o hífen nas formas verbais com pronome átono enclítico ou mesoclítico.
   Ex.: entregá-lo, mandei-os, escrevê-lo-ás, colocá-lo-ias

4) Há situações em que o hífen pode aparecer ou não, dependendo do sentido. Se se tratar de um substantivo, ele será empregado.
Ex.: Eles ficaram sem terra alguma.
Os sem-terra fizeram uma caminhada. (sem-terra é substantivo)
Comemos um bom bocado do sanduíche.
Ele comeu um bom-bocado. (nome de um doce, portanto substantivo)
Ele tem pouca vergonha.
Essa pouca-vergonha já está incomodando. (pouca-vergonha é substantivo)

EXERCÍCIOS

80) **Assinale o nome em que não poderia aparecer o hífen.**
   1) a) guarda-chuva   c) ponto-de-vista
      b) quebra-mola   d) arranha-céu

   2) a) meio-fio   c) arco-íris
      b) verde-garrafa   d) meio-ambiente

   3) a) ser-humano   c) pedra-sabão
      b) guarda-chuva   d) sempre-viva

   4) a) água-marinha   c) abelha-mestra
      b) mapa-múndi   d) Idade-Média

   5) a) tenente-coronel   c) dor-de-ouvido
      b) pombo-correio   d) homem-rã

81) **Corrija as frases seguintes, quando necessário.**
   1) Agiu sem-vergonha alguma.
   2) Ele é um sem-vergonha.
   3) Era uma casa sem número.
   4) Possuo um sem número de livros.
   5) O rapaz tem cabeça-chata.
   6) Meu amigo é um cabeça-chata.
   7) As crianças brincavam de cabra cega.
   8) Pedro cria uma cbra cega.
   9) Nosso apartamento só tem dois-quartos.
   10) Adquiri um dois-quartos.
   11) Comprou um gostoso bom bocado.
   12) Pegou um bom bocado da salada.
   13) Ficaram sem-terra alguma.
   14) O sem-terra fez um pedido.

PARA ESCREVER BEM

CONHECIMENTOS GERAIS (IV)

1) Letra
Se a sua redação é manuscrita, há que tomar cuidado especial com a letra. Ninguém é obrigado a ter letra bonita, mas ela tem de ser legível. Não faça letra de forma em redação de concurso, pois isso impede que o professor verifique os seus conhecimentos sobre emprego de maiúsculas e minúsculas. Normalmente o candidato perde pontos ou tem sua composição anulada.

2) Cacofonias e cacófatos
Revise bem o texto à procura de palavras criadas pela união de duas outras. A esse fato se dá o nome de **cacofonia**.
   Ex.: Beijei inúmeras vezes a boca dela.
A palavra **cadela** surge da união das duas palavras: bo**ca dela**. É algo desagradável que desvaloriza o texto.
Quando a união cria palavras deselegantes ou até obscenas, temos o **cacófato**.
   Ex.: Ele nunca ganha.
É evidente que, se aparecer um **caganha** em sua redação, você terá sérios problemas. Cuidado, portanto. A revisão é tudo. Como já lhe foi explicado, não se faz redação sem rascunho. Você já tem condições de perceber muitas coisas e melhorar bastante o seu texto.

3) Ambiguidade
Quem lê sua redação quer e precisa entendê-la. Frase que possui mais de um sentido (ambiguidade) não tem valor algum. Nem sempre é fácil descobrir, pois problema de sentido passa muitas vezes despercebido. Tudo é uma questão de treinamento.
   Ex.: O policial prendeu o bandido em sua casa.
      Casa de quem? Pode ser do policial ou do bandido.
O emprego dos pronomes possessivos de terceira pessoa costuma gerar ambiguidades. Sempre que possível, evite-os.

4) Chavões

Chama-se chavão a palavra ou expressão de uso corriqueiro. Convém evitá-lo, para que o texto flua de maneira mais agradável.

Ex.: Nos primórdios da humanidade...

Houve época em que as redações apresentavam essa construção, que se tornou desagradável, evidenciando pouca criatividade.

É claro que nem sempre a pessoa vai perceber tal coisa. Ninguém deve ficar excessivamente preocupado, a ponto de prejudicar o desenvolvimento do texto. Escreva com naturalidade e, depois, na revisão do rascunho, veja se descobre algo assim.

De qualquer forma, há um tipo de chavão que qualquer um vai perceber: o provérbio. Dispense-o em sua redação, para não correr o risco de cair no lugar--comum, no clichê, na chatice, na falta de criação.

Imagine se você usar frases como "nem tudo que reluz é ouro", "cada macaco em seu galho", "a grama do vizinho é sempre mais verde", "santo de casa não faz milagre" etc. Por que não transmitir essas ideias com palavras suas? Fica mais elegante, mais criativo. E criatividade, com certeza, não lhe falta. É só começar, e não mais parar de escrever.

EXERCÍCIOS ESTRUTURAIS
REPETIÇÃO DE PALAVRAS E EXPRESSÕES

Já vimos que a repetição desnecessária de palavras compromete a qualidade da redação. Resolva os exercícios seguintes, procurando seguir o modelo apresentado.

EXERCÍCIOS

82) **Modelo**
O homem e a mulher chegaram cedo. O homem estava tranquilo, a mulher estava preocupada.
O homem e a mulher chegaram cedo. Aquele estava tranquilo; esta, preocupada.

Você pode usar os pronomes demonstrativos **este** (e flexões) e **aquele** (e flexões) para evitar repetição de palavras, como no exemplo acima (homem/mulher). Use **aquele** para substituir a palavra mais distante, nesse caso, **homem**. Utilize **esta**, para substituir a palavra mais próxima, ou seja, **mulher**.

Outro exemplo:
A moça e o rapaz encontraram-se na festa. A moça é uma ótima jornalista. O rapaz é um atleta famoso.

Se eu não quero repetir a palavra **moça**, vou usar em seu lugar o pronome **aquela**, pois é a palavra mais afastada. Se não quero repetir **rapaz**, devo utilizar o pronome **este**, pois **rapaz** está mais próximo.

Assim, teremos: A moça e o rapaz encontraram-se na festa. Aquela (= **moça**, mais afastada) é uma ótima jornalista; este (= **rapaz**, mais próximo), um atleta famoso.

Obs. Outras palavras podem ser usadas com a mesma finalidade: o primeiro e o segundo, um e outro etc.

1) O rio e a floresta são importantes para nossa cidade. O rio porque nos dá a água que bebemos. A floresta por causa de seu oxigênio.

2) O pai e a filha estavam conversando. A filha sorria bastante. O pai estava sério.

3) Depois do almoço, as senhoras procuraram o supervisor do projeto, julgando que seriam necessárias algumas modificações. O supervisor do projeto, sensibilizado, concordou. As senhoras, felizes, agradeceram.
4) A jovem e o namorado passeavam pela praça. A jovem se sentiu mal. O namorado foi pedir ajuda em uma delegacia.
5) Estavam na varanda Antônio e seu primo. Antônio quis jogar futebol. Seu primo gostou muito da ideia.
6) Gosto muito de camomila e erva-cidreira. A camomila é calmante. A erva-cidreira combate a gripe.
7) O surfista e o salva-vidas conversavam sobre o acidente. O surfista estava muito nervoso. O salva-vidas, ao contrário, indiferente.
8) Ganhei dois presentes: uma camiseta e um boné. A camiseta me agradou. O boné não me agradou.
9) Vi duas pessoas conhecidas no mercado: a vizinha do quarto andar e uma tia do Méier. A vizinha do quarto andar fala excessivamente. A tia do Méier, ao contrário, parece muda.
10) Adoro massas e frutas. As frutas são muito saudáveis. As massas, no entanto, fazem engordar.
11) O vento forte e a chuva fina provocarão o adiamento da festa. O vento forte poderá derrubar as barracas, que são muito fracas. A chuva fina estragará os enfeites, todos feitos de papelão.
12) Encontrei Rômulo e Teresa no parque. Teresa estava brincando com os peixinhos. Rômulo, fotografando os pássaros.

83) Faça o mesmo que nos exercícios anteriores, porém usando o primeiro e o segundo.
1) O cão e o lobo têm vozes diferentes. O cão late. O lobo uiva.
2) Adolfo e Ricardo estão felizes. Adolfo arranjou emprego. Ricardo foi promovido.
3) Chegaram alegres Augusto e Luciano. Augusto porque seu time venceu o jogo. Luciano porque conseguiu uma namorada.
4) A mestra e a aluna estão realizando pesquisas importantes. A mestra, no campo da comunicação. A aluna, no da informática.
5) Perdi o documento de identidade e o título de eleitor. O documento de identidade foi encontrado, dias depois, por um garotinho. O título de eleitor, infelizmente, não consegui recuperar.
6) Henrique e João Carlos chegaram há pouco do Ceará. Henrique está na piscina. João Carlos está no jardim.
7) Repreendi severamente meu filho e meu sobrinho. Meu filho, porque saiu sem avisar. Meu sobrinho, porque, sendo mais velho, não procurou evitar.
8) Havia duas pessoas na sala: o gerente de produção e o tesoureiro, ambos bastante preocupados. O gerente de produção explicava o mau desempenho dos funcionários. O tesoureiro, em silêncio, tentava descobrir uma solução.
9) Ofereceu-me chocolate e bolinho de bacalhau, mas fui obrigado a recusar. Chocolate estraga os dentes. Bolinho de bacalhau faz subir a pressão.
10) Bruno e Adalberto foram juntos ao jogo. Bruno pagou os ingressos. Adalberto pagou os lanches.

ENRIQUECIMENTO DO VOCABULÁRIO

EXERCÍCIOS

84) Assinale a significação ou o sinônimo do termo destacado.

1) Permanecia de lado, **absorto**.
   a) triste
   b) concentrado em seus pensamentos
   c) desanimado
   d) sem coragem

2) Estava parado junto à **bambinela**.
   a) espécie de janela
   b) porta em forma de arco
   c) tipo de cortina
   d) entrada de um condomínio

3) O menino, **famélico**, procurava atrair nossa atenção.
   a) muito fraco
   b) tonto
   c) esfarrapado
   d) faminto

4) Ele tentou, **debalde**, abrir a porta do armário.
   a) em vão
   b) com sucesso
   c) desesperadamente
   d) sem firmeza

5) Havia-se metido em um **dédalo** escuro.
   a) caverna
   b) vale
   c) labirinto
   d) bosque

6) Nada do que me disseram é realmente **factível**.
   a) que pode ser explicado
   b) que pode ser publicado
   c) que pode ser faturado
   d) que pode ser feito.

7) Terás como **galardão** suas próprias memórias.
   a) consolação
   b) prêmio
   c) objetivo
   d) incentivo

8) Durante dez anos trabalhei ali e nunca tive qualquer tipo de **ojeriza**.
   a) dificuldade
   b) aversão
   c) insegurança
   d) oposição

9) Está ocorrendo grande **eclosão** de novos valores.
   a) afastamento
   b) aproveitamento
   c) contratação
   d) surgimento

10) Já visitaste a **quermesse**?
    a) exposição de alimentos de uma certa região
    b) local próprio para leilões
    c) terreno de igreja
    d) feira beneficente

11) Era terrível o **bodum** naquele quarto.
    a) sujeira
    b) umidade
    c) catinga
    d) frio

12) Os **avoengos** podem ensinar-nos muito.
    a) antepassados
    b) cientistas
    c) parentes
    d) descendentes

13) Todos buscam algum **lenitivo** em determinadas horas.
    a) apoio espiritual
    b) divertimento
    c) crença
    d) alívio

14) Parece ser uma bebida i**nócua**.
    a) venenosa
    b) com fins terapêuticos
    c) inofensiva
    d) ácida

15) Uma atividade física intensa lhe poderia ser **letal**.
    a) fatal
    b) estimulante
    c) perigosa
    d) desastrosa

16) Respondeu-se com inesperada **acrimônia**.
    a) lucidez
    b) aspereza
    c) delicadeza
    d) falta de ética

17) Fez muitas **garatujas** durante a aula.
    a) brincadeiras
    b) cálculos imprecisos
    c) frases sem sentido
    d) rabiscos

18) O que ele disse é um **despautério**.
    a) mentira
    b) ironia
    c) grande disparate
    d) paradoxo

19) Era seu **fado**, contra o qual não queria lutar.
    a) destino
    b) sonho
    c) sofrimento
    d) parente por afinidade

20) Para **gáudio** dos presentes, ele iria representar.
    a) alívio
    b) alegria
    c) consolo
    d) desespero

21) Explicou de forma **cabal** o que estava ocorrendo.
    a) parcial
    b) confusa
    c) clara
    d) completa

22) Mantinha-se sob a **égide** da família.
    a) orientação
    b) controle
    c) influência
    d) proteção

23) Sua **efígie** apareceu em várias revistas.
    a) opinião
    b) imagem
    c) entrevista
    d) caricatura

24) A primeira **dissensão** aconteceu durante uma viagem.
    a) dificuldade
    b) divergência de opiniões
    c) decisão
    d) descuido

25) O **decesso** ocorreria ainda naquele ano.
    a) morte
    b) problema
    c) desastre ecológico
    d) desencontro

26) Era uma paixão **infrene**, que se tornara perigosa.
   a) louca
   b) cega
   c) sem freios
   d) sem fim

27) Saiu profundamente **depauperado**.
   a) magoado
   b) prejudicado
   c) desacreditado
   d) enfraquecido

28) Começava a **abominar** as manifestações da vizinhança.
   a) esquecer
   b) aceitar
   c) detestar
   d) desprezar

29) Ficou alguns meses numa **casamata**.
   a) gruta
   b) escola de artes
   c) abrigo subterrâneo
   d) quartel

30) Não conseguiu conter a **sublevação**.
   a) revolta
   b) multidão
   c) inflação
   d) fuga

31) Meu **rotundo** companheiro alegrava o ambiente.
   a) alto
   b) veloz
   c) bem-humorado
   d) gordo

32) Seu mundo era repleto de **quimeras**.
   a) bobagens
   b) inseguranças
   c) aberrações
   d) sonhos

33) Não consegui evitar o **jugo** das paixões.
   a) domínio
   b) influência
   c) atração
   d) vaivém

34) Queria evitar problema **ulterior**.
   a) que vem depois
   b) maior
   c) insolúvel
   d) que exige muito de alguém

35) Acontecimento **inopinado** fez-me mudar de ideia.
   a) importante
   b) imprevisto
   c) grandioso
   d) terrível

36) Não quis **procrastinar** a solução.
   a) adiar
   b) descobrir
   c) apresentar
   d) aceitar

37) Não pretendia **sancionar** a lei.
   a) vetar
   b) alterar
   c) aprovar
   d) cumprir

38) Usou uma palavra **obsoleta**.
   a) arcaica
   b) erudita
   c) nova
   d) sonora

39) Marcaram encontro junto ao **obelisco**.
   a) viaduto
   b) monumento em forma de agulha
   c) espécie de construção semelhante a um pagode
   d) arranha-céu.

40) Augusto perdeu uma **azêmola**.
   a) vaso de planta
   b) carteira de couro
   c) besta de carga
   d) ovelha

41) Meu irmão apareceu com um terno **anacrônico**.
   a) de alto luxo
   b) usado
   c) em desacordo com a moda
   d) de linhas sóbrias

42) Deixou cair o **alfanje**.
   a) punhal com cabo de pedras
   b) escudo
   c) pequeno revólver
   d) sabre de folha curta e larga

43) Não descobri o motivo da **balbúrdia**.
   a) confusão
   b) conversa animada
   c) denúncia
   d) luta

44) A mãe **caroável** esperava-o à porta.
   a) carinhosa
   b) dedicada
   c) caprichosa
   d) esperançosa

45) Ela deve **dimanar** daquela região sombria.
   a) fugir
   b) esconder-se
   c) originar-se
   d) queixar-se

■ TEMAS PARA REDAÇÃO
1) Há coisas mais importantes que o dinheiro
2) A pior forma de poluição
3) Às vezes é preferível fazer silêncio
4) Implicações sociais da má distribuição de rendas
5) A melhor maneira de ser feliz é lutar pela felicidade dos outros

QUINTA LIÇÃO

FACULTATIVO

Estatuto dos Funcionários, art. 240: "O dia 28 de outubro será consagrado ao Servidor Público" (com maiúsculas).

Então é feriado, raciocina o escriturário, que, justamente, tem um "programa" na pauta para essas emergências. Não, responde-lhe o governo, que tem o programa de trabalhar; é consagrado, mas não é feriado.

É, não é, e o dia se passou na dureza, sem ponto facultativo. Saberão os groelandeses o que seja ponto facultativo? (Os brasileiros sabem.) É descanso obrigatório, no duro. João Brandão, o de alma virginal, não entendia assim, e lá um dia em que o Departamento Meteorológico anunciava: "céu azul, praia, ponto facultativo", não lhe apetecendo a casa nem as atividades lúdicas, deliberou usar de sua "faculdade" de assinar o ponto no Instituto Nacional da Goiaba, que, como é do domínio público, estuda as causas da inexistência dessa matéria-prima na composição das goiabadas.

Hoje deve haver menos gente por lá, conjeturou; ótimo, porque assim trabalho à vontade. Nossas repartições atingiram tal grau de dinamismo e fragor, que chega a ser desejável o não comparecimento de 90 por cento dos funcionários, para que os restantes possam, na calma, produzir um bocadinho. E o inocente João via no ponto facultativo essa virtude de afastar os menos diligentes, ou os mais futebolísticos, que cediam lugar à turma dos "caxias".

Encontrou cerradas as grandes portas de bronze, ouro e pórfiro, e nenhum sinal de vida nos arredores. Nenhum – a não ser aquele gato que se lambia à sombra de um tinhorão. Era, pela naturalidade da pose, dono do jardim que orna a fachada do Instituto, mas – sentia-se pela ágata dos olhos – não possuía as chaves do prédio.

João Brandão tentou forçar as portas, mas as portas mantiveram-se surdas e nada facultativas. Correu a telefonar de uma confeitaria para a residência do chefe, mas o chefe pescava em Mangaratiba, jogava pingue-pongue em Correias, estudava holandês com uma nativa, na Barra da Tijuca; o certo é que o telefone não respondeu. João decidiu-se a penetrar no edifício galgando-lhe a fachada e utilizando vidraça que os serventes sempre deixam aberta, na previsão de casos como esse, talvez. E começava a fazê-lo, com a teimosia calma dos Brandões, quando um vigia brotou na grama e puxou-o pela perna.

– Desce daí, moço. Então não está vendo que é dia de descansar.

– Perdão, é dia em que se pode ou não descansar, e eu estou com o expediente atrasado.

– Desce – repetiu o outro com tédio. – Olha que te encanam se você começa a virar macaco pela parede acima.

– Mas, e o senhor por que está então vigiando, se é dia de descanso?

– Estou aqui porque a patroa me escaramuçou, dizendo que não quer vagabundo em casa. Não tenho para onde ir, tá bem?

João Brandão aquiesceu, porque o outro, pelo tom de voz, parecia disposto a tudo, inclusive a trabalhar de braço, a fim de impedir que ele trabalhasse de pena. Era como se o vigia lhe dissesse: "Veja bem, está estragando meu dia. Então não sabe o que quer dizer facultativo?" João pensava saber, mas nesse momento teve a intuição de que o verdadeiro sentido das palavras não está no dicionário; está na vida, no uso que delas fazemos. Pensou na Constituição e nos milhares de leis que declaram obrigatórias milhares de coisas, e essas coisas, na prática, são facultativas ou inexistentes. Retirou-se, digno, e foi decifrar palavras cruzadas.

(Carlos Drummond de Andrade, *in* Obra Completa)

GRAMÁTICA

REGÊNCIA VERBAL (II)

1) Ir, chegar: intransitivos, com adjunto adverbial de lugar introduzido pela preposição **a**.
   Ex.: Fui a São Paulo.
   Chegou ao clube.

Obs.: Só se usa **chegar em** ou **ir em** quando se trata do meio de transporte.
   Ex.: Ele chegou em um ônibus.

2) Proceder: transitivo indireto quando significa **dar início, dar andamento**.
   Ex.: O professor procederá ao debate.

3) Custar
   O rapaz custou a entender o assunto.
   Frase errada: a pessoa não pode ser o sujeito do verbo **custar**.
   Corrigindo: Custou ao rapaz entender o assunto.

Obs.: Como se vê, nunca diga Eu custei a falar, Nós custamos a compreender etc. O correto é Custou-me falar, Custou-nos compreender.

4) Morar, residir, situar-se: intransitivos, com a preposição **em** (nunca **a**).
   Ex.: Elas moram na Rua Dias da cruz. (correto)
   Elas moram à Rua Dias da Cruz. (errado)

Obs.: Os adjetivos derivados desses verbos também só podem ser usados com a preposição **em**, jamais **a**.
   Ex.: Morador na Rua Dias da Cruz. Situado (ou sito) na Rua Dias da Cruz.

5) Amar, estimar, adorar, abençoar, louvar, detestar, odiar, admirar, apreciar parabenizar etc. Esses verbos, que indicam sentimentos, devem ser usados sem a preposição **a**. Eles a admitem, em algumas circunstâncias, mas você não precisa usá-la.
   Ex.: Estimo o colega. Admiro meu amigo. Apreciei sua atitude. Amo a namorada.
   Ele adora você.

6) Querer
a) Transitivo direto, significando **desejar**.
   Ex.: Queria o emprego.
b) Transitivo indireto, significando **gostar**.
   Ex.: Quero muito a meu irmão. Quero-lhe muito.
7) Agradar
a) Transitivo direto, significando **fazer carinho**.
   Ex.: A mãe agradou o filho.
b) Transitivo indireto, significando **ser agradável**.
   Ex.: Seu gesto agradou ao gerente.
8) Namorar: transitivo direto.
   Ex.: Ele namorou a balconista. (correto)
   Ele namorou com a balconista. (errado)

OBSERVAÇÕES

a) Não se coloca verbo transitivo indireto na voz passiva.
   Ex.: O filme foi assistido por todos. (errado)
   Todos assistiram ao filme. (certo)

b) Não se introduz o sujeito por meio de preposição. Tal risco existe quando aparece o infinitivo.
   Ex.: Chegou o momento <u>do jornalista</u> comentar a matéria. (errado)
             sujeito
   Chegou o momento de o jornalista comentar a matéria. (correto)

c) A preposição pode ficar antes do pronome relativo.
   Ex.: O trabalho a que me referi foi concluído.
Obs.: Veja esse assunto detalhadamente na seção EXERCÍCIOS ESTRUTURAIS.

d) Só use EU e TU como sujeito ou predicativo.
   Ex.: Isto é para eu fazer. (**eu**: sujeito do verbo **fazer**)
   Isto é para mim.
   Isto deve ficar entre mim e ti. (o sujeito é **Isto**)

e) Onde/aonde

> **Ex.:** Onde estamos? (estar **em**)
>
> Aonde iremos? (ir **a**)

Obs.: Como se vê, só se usa **aonde** com verbos que peçam a preposição **a**.

f) O/lhe

> O pronome **o (a, os, as)** é objeto direto, deve ser usado como complemento de verbo transitivo direto.
>
> **Ex.:** Comprei o apartamento.
>
> Comprei-o.
>
> O pronome **lhe (lhes)** é objeto indireto, deve ser usado como complemento de verbo transitivo indireto.
>
> **Ex.:** Obedeceu ao pai.
>
> Obedeceu-lhe.

Obs.: É erro de regência fazer a mistura desses pronomes.

> **Ex.:** Eu lhe procurei em casa. (errado)
>
> Eu o procurei em casa. (correto)

EXERCÍCIOS

85) **Assinale o erro de regência verbal.**
   a) Ele foi ao clube.
   b) Márcio irá em um caminhão.
   c) Chegaremos na cidade de noite.
   d) Chegou à casa de seus pais.

86) **Há erro de regência em:**
   a) O apresentador procedeu ao debate.
   b) A criança procedeu bem.
   c) Naquela época, residíamos à Rua Voluntários da Pátria.
   d) Nosso amigo morava na Praça da Bandeira.

87) Está errada quanto à regência a frase seguinte:
   a) Ele estimava ao sobrinho.
   b) A mulher abençoou o filho.
   c) José adora o neto.
   d) José quer bem ao neto.

88) Marque o erro de regência verbal.
   a) O homem agradou o menino.
   b) Isso não agradará ao treinador.
   c) Ele tentou namorar a vizinha.
   d) O rapaz namorou com a enfermeira.

89) Assinale a frase com emprego correto do verbo custar.
   a) Não me custa dizer a verdade.
   b) Ele custa a aceitar que está errado.
   c) Você custou a entender o processo.
   d) Custei a dizer a verdade.

90) Marque a alternativa em que está incorreto o uso da palavra grifada.
   a) **Onde** ficará o armário?
   b) Não sei **onde** está o cachorro.
   c) **Aonde** você quer chegar?
   d) **Aonde** estamos agora?

91) Assinale a frase mal construída.
   a) Apesar de o repórter insistir, não foi possível a entrevista.
   b) Procedamos ao interrogatório.
   c) Ele era amado pela família.
   d) Antes dele dizer alguma coisa, preste atenção em mim.

92) Assinale o erro no emprego de O e LHE.
   a) Não o achei em casa.
   b) Não lhe admiro mais.
   c) Desejo-lhe felicidade.
   d) Vejo-o mais tarde.

93) Marque o erro no emprego de O e LHE.
   a) Nós sempre lhe compreendemos.
   b) Louvo-o por tão digna atitude.
   c) Não lhe pedi nada.
   d) Entreguei-o imediatamente.

94) Assinale o erro no emprego do pronome pessoal.
   a) Deixou o jornal para eu ler.
   b) Aquilo não era mesmo para mim.
   c) Entre eu e tu há uma grande barreira.
   d) Lutarei por ti.

95) Corrija as frases seguintes, quando necessário.
Obs.: Reveja tudo o que foi explicado sobre regência, antes de fazer o exercício. Estamos misturando todos os casos.
   1) O filme que assisti é sucesso de bilheteria.
   2) Celso não quis desobedecer o chefe.
   3) Visava o bem-estar dos familiares.

4) Veja aonde está o material.
5) A filha respondeu-lhe que estava preparada.
6) A visita aspirou profundamente ao aroma do café.
7) A lei que ele obedece serve para todos.
8) Informei-lhe de que não haveria prova.
9) Para mim, fazer aquilo será muito fácil.
10) Para mim fazer aquilo, será necessário um grande estímulo.
11) Osvaldo morava à Av. das Américas.
12) Depois do garoto estudar, poderemos ir ao circo.
13) Sua falha não implicará em grandes problemas.
14) Helena sempre quis bem ao filho.
15) Eu lhe aprecio.
16) Custo a aceitar tal situação embaraçosa.
17) O jogo foi assistido por muita gente.
18) Não a namorei por muito tempo.
19) Prefiro mais brincar do que conversar.
20) O comerciante procedeu a contagem das frutas.
21) Responderei imediatamente o questionário.
22) Ignoro aonde ele tem ido ultimamente.
23) Alguém já pagou o jornaleiro?
24) Ainda não paguei o terreno.
25) Contra tu, há vários processos.
26) Após eu, ninguém entrará na sala.
27) Esse cuidado agradará o juiz.
28) Eu lhe perdoei logo.
29) Muitos assistiram a novela.
30) Chegamos no acampamento ao escurecer.

ORIENTAÇÃO ORTOGRÁFICA

EMPREGO DO HÍFEN (II)

O hífen pode ser usado em palavras formadas por prefixação. Dependendo do prefixo e da letra inicial da palavra, ele será usado ou não. Aqui, por razões didáticas, são incluídos os falsos prefixos, radicais de origem grega ou latina usados com função típica de prefixo.

É importante observar se o prefixo termina por vogal ou consoante. Dessa forma, há duas situações distintas.

1) Quando o prefixo ou falso prefixo termina por vogal (aero, ante, anti, auto, bio, contra, infra, retro, macro, mini, neo, poli, proto, supra, ultra etc.), usa-se o hífen:
a) se o prefixo terminar pela mesma vogal com que se inicia o elemento seguinte.
   Ex.: micro-ondas, arqui-inimigo, contra-ataque
b) se o segundo elemento começar por H.
   Ex.: auto-hipnose, proto-hitita, pseudo-hemofilia

OBSERVAÇÕES

a) Se as vogais forem diferentes, não se usará o hífen.
   Ex.: microeconomia, infraestrutura, teleobjetiva
b) Também não existe hífen diante de consoante que não seja H. Em se tratando de R e S, estas letras deverão ser dobradas.
   Ex.: semicírculo, sobreloja, intramuscular; autorretrato, minissaia

2) Quando o prefixo ou falso prefixo termina por consoante, existem casos diferentes que convém observar. Assim, temos:
a) Prefixos HIPER, INTER e SUPER: antes de H ou R.
   Ex.: hiper-hepático, inter-hemisférico, inter-resistente super-regeneração
b) Prefixos CIRCUM e PAN: antes de VOGAL, H, M ou N.
   Ex.: circum-adjacência, circum-meridiano, pan-asiático, pan-helênico, pan-negritude
c) Prefixos AB, OB, SOB e SUB: antes de H, B ou R.
   Ex.: sub-base, sub-horizonte, sub-reitoria, ab-rogar, ob-ringente, sob-roda

d) Prefixo AD: antes de H, D ou R.
   Ex.: ad-digital, ad-rogar
e) Prefixo MAL: antes de VOGAL, H ou L.
   Ex.: mal-humorado, mal-arranjado, mal-limpo

■ CASOS ESPECIAIS

1) Prefixos BEM e SEM: sempre com hífen.
   Ex.: sem-terra, sem-cerimônia, bem-vindo, bem-sonante

Observações

a) Com o elemento SEM, só haverá o hífen se ele for realmente um prefixo.
   Ex.: Encontrei um imóvel sem número.
   Encontrei um sem-número de erros.
b) Há algumas exceções quanto ao prefixo BEM.
   Ex.: benfazer, benfeito, benfeitor, benfazejo, benquisto

2) Prefixos PRÉ, PRÓ e PÓS, se acentuados, exigem hífen.
   Ex.: pré-militar, pró-germânico, pós-romano

Obs.: Sem acento, quando então têm som fechado, dispensam o hífen.
   Ex.: preestabelecer, procriar, posposição

3) Prefixos ALÉM, AQUÉM e RECÉM: sempre com hífen.
   Ex.: além-túmulo, aquém-mar, recém-criado

Exceções: Alentejo (região de Portugal) e derivados

4) Prefixos VICE, VIZO, EX (o que deixou de ser), SOTA e SOTO: sempre com hífen.
   Ex.: vice-prefeito, vizo-rei, ex-aluno, sota-proa, soto-ministro

5) Prefixos CO, RE, DES e IN: sempre sem hífen.
   Ex.: coautor, recomeçar, desfazer, incompetente

EXERCÍCIOS

96) **Assinale o erro no emprego do hífen.**
   a) autossuficiente
   b) extra-oficial
   c) pseudo-fobia
   d) ultrassom

97) **Marque o erro no emprego do hífen.**
   a) semianalfabeto
   b) intraocular
   c) micro-organismo
   d) infra-vermelho

98) **Só está correta quanto ao hífen a palavra:**
   a) contra-cheque
   b) semi-deus
   c) contra-regra
   d) ultrademocrático

99) **Marque o erro no emprego do hífen.**
   a) arqui-inimigo
   b) infra-assinado
   c) sobre-humano
   d) anti-ofídico

100) **Há erro de hífen em:**
   a) super-realismo
   b) inter-mural
   c) hipertérmico
   d) super-hidratação

101) **Assinale a alternativa em que todas as palavras estão corretas quanto ao emprego do hífen.**
   a) semi-histórico, inter-resistente, supra-natural
   b) sobreaviso, arqui-avô, infra-social
   c) intramedular, pseudocientista, contra-ataque
   d) ante-datar, sobreloja, neo-república

102) **Assinale a frase que apresenta um erro de hífen.**
   a) O contra-almirante era superinteligente.
   b) O torneio pan-asiático revelou atletas quase sobre-humanos.
   c) O neo-liberal sofria de hipertensão.
   d) É antiestético tratar aqui de assuntos intrassetoriais.

103) **Assinale o erro no emprego do hífen.**
   a) sub-ramo
   b) sub-reitor
   c) sub-bibliotecário
   d) sub-seção

104) **Marque o erro no emprego do hífen.**
   a) adjunção
   b) sobestar
   c) ab-jurar
   d) ob-rogar

105) **Assinale a frase em que as duas palavras estão corretas quanto ao uso do hífen.**
   a) além-túmulo, pós-guerra
   b) ex-diretor, vicecônsul
   c) bem-aventurança, tri-campeonato
   d) uni-pessoal, vice-reino

106) **Assinale o erro no emprego do hífen.**
   a) autopromoção
   b) anti-oxidante
   c) superaquecimento
   d) pré-contrato

107) **Só está correta a palavra:**
   a) neo-clássico
   b) sub-tenente
   c) pan-islâmico
   d) sobre-capa

108) **Marque o erro no emprego do hífen.**
   a) polimodalidade
   b) antebraço
   c) extra-fino
   d) suboficial

PARA ESCREVER BEM

CONHECIMENTOS GERAIS (V)

1) Citações

Em redações escolares ou para concursos, não convém citar o nome de pessoas conhecidas, instituições ou empresas, públicas ou privadas. Só faça isso se o próprio tema o exigir.

Ex.: A Rede Globo de Televisão vem denunciando semelhante arbitrariedade.

Diga, simplesmente, A televisão vem denunciando... ou A imprensa vem denunciando... Assim se evitam particularismos que podem, com muita razão, desagradar ao leitor de seu texto.

2) Críticas e elogios

Mais grave que a citação é, com certeza, o elogio ou a crítica negativa de quem quer que seja. É extremamente pobre a redação que fala bem ou mal de alguém, ou mesmo de uma instituição ou empresa. Deixe isso para os especialistas, que estudaram para tal e necessitam, por força da profissão, expor-se à ira de determinados leitores. Sua redação não é editorial de revista ou jornal. Agindo dessa maneira, você só conseguirá deixar seu texto desagradável. Não o faça jamais.

Ex.: Fulano está conseguindo destruir nosso país.
Será que está mesmo?
Beltrano é um ministro maravilhoso. O Brasil precisa muito dele.

Opiniões totalmente dispensáveis. Seja mais objetivo, frio.

3) Na minha opinião

Expressão viciosa, assim como outras semelhantes, que você não deve, em hipótese alguma, usar. Se é você que faz a redação, é lógico que se trata de sua opinião.

Ex.: Na minha opinião, poucas pessoas conseguirão o devido reconhecimento.

Diga, de maneira direta: Poucas pessoas conseguirão o devido reconhecimento. Ou, se você não quer passar ideia de certeza, escreva: Provavelmente poucas pessoas conseguirão o devido reconhecimento. **Na minha opinião**, **no meu modo de ver** e outras são absolutamente dispensáveis.

4) Frases muito longas

Não é aconselhável construir frases compridas. Elas são perigosas porque muitas vezes ficam sem algum elemento importante, prejudicando o sentido geral. Isso pode ocorrer até com o verbo da oração principal, o que invalidará todo o parágrafo. Quando se faz uma frase muito grande, pode-se perder a noção do que está dito no início, inclusive o nexo sintático. Toda a estrutura pode ficar comprometida, além, claro, do mau gosto que uma frase excessivamente longa pode apresentar.

> **Ex.:** Conquanto estivessem admiradas, as testemunhas, que foram convocadas na última hora pelo promotor, por ser esse o procedimento legal a que não é absolutamente permitido fugir e por estarem todos há muito tempo cientes.

A frase acima seria riscada em sua redação. Falta a ela exatamente o verbo da oração principal. Observe que as orações são introduzidas por um conectivo: **conquanto**, **que**, **por**, **a que**, e **por**. Falta a parte mais importante da única que não possui conectivo, e que começa por **as testemunhas**. Eu poderia, por exemplo, dizer, no final da frase: mostravam-se tranquilas. (ou seja: as testemunhas mostravam-se tranquilas)

Tal é o risco, para quem ainda não tem experiência com a construção de textos, ocasionado pelo comprimento da frase. Ressalte-se ainda que, mesmo estando completo, o período se torna desagradável, um tanto complexo, em virtude do acúmulo de conectivos (preposição, conjunção, pronome relativo) usados para ligar as várias orações que o compõem. Evitem-se, pois, frases assim construídas.

EXERCÍCIOS ESTRUTURAIS

■ DESFAZIMENTO DE CACOFONIAS E CACÓFATOS

Ex.: Ele beijou a boca dela.

Para evitar a palavra **cadela**, que surge na junção de **boca** e **dela**, você pode dizer:
a) Ele beijou a sua boca.
b) Ele beijou a boca da mulher.
c) Ele beijou seus lábios.

Outras coisas poderiam ser feitas. É uma questão de criatividade. Use a sua, ao resolver os exercícios seguintes. Não tenha pressa. Pense. E construa frases corretas.

EXERCÍCIOS

109) **Reescreva as frases seguintes, eliminando as cacofonias ou cacófatos.**
   1) Nosso hino é maravilhoso.
   2) Foi um dia bom.
   3) Na vez passada, ele saiu-se melhor.
   4) Vou-me já.
   5) Ele marca gado naquela fazenda.
   6) Não pense nunca nisso.
   7) Se você precisa viajar, pelo menos não seja já.
   8) Alfredo havia dado uma resposta.
   9) Uma mão estava sangrando.
   10) Ele joga linha no lixo.
   11) Ela não ama minhas ideias.
   12) Você bebe café demais.
   13) Pagou cem reais por cada grande lote.
   14) Ainda dá para aprender.
   15) Quero amá-la.

■ DESFAZIMENTO DE AMBIGUIDADES

Ex.: O policial prendeu o ladrão em sua casa.

Casa do policial ou do ladrão?

O policial, em sua própria casa, prendeu o ladrão. (casa do policial)

O policial prendeu o ladrão na casa deste. (casa do ladrão)

Você poderia fazer de outras maneiras. Use seu raciocínio e criatividade. Cuidado, no entanto, com a construção das frases, que têm de ser perfeitas.

EXERCÍCIOS

110) Reescreva as frases seguintes, eliminando as ambiguidades. Mostre os dois sentidos possíveis.
1) Assistiu ao incêndio da varanda da sua casa.
2) Ela deixou a irmã nervosa.
3) Ele conseguiu pegar o ônibus correndo muito.
4) O menino comeu um peixe limpo.
5) Ao ler o rascunho da redação, e você não pode deixar de fazê-lo, aplique os conhecimentos adquiridos.
6) Tome cuidado com as frases que possuam conectores. O seu sentido é importante.
7) Colocamos um anúncio no jornal que nos ajudou muito.
8) Fiz bolinhos de bacalhau para eles comerem à noite.
9) Antônio é filho de José. Ele trabalha em Brasília.
10) O menino ganhou uma bola e uma bicicleta. Pretende usá-la logo.
11) Eis o retrato da mulher de que lhe falei.
12) Ela encontrou a irmã quando já estava cansada.

ENRIQUECIMENTO DO VOCABULÁRIO

EXERCÍCIOS

111) **Assinale o significado ou sinônimo da palavra destacada.**

1) Ela sentiu-se bem após a **ablução** do rosto.
   a) lavagem
   b) massagem
   c) cirurgia
   d) depilação

2) Vários **fâmulos** o acompanhavam.
   a) discípulos
   b) parentes
   c) criados
   d) amigos

3) Moço **indolente**, não se prestaria ao serviço.
   a) insensível
   b) honrado
   c) medroso
   d) tolo

4) É preciso **retemperar** os ânimos.
   a) recuperar
   b) esfriar
   c) conter
   d) fortalecer

5) Menino **trêfego**, Olavo foi criado pelos avós.
   a) bonzinho
   b) irrequieto
   c) doente
   d) falador

6) Preferia uma atividade **lúdica**.
   a) que dá muito dinheiro
   b) filosófica
   c) suave
   d) que se refere a divertimentos

7) Apesar de tudo, tratava-o com **desvelo**.
   a) desprezo
   b) carinho
   c) amizade
   d) grosseria

8) O tempo **fugaz** repara qualquer coisa.
   a) que foge rápido
   b) que ainda virá
   c) amigo
   d) insensível

9) É preciso **sopitar** os impulsos.
   a) aproveitar
   b) eliminar, excluir
   c) dominar, conter
   d) ignorar

10) Desejava **perquirir** o coração feminino.
    a) entender
    b) conquistar
    c) fortalecer
    d) pesquisar

11) Tratava com **ludíbrio** todos os membros da família.
    a) indiferença
    b) maldade
    c) delicadeza
    d) zombaria

12) Jamais deixou de agir com **barbárie**.
    a) ironia
    b) deboche
    c) selvageria
    d) falta de respeito

13) Ele era realmente um **dândi**.
    a) modelo, exemplo
    b) que se veste com apuro
    c) idiota
    d) incompetente

14) Gostaria de **dirimir** logo essa questão.
    a) comentar
    b) publicar
    c) resolver
    d) propor

15) Não quero comigo nenhum **sequaz**.
    a) bandido
    b) ignorante
    c) espião
    d) seguidor

16) Mostrou-nos então alguns **bosquejos**.
    a) avisos
    b) rascunhos
    c) prospectos
    d) bosques pequenos

17) Chegou-nos um **frêmito** estranho.
    a) sussurro
    b) pedido
    c) caso
    d) raio de luz

18) Você não pode **cercear** meus sonhos.
    a) cortar, destruir
    b) ignorar
    c) menosprezar
    d) reviver

19) Homem **longânime**, com certeza será homenageado.
   a) culto
   b) inteligente
   c) famoso
   d) generoso

20) Não gosto de **edulcorar** o café.
   a) esquentar
   b) preparar
   c) adoçar
   d) misturar

21) Perdeu-se nas profundezas **abissais**.
   a) da floresta
   b) do rio
   c) do abismo
   d) do lago

22) Era um cidadão **egresso** de péssima universidade.
   a) expulso
   b) que saiu
   c) que fugiu
   d) funcionário

23) Deixou o **farnel** em casa.
   a) tipo de caniço
   b) merenda
   c) lanterna
   d) bota

24) Não quis **calcinar** o material apreendido.
   a) devolver
   b) reduzir a cinzas
   c) estocar
   d) classificar

25) Não podia esconder a **decrepitude**.
   a) velhice
   b) doença
   c) desânimo
   d) demência

26) Tinha o coração **eivado** de coisas ruins.
   a) livre
   b) repleto
   c) contaminado
   d) fechado

27) Seu plano era **aviltar** a figura do antecessor.
   a) ofuscar
   b) desonrar
   c) desprezar
   d) fazer cair no esquecimento

28) Vivia em ambiente bastante **salubre**.
   a) propício a doenças
   b) úmido
   c) arejado
   d) saudável

29) Respondeu com um gesto **risível**.
   a) obsceno
   b) infantil
   c) que provoca raiva
   d) que provoca risos

30) Era um homem **adiposo**, da mesma forma que o pai.
   a) forte
   b) alto
   c) muito gordo
   d) alegre

31) Faltava-lhe **decoro**.
   a) cultura
   b) coragem
   c) decência
   d) humildade

32) Era um rapaz **bisonho**.
   a) estranho
   b) tímido
   c) inseguro
   d) inexperiente

33) Sua **moção** está sendo analisada.
   a) petição
   b) frase
   c) proposta
   d) resposta

34) Destacava-se de todos pelo **garbo**.
   a) lucidez
   b) elegância
   c) sorriso
   d) beleza moral

35) Não perderia, de modo algum, aquele **maná**.
   a) alimento delicioso
   b) jogo
   c) sonho
   d) encontro fraterno

36) Parece-me impossível esquecer aquela **hecatombe**.
   a) carnificina
   b) terremoto
   c) grande enchente
   d) furacão

37) Respirou durante anos o ar **mefítico** de suas grutas.
   a) puro
   b) quente
   c) pestilento
   d) rarefeito

38) Tentava **menear** a cabeça.
   a) enfiar
   b) mover de um lado para o outro
   c) soltar cuidadosamente
   d) levantar lentamente

39) Tomou o **tépido** líquido como prometera.
   a) quente
   b) frio
   c) gelado
   d) morno

40) Procurei envolvê-lo em lençóis **tersos**.
   a) limpos
   b) alvos
   c) de lã
   d) macios

41) Encontrou o colega no **alpendre**.
   a) quarto externo
   b) casa de campo
   c) telheiro
   d) garagem

42) Após a **objurgação**, eles se entenderam.
   a) discussão
   b) conversa
   c) briga
   d) repreensão

43) O velhinho assemelhava-se a um **anacoreta**.
   a) agiota
   b) que faz trabalhos por encomenda
   c) que vive afastado das relações sociais
   d) marginal

44) Assistimos a uma cena **dantesca**.
   a) ridícula
   b) horrorosa
   c) absurda
   d) marcante

45) Disseram-me que ele é um moço **cogitabundo**.
   a) pensativo
   b) apressado
   c) ansioso
   d) trabalhador

■ TEMAS PARA REDAÇÃO

1) Liberdade de imprensa e democracia

2) O idoso é fonte de experiência e conhecimento

3) Se cada um fizer sua parte, tudo se arranjará

4) Inteligência e cultura

5) Brasil, país do futuro

SEXTA LIÇÃO

DA SOLIDÃO

Há muitas pessoas que sofrem do mal da solidão. Basta que em redor delas se arme o silêncio, que não se manifeste aos seus olhos nenhuma presença humana, para que delas se apodere imensa angústia: como se o peso do céu desabasse sobre a sua cabeça, como se dos horizontes se levantasse o anúncio do fim do mundo.

No entanto, haverá na Terra verdadeira solidão? Não estamos cercados por inúmeros objetos, por infinitas formas da Natureza e o nosso mundo particular não está cheio de lembranças, de sonhos, de raciocínios, de ideias, que impedem uma total solidão?

Tudo é vivo e tudo fala, em redor de nós, embora com vida e voz que não são humanas, mas que podemos apreender e escutar, porque muitas vezes essa linguagem secreta ajuda a esclarecer o nosso próprio mistério. Como aquele Sultão Mamude, que entendia a fala dos pássaros, podemos aplicar toda a nossa sensibilidade a esse aparente vazio de solidão: e pouco a pouco nos sentiremos enriquecidos.

Pintores e fotógrafos andam em volta dos objetos à procura de ângulos, jogos de luz, eloquência de formas, para revelarem aquilo que lhes parece não só o mais estético dos seus aspectos, mas também o mais comunicável, o mais rico de sugestões, o mais capaz de transmitir aquilo que excede os limites físicos desses objetos, constituindo, de certo modo, seu espírito e sua alma.

Façamo-nos também desse modo videntes: olhemos devagar para a cor das paredes, o desenho das cadeiras, a transparência das vidraças, os dóceis panos tecidos sem maiores pretensões. Não procuremos neles a beleza que arrebata logo o olhar, o equilíbrio de linhas, a graça das proporções: muitas vezes seu aspecto – como o das criaturas humanas – é inábil e desajeitado. Mas não é isso que procuramos, apenas: é o seu sentido íntimo que tentamos discernir. Amemos nessas humildes coisas a carga de experiências que representam, e a repercussão, nelas sensível, de tanto trabalho humano, por infindáveis séculos.

Amemos o que sentimos de nós mesmos, nessas variadas coisas, já que, por egoístas que somos, não sabemos amar senão aquilo em que nos encontramos. Amemos o antigo encantamento dos nossos olhos infantis, quando começavam a descobrir o mundo: as nervuras das madeiras, com seus caminhos de bosques e ondas e horizontes; o desenho dos azulejos; o esmalte das louças; os tranquilos, metódicos telhados... Amemos o rumor da água que corre, os sons das máquinas, a inquieta voz dos animais que desejaríamos traduzir.

Tudo palpita ao redor de nós, e é como um dever de amor aplicarmos o ouvido, a vista, o coração a essa infinidade de formas naturais ou artificiais que encerram seu segredo, suas memórias, suas silenciosas experiências. A rosa que se despede de si mesma, o espelho onde pousa o nosso rosto, a fronha por onde se desenham os sonhos de quem dorme, tudo, tudo é um mundo com passado, presente, futuro, pelo qual transitamos atentos ou distraídos. Mundo delicado, que não se impõe com violência: que aceita a nossa frivolidade ou o nosso respeito; que espera que o descubramos, sem se anunciar nem pretender prevalecer; que pode ficar para sempre ignorado, sem que por isso deixe de existir; que não faz da sua presença um anúncio exigente "Estou aqui! estou aqui!". Mas, concentrado em sua essência, só se revela quando os nossos sentidos estão aptos para o descobrirem. E que em silêncio nos oferece sua múltipla companhia, generosa e invisível.

Oh! se vos queixais de solidão, prestai atenção em redor de vós a essa prestigiosa presença, a essa copiosa linguagem que de tudo transborda, e que conversará convosco interminavelmente.

(Cecília Meireles, *in* Escolha o Seu Sonho)

GRAMÁTICA

CRASE

É a fusão da preposição **a** com:
a) o artigo definido **a**.
   Ex.: Ele foi a a feira.
   Ele foi **à** feira.

b) com o pronome demonstrativo **a**.
   Ex.: Refiro-me a a que está na gaveta.
   Refiro-me **à** que está na gaveta. (= a aquela)

c) com o **a** inicial dos pronomes demonstrativos **aquele, aquela, aquilo**.
   Ex.: Mostre isso a aquele repórter.
   Mostre isso **àquele** repórter.

Obs.: O acento usado para marcar tal fusão chama-se acento grave ou acento de crase.

Para saber se existe o acento de crase, você pode lançar mão de dois recursos (menos para o caso da letra **c** e das locuções, que veremos adiante).
a) Com nomes comuns
   Ex.: Fui à padaria. (Fui ao mercado)
   Aparecendo **ao**, use o acento.

b) Com nomes próprios de lugar
   Ex.: Fui à Bahia. (Vim da Bahia)
   Aparecendo **da**, use o acento.

■ CASOS OBRIGATÓRIOS

1) Com a palavra **hora** indicando o momento em que acontece alguma coisa.

   Ex.: Carla regressou às três horas.

   Ele chegou à uma hora.

   Todos estarão lá às quatro. (A palavra está oculta)

   Obs.: Só existe crase antes de palavra feminina, clara ou oculta. Isso só vale para a crase entre a preposição e o artigo.

   Ex.: Referiu-se à irmã.

   Usava cabelos à Roberto Carlos. (à moda)

2) Com as locuções, desde que a palavra seja feminina.
a) adverbiais

   Ex.: Saímos **às escondidas**. (loc. adv. de modo)

   Já estamos **a caminho**. (sem acento, por ser masculina)

Outras locuções adverbiais com acento: às claras, às ocultas, às pressas, à força, às vezes, à vontade.

b) prepositivas

   Ex.: Andava **à procura de** um advogado.

   Deixei-o **a par de** tudo. (sem acento, pois é masculina)

Outras locuções prepositivas com acento: à frente de, à espera de, à beira de, à custa de, à cata de.

c) conjuntivas

   Ex.: Venceremos, **à medida que** nos esforçarmos.

Além dessa, só existe mais uma locução conjuntiva com acento de crase: à proporção que.

3) Com o **a** inicial dos pronomes demonstrativos **aquele, aquela, aquilo**.

   Ex.: Dei a carta àquele homem. (= a aquele)

4) Com o pronome demonstrativo **a**.
   Ex.: Eu me refiro à que você trouxe.
Obs.: Pode-se dizer **a aquela**. Também se pode trocar por **ao** (ao que você trouxe).

5) Com o pronome relativo **a qual**.
   Ex.: A pessoa à qual me dirigi é educada.
Obs.: Pode-se dizer **ao** (ao qual me dirigi).

■ CASOS FACULTATIVOS

1) Antes de nomes de mulher, pois o artigo é facultativo.
   Ex.: Fiz um elogio à Helena. (Fiz um elogio **ao** José.)
   Fiz um elogio a Helena. (Fiz um elogio **a** José.)

2) Antes de pronome adjetivo possessivo no singular, pois se pode usar ou não o artigo definido.
   Ex.: Pedi à minha irmã uma caneta. (Pedi **ao** meu irmão uma caneta.)
   Pedi a minha irmã uma caneta. (Pedi **a** meu irmão uma caneta.)
   Porém: Pedi às minhas irmãs uma camisa. (obrigatório)
   Pedi a minhas irmãs uma camisa. (proibitivo)

3) Depois da preposição **até**.
   Ex.: Irei até à fonte. (Irei até ao campo.)
   Irei até a fonte. (Irei até o campo.)
Obs.: A preposição **a** é facultativa depois da preposição **até**.

4) Depois das palavras Europa, África, Ásia, França, Espanha, Escócia, Inglaterra, Holanda, pois o artigo é facultativo.
   Ex.: Ele irá à França. (Ele virá da França.)
   Ele irá a França. (Ele virá de França.)
Obs.: Em sua redação, use sempre com o acento de crase.

■ CASOS PROIBITIVOS

1) Antes da palavra **casa**, sem determinação alguma. Nesse caso, trata-se do próprio lar.
   Ex.: Marcos foi a casa pela manhã.
   Porém: Marcos foi à casa nova.

2) Antes da palavra **distância**, sem especificação.
   Ex.: Ficou a distância. Ficou a grande distância.
   Porém: Ficou à distância de duzentos metros.

3) Antes da palavra **terra** em oposição a **bordo**.
   Ex.: Os marujos já foram a terra.
   Porém: Ele foram à terra natal.

4) Em expressões com palavras repetidas.
   Ex.: Tomou o remédio gota a gota.

5) Com **a** (singular) antes de palavra no plural.
   Ex.: Não me prendo a coisas materiais.

6) Antes de palavras que não possam estar precedidas do artigo definido **a**.
   Ex.: Diga isso a ela. (pronome pessoal reto)
   Falarei a Vossa Senhoria. (pronome de tratamento)
   Irei a alguma cidade. (pronome indefinido)
   Pôs-se a cantar alegremente. (verbo)
   Eles foram a cavalo. (masculino)

   Obs.: Há crase antes dos pronomes de tratamento senhora, senhorita, madame e dona (este quando vem precedido de adjetivo).
   Ex.: Dirigiu-se à senhorita Janete.

7) Antes de nomes de vultos históricos.
   Ex.: Ele aludiu a Maria Antonieta.

OBSERVAÇÕES

a) Das sete às nove horas (correto)
   De sete a nove horas (correto)
   De sete às nove horas (errado)

b) Comprou roupas a vista.
   Prefira usar a expressão **a vista** (contrário de **a prazo**) sem acento de crase.

c) Ele escreveu o bilhete a máquina.
   Prefira usar as locuções adverbiais de instrumento sem acento de crase.

EXERCÍCIOS

112) **Assinale o erro no emprego do acento de crase.**
   a) O funcionário se dirigiu à tesouraria.
   b) Fizemos referência à época em que ele vivia.
   c) Iremos todos à pé.
   d) Fui à cidade ontem.

113) **Marque o erro de crase.**
   a) Chegamos à ilha ao anoitecer.
   b) Entreguei à médica o resultado dos exames.
   c) Ele foi levado à alguma livraria.
   d) Graças a você não fui atropelado.

114) **Há erro de crase em:**
   a) Viajaremos à Noruega ainda neste mês.
   b) Fui enviado à Itália para resolver a questão.
   c) Indo à Paraíba, visite meus avós.
   d) Ninguém foi à Cuiabá.

115) **Complete a frase e marque a alternativa correspondente.**
   Chegou...... quatro horas e não sabia.....quem recorrer.
   a) às – à
   b) as – a
   c) às – a
   d) as – à

116) **Preencha as lacunas e marque a opção adequada.**
   Fizemos tudo.....claras e,........noite, estávamos....frente da casa.
   a) às – à – à
   b) às – a – a
   c) as – à – à
   d) às – à – a

117) **Complete e anote a opção correspondente.**
   Diga..........pessoa que,....essa hora, estávamos indo....farmácia.
   a) àquela – à – à
   b) aquela – a – a
   c) aquela – à – a
   d) àquela – a – à

118) **Só está correta quanto ao acento de crase a seguinte sentença:**
   a) Ele se dirigiu a que estava no balcão.
   b) A sala a que ele se dirigiu é bem iluminada.
   c) Falavam à respeito de futebol.
   d) As vezes ficávamos sozinhos.

119) Marque a opção em que o acento de crase é obrigatório, e não facultativo.
   a) Meu amigo se declarou à Joana.
   b) Alguém irá até à praça.
   c) Pedi ajuda à mulher.
   d) Pedi ajuda à sua colega.

120) Há erro de crase em:
   a) Isto me cheira à trapaça.
   b) Estávamos a conversar.
   c) Sou avesso a bobagens.
   d) Fiquei à distância de dez metros.

121) Há erro de crase em:
   a) Chegou à noite.
   b) Chegou a noite.
   c) A garota disse a verdade à prima.
   d) A garota disse a verdade à uma pessoa que passava.

122) Não há erro de crase na alternativa:
   a) Os marinheiros não mais irão à terra.
   b) Ele iria a casa depois.
   c) Só falava à pessoas de bom senso.
   d) Usava um chapéu a Lampião.

123) Corrija as frases seguintes quanto ao acento de crase, se necessário.
   1) Ficaram a beira do precipício.
   2) Li os livros à tarde.
   3) Dei as alunas a resposta da questão.
   4) Tinha um caminhão a frete.
   5) Entraram a direita e pararam junto a porta de vidro.
   6) Aquela hora, teríamos entregue à ela as ferramentas para o conserto.
   7) Não fui à Argentina nem à Alemanha, mas à Portugal.
   8) Ficamos à meditar.
   9) À que venceu será dada a medalha.
   10) Fiz alusão a que ficou no armário.
   11) Meu filho, obedeça aquele homem.
   12) Pedirei à cada participante a paciência necessária.
   13) Estarei a disposição dos senhores.
   14) Mandaram às mulheres alguma roupa.
   15) Mandaram as mulheres alguma roupa.
   16) Falarei à qualquer funcionária que aparecer.
   17) Ficou à distância de cem metros.
   18) Ficou à cem metros de distância.
   19) Já explicamos o caso à Vossa Excelência.
   20) Encontrei-o à caminho de casa.
   21) O bandido foi levado à força para à cadeia.
   22) A gravata é semelhante a que eu ganhei.

23) A gravata é semelhante a uma toalha.
24) O jardineiro colocou-se à sombra daquela árvore.
25) O quarto ficou as escuras.
26) Lúcia candidatou-se à deputada.
27) Não desobedeça a lei.
28) Solicitei a garçonete um cozido à brasileira.
29) Vamos à Turquia e à Cuba.
30) Isto se deve à evidente equívoco.
31) Eles retornarão às quatro.
32) Assistiram a peça e retornaram imediatamente a casa.
33) Não há, no processo, referência alguma à Sua Senhoria.
34) A bermuda é idêntica à que compramos em Lisboa.
35) Estou disposto à averiguar a situação.

ORIENTAÇÃO ORTOGRÁFICA
DIVISÃO SILÁBICA

Se houver necessidade, em sua redação, de dividir as sílabas de uma palavra, faça-o com correção. É um assunto fácil, bastando gravar as regras seguintes.

1) Não se separam os ditongos e tritongos da língua.
   Ex.: ma-dei-ra, cai-xa, i-guais

2) Separam-se os hiatos.
   Ex.: sa-í-da, co-or-de-nar, sa-ú-de

3) Separam-se os dígrafos **rr**, **ss**, **sc**, **sç**, **xc**.
   Ex.: car-ro, pas-so, nas-cer, cres-ça, ex-ce-to

4) Separam-se os encontros consonantais impróprios (aqueles cuja última consoante não é **l** nem **r**).
   Ex.: ad-vo-ga-do, rit-mo, dig-no
   Obs.: Havendo mais de duas consoantes, a última se destaca para formar sílaba com a vogal seguinte.
   Ex.: subs-ti-tu-ir, felds-pa-to

5) Nos prefixos terminados em **r** ou **s**, essas letras passam para o lado da vogal seguinte, quando houver.
   Ex.: su-pe-ra-li-men-ta-do, bi-sa-vô
   Porém: su-per-mer-ca-do, bis-ne-to

6) O prefixo **sub** se divide quando seguido de vogal.
   Ex.: su-ba-é-reo
   Porém: sub-se-ção, sub-li-nhar

7) Há várias situações quando a palavra termina em elementos vocálicos.
   Ex.: se-cre-ta-ri-a (**i** tônico: hiato)
   se-cre-tá-ria (**i** átono: ditongo)
   rai-o (ditongo seguido de uma vogal)
   cons-tru-í-a (dois hiatos simultâneos)
   Pa-ra-guai (tritongo)

OBSERVAÇÕES

a) A divisão silábica depende, basicamente, da pronúncia.

b) Não há sílaba sem vogal.
   Ex.: pneu-má-ti-co (o **p** não pode ser separado)

c) Separação especial de **abrupto** e derivados: ab-rup-to. Tal é, inclusive, a pronúncia perfeita da palavra.

d) Evite deixar apenas uma vogal no final ou no início de uma linha. Não é erro gramatical, mas um problema estético.

EXERCÍCIOS

124) Assinale o erro de divisão silábica.
   a) co-lé-gio
   b) ca-a-tin-ga
   c) me-io
   d) ra-i-nha

125) Há erro de divisão silábica em:
   a) cres-ci-men-to
   b) a-gra-dá-vel
   c) pa-pa-gai-o
   d) a-le-gria

126) Está errada a separação de sílabas em:
   a) crian-ça
   b) joi-a
   c) psi-có-lo-go
   d) ads-trin-gên-cia

127) Só não há erro de divisão em:
   a) sub-i-tem
   b) su-bli-nhar
   c) pers-pi-cá-ci-a
   d) disp-nei-a

128) Aponte o erro de separação silábica.
   a) su-bo-fi-ci-al
   b) a-mné-sia
   c) co-ad-ju-van-te
   d) di-a

129) Assinale o erro de divisão silábica.
   a) com-pre-en-dês-se-mos
   b) pei-xi-nho
   c) pro-te-í-na
   d) ma-io-ne-se

130) Há erro de divisão silábica em:
   a) ab-rup-te-la
   b) cas-sa-ção
   c) g-no-mo
   d) de-sis-ti-rí-a-mos

131) Marque o erro de divisão silábica.
   a) trans-a-tlân-ti-co
   b) su-bu-ni-da-de
   c) di-é-re-se
   d) pi-au-i-en-se

132) Há erro de divisão silábica em:
   a) con-subs-tan-ci-a-ção
   b) hi-per-a-que-ci-do
   c) des-mai-ar
   d) subs-ti-tu-í-as

133) Só está correta a divisão silábica em:
   a) des-en-ga-nos
   b) ad-moes-tar
   c) sub-es-ta-ção
   d) tungs-tê-nio

134) Corrija, quando necessário, a divisão silábica apresentada.
   occipital – o-cci-pi-tal
   sublocássemos – sub-lo-cás-se-mos
   feldspato – felds-pa-to
   cisalpino – cis-al-pi-no
   perspectiva – pers-pe-cti-va
   joeirar – joei-rar
   sublimásseis – sub-li-más-seis
   sabiá – sa-bi-á
   psicografia – psi-co-gra-fia
   paisagista – pa-i-sa-gis-ta
   subarrendar – sub-ar-ren-dar
   estoicidade – es-to-i-ci-da-de

PARA ESCREVER BEM

CONHECIMENTOS GERAIS (VI)

1) Coesão e coerência

Chama-se coesão a união íntima das partes de um todo. Em gramática, é a perfeita união entre os segmentos de uma frase. Os elementos constitutivos de uma sentença ou mesmo de uma expressão precisam ligar-se adequadamente.

Ex.: Falei muito alto, porém ele não escutou.

Trata-se de um período bem constituído. Há duas ideias, dois segmentos: **Falei muito alto** e **ele não escutou**. Como são duas coisas que se opõem, foi necessário utilizar uma conjunção, um elemento conector que se prestasse a isso: **porém**. É uma frase que apresenta coesão.

Imaginemos agora que se escreva **Falei muito alto, portanto ele não escutou**. Ora, a palavra **portanto**, o novo conector, tem valor de conclusão, não podendo ligar duas coisas que se opõem. Com a conjunção **portanto**, deveríamos ter escrito **Falei muito alto, portanto ele escutou**. Agora, sim, o período apresenta coesão.

Tome bastante cuidado com as frases que possuam elementos conectores (conjunções, preposições etc.). O sentido deles é muito importante. Havendo dúvidas, tente outra construção.

Voltemos à frase inicial: **Falei muito alto, porém ele não escutou**. Trata-se de um período lógico, coerente. A coerência é o sentido lógico, preciso, de uma dada construção. Por outro lado, se observarmos a frase **Falei muito alto, portanto ele não escutou**, veremos que é destituída de nexo, de sentido. É, pois, uma frase incoerente. A incoerência provém, entre outras coisas, da falta de coesão.

Assim, podemos afirmar:

coesão → união
coerência → sentido

Nem sempre a falta de coerência está ligada à ausência de coesão. Vamos observar atentamente alguns exemplos.

Foi à casa de materiais de construção e comprou bananas.

O pai de minha esposa, que não é meu sogro, está na Europa.

As duas frases são gramaticalmente bem construídas, mas não têm lógica, nexo, coerência. Em casa de materiais de construção, compram-se telhas, cimento, tijolos, jamais bananas. Já o pai de minha esposa, queira eu ou não, é meu sogro. Em nome da coerência, a oração começada pela palavra **que** deve ser excluída. Apenas tirar o **não**, como possa parecer, não resolve: cairíamos numa redundância.

Assim, você deve ler atentamente o seu texto, para certificar-se de que ele é lógico, coerente. Há muitos recursos para ajustar as suas frases, e você dispõe de exercícios na seção EXERCÍCIOS ESTRUTURAIS. Não deixe de fazê-los. Só assim terá condições de perceber e resolver o problema.

2) Uniformidade de tratamento

Quando dirigimos a palavra a alguém, devemos utilizar um único tratamento. Não se pode misturar **tu** e **você**, fato que ocorre na linguagem descontraída de todos os dias. Ao escrever, não o faça jamais.

Ex.: Você deseja falar-me? Então por que não vens à minha casa?

É necessário uniformizar o tratamento. Pode-se corrigir de duas maneiras:

a) Você deseja falar-me? Então por que não vem à minha casa?
b) Tu desejas falar-me? Então por que não vens à minha casa?

Na letra **a**, usou-se apenas o tratamento **você**; na letra **b**, apenas o **tu**.

Observe também os pronomes pessoais oblíquos e os pronomes possessivos, pois eles se relacionam com a pessoa gramatical.

Ex.: Eu te esperei, mas você não apareceu. (errado)
Eu te esperei, mas tu não apareceste. (certo)
Eu o esperei, mas você não apareceu. (certo)
Mostre logo a tua resposta. (errado)
Mostra logo a tua resposta. (certo)
Mostre logo a sua resposta. (certo)

OBSERVAÇÕES

a) O emprego do modo imperativo (três últimas frases) com frequência ocasiona problemas de tratamento. É necessário extremo cuidado ao usá-lo. Verifique, em FLEXÃO VERBAL, esse assunto.

b) Muitas vezes o escritor, para expressar a linguagem descontraída dos personagens, se permite construções em que os tratamentos aparecem misturados. Tal fato ocorre, sobremaneira, nas crônicas. Em sua redação, **use sempre a linguagem culta.**

EXERCÍCIOS ESTRUTURAIS

EMPREGO DE ESTE, ESSE, AQUELE ETC.

1) Usa-se este, esta, estes, estas e isto:
a) para indicar o que está na mão do falante.
   Ex.: Este livro é meu. (O livro está comigo, na minha mão.)
b) Para indicar o tempo em que se encontra o falante.
   Ex.: Esta semana é a mais calma do mês. (a semana atual)
c) Para indicar algo que ainda vai aparecer no texto.
   Ex.: Isto lhes asseguro: farei o que for possível.
d) Para substituir um dos dois termos citados anteriormente, ou seja, o mais próximo.
   Ex.: Maria e Rodrigo estão casados. Aquela é baiana; este, paulista. (este = Rodrigo, que é o nome mais próximo)

2) Emprega-se esse, essa, esses, essas, isso:
a) Para indicar o que está na mão da pessoa com quem se fala, ou próximo a ela.
   Ex.: Esse álbum em sua mão é novo?
b) Para indicar um tempo relativamente próximo.
   Ex.: Esse dia está para chegar.
c) Para indicar algo que já foi citado no texto.
   Ex.: Marcelo vem estudando bastante. Isso deixa sua mãe tranquila.

3) Usa-se aquele, aquela, aqueles, aquelas, aquilo:
a) Para indicar algo bem afastado do falante.
   Ex.: Veja aquela árvore.
b) Para indicar um tempo mais afastado.
   Ex.: Aquele ano foi especial. (a ideia é de um ano bem distante do atual)
c) Para substituir o termo mais distante.
   Ex.: Pedro e Mauro trabalham juntos. Aquele escreve; este revisa. (aquele = Pedro, substantivo mais afastado)

EXERCÍCIOS

135) Complete com uma das palavras colocadas nos parênteses.

1) .... revista que você está lendo agora tem boas reportagens. (Esta/Essa)

2) ....árvore, do outro lado da montanha, ainda produz muito. (Esta/Essa/Aquela)

3) ....criança nos meus braços vai ser adotada. (Esta/Essa)

4) Quero dar-lhes......... conselho: não andem por lá de noite. (este/esse)

5) O homem devolveu todo o dinheiro encontrado...........atitude prova que se trata de um verdadeiro cidadão. (Esta/Essa)

6) ....foi dito por Jesus: "Eu sou o caminho, a verdade e a vida... " (Isto/Isso)

7) Há poucas pessoas morando lá...........fato me preocupa. (Este/Esse)

8) .... que você está comendo é um legume. (Isto/Isso)

9) ....que eu estou comendo é um legume. (Isto/Isso)

10) ....que o teu amigo está comendo é um legume. (Isto/Aquilo)

11) O cão e a cabra perderam-se na mata........... está com muita fome; esta, machucada. (Este/Esse/Aquele)

12) Trouxemos do sítio uma jaca e um melão. Aquela está boa;..........., nem tanto assim. (este, esse, aquele)

ENRIQUECIMENTO DO VOCABULÁRIO

EXERCÍCIOS

136) **Assinale o sinônimo ou o significado do termo destacado.**

1) Neste ano, tivemos uma **vindima** especial.
   a) preparo do vinho
   b) festa interiorana
   c) plantação de uvas
   d) colheita de uvas

2) Não houve tempo para a perfeita **cocção**.
   a) construção
   b) união
   c) cozimento
   d) polimento

3) Conseguiu **aboletar-se** na região.
   a) aborrecer-se
   b) sobressair
   c) alojar-se
   d) divertir-se

4) Reconheci prontamente o **famigerado** escritor.
   a) excêntrico
   b) famoso
   c) falso
   d) procurado

5) Tratava-se de **minudência** importante.
   a) observação
   b) esclarecimento
   c) resumo
   d) pormenor

6) Preocupava-se com a saúde da população **ribeirinha**.
   a) que vive junto a rios
   b) caipira
   c) que vive longe de centros desenvolvidos
   d) que vive em montanhas

7) Tornou-se um **pusilânime**.
   a) ser monstruoso
   b) animador de festas
   c) fraco de ânimo
   d) invejoso

8) Não podia perder o **samburá**.
   a) barbante
   b) cesto de pescador
   c) pequeno fogão
   d) colar

9) Mais um pouco, iria **vergastar** os prisioneiros.
   a) humilhar
   b) apedrejar
   c) açoitar
   d) esfaquear

10) Gostava de **deambular** à noite.
    a) passear
    b) nadar
    c) comer
    d) esconder-se

11) Após a **alocução**, foi servido o jantar.
    a) discurso breve
    b) discussão
    c) apresentação
    d) explicação detalhada

12) A energia **telúrica** pode curá-lo.
    a) da árvore
    b) positiva
    c) da alma
    d) da terra

13) Parecia-me alguém bastante **efusivo**.
    a) trabalhador
    b) veloz
    c) educado, fino
    d) expansivo, comunicativo

14) O **colendo** cientista desmarcou a reunião.
    a) genial
    b) sereno
    c) respeitável
    d) corajoso

15) Sendo **daltônico**, não pôde opinar.
    a) que não consegue distinguir os sons
    b) que não consegue diferençar as cores
    c) que não tem paladar
    d) que não tem olfato

16) É uma questão de **idiossincrasia**.
    a) falta de educação
    b) reação comum própria de um grupo social
    c) desequilíbrio emocional
    d) maneira de reagir, própria de cada pessoa

17) Paixão **mórbida** levou-o à loucura.
    a) desmedida
    b) sem retribuição
    c) doentia
    d) alucinante

18) Dele só esperava **aleivosia**.
    a) bobagem
    b) infantilidade
    c) deslealdade
    d) desprezo

19) Não quero **cindir** os colegas.
    a) prejudicar
    b) separar
    c) unir
    d) favorecer

20) No homem, bem e mal serão sempre **incongruentes**.
    a) opostos
    b) inimigos
    c) imprevisíveis
    d) incompatíveis

21) O calor deve **recrudescer**.
    a) aumentar
    b) diminuir
    c) ser igual
    d) incomodar

22) Ontem seu tio parecia **aparvalhado**.
    a) apavorado
    b) desinteressado
    c) abobalhado
    d) enfeitiçado

23) Surgiu, por trás do **outeiro**, uma luz misteriosa.
    a) colina
    b) tipo de árvore
    c) muralha medieval
    d) castelo

24) Provém de uma fonte **precípua**.
    a) primitiva
    b) confiável
    c) segura
    d) essencial

25) Admiro-lhe a **temperança**.
    a) confiança
    b) moderação
    c) raciocínio lógico
    d) lucidez

26) Rapaz **gárrulo**, dar-se-ia bem naquela pousada.
   a) elegante
   b) educado
   c) falador
   d) bonito

27) **Nédias** figuras surgiram repentinamente.
   a) escuras
   b) magras
   c) brilhantes
   d) noturnas

28) Não se importava com os **escolhos**.
   a) inimigos
   b) vermes
   c) insetos
   d) dificuldades

29) Enviou-me uma comida **adrede** preparada.
   a) bem
   b) intencionalmente
   c) com dedicação
   d) especialmente

30) Era tristemente lembrado por sua **cupidez**.
   a) sensualidade
   b) maldade
   c) estupidez
   d) cobiça

31) Sonho com seus lábios **nacarados**.
   a) bem feitos
   b) carnudos
   c) rosados
   d) perfumados

32) Seguíamos por uma estrada **vicinal**.
   a) secundária
   b) asfaltada
   c) de terra batida
   d) próxima

33) Agiu assim por simples **deferência**.
   a) vontade
   b) consideração
   c) acaso
   d) capricho

34) Dono de um conhecimento **perfunctório**, achava-se no direito de discutir.
   a) superficial
   b) profundo
   c) acadêmico
   d) inútil

35) Lembrou-se do **remanso** daqueles dias em família.
   a) tédio
   b) sossego
   c) preguiça
   d) felicidade

36) Aquele **esgar** medonho ficou-me na memória.
    a) gemido
    b) agonia
    c) desastre
    d) careta

37) Gostava muito de seu **hipocorístico**.
    a) sobrenome
    b) pseudônimo
    c) apelido familiar
    d) nome

38) Tinha o triste hábito de **menoscabar** os colegas.
    a) depreciar
    b) perseguir
    c) xingar
    d) difamar

39) Eram todos argumentos **inanes**.
    a) sem sentido
    b) fúteis
    c) questionáveis
    d) convincentes

40) Fazer-se entender é o **desiderato** maior de todo escritor.
    a) dificuldade
    b) facilidade
    c) proposta
    d) aspiração

41) Faltou-lhe a **cognição** adequada.
    a) orientação
    b) conhecimento
    c) apoio
    d) inteligência

42) Não gosto de vê-lo assim **jururu**.
    a) adoentado
    b) tristonho
    c) irrequieto
    d) descrente

43) Ele tentou **jungir** as frases.
    a) separar
    b) retificar
    c) juntar
    d) reduzir

44) Ela é a **prima-dona**.
    a) bailarina premiada
    b) principal cantora de uma ópera
    c) bailarina iniciante
    d) cantora de tangos

45) Já é hora de **engalanar** o recinto.
    a) limpar
    b) preparar
    c) esvaziar
    d) enfeitar

■ TEMAS PARA REDAÇÃO

1) Uma viagem complicada
2) A leitura como fator de desenvolvimento social
3) A vida precisa ser respeitada
4) O amor é a mola propulsora da humanidade
5) Não

SÉTIMA LIÇÃO

A PONTA DO NARIZ

Nariz, consciência sem remorsos, tu me valeste muito na vida...

Já meditaste alguma vez no destino do nariz, amado leitor? A explicação do Doutor Pangloss é que o nariz foi criado para uso dos óculos, – e tal explicação confesso que até certo tempo me pareceu definitiva; mas veio um dia, em que, estando a ruminar esse e outros pontos obscuros de filosofia, atinei com a única, verdadeira e definitiva explicação.

Com efeito, bastou-me atentar no costume do faquir. Sabe o leitor que o faquir gasta longas horas a olhar para a ponta do nariz, com o fim único de ver a luz celeste. Quando ele finca os olhos na ponta do nariz, perde o sentimento das coisas externas, embeleza-se no invisível, apreende o impalpável, desvincula-se da terra, dissolve-se, eteriza-se. Essa sublimação do ser pela ponta do nariz é o fenômeno mais excelso do espírito, e a faculdade de a obter não pertence ao faquir somente: é universal. Cada homem tem necessidade e poder de contemplar o seu próprio nariz, para o fim de ver a luz celeste, e tal contemplação, cujo efeito é a subordinação do universo a um nariz somente, constitui o equilíbrio das sociedades. Se os narizes se contemplassem exclusivamente uns aos outros, o gênero humano não chegaria a durar dois séculos: extinguia-se com as primeiras tribos.

Ouço daqui uma objeção do leitor: – Como pode ser assim, diz ele, se nunca jamais ninguém não viu estarem os homens a contemplar o seu próprio nariz?

Leitor obtuso, isso prova que nunca entraste no cérebro de um chapeleiro. Um chapeleiro passa por uma loja de chapéus; é a loja de um rival, que a abriu há dois anos; tinha então duas portas, hoje tem quatro; promete ter seis e oito. Nas vidraças ostentam-se os chapéus do rival; pelas portas entram os fregueses do rival; o chapeleiro compara aquela loja com a sua, que é mais antiga e tem só duas portas, e aqueles chapéus com os seus, menos buscados, ainda que de igual preço. Mortifica-se naturalmente; mas vai andando, concentrado, com os olhos para baixo ou para a frente, a indagar as causas da prosperidade do outro e do seu próprio atraso, quando ele chapeleiro é muito melhor chapeleiro do que o outro chapeleiro... Nesse instante é que os olhos se fixam na ponta do nariz.

A conclusão, portanto, é que há duas forças capitais: o amor, que multiplica a espécie, e o nariz, que a subordina ao indivíduo. Procriação, equilíbrio.

(Machado de Assis, *in* Memórias Póstumas de Brás Cubas)

GRAMÁTICA

FLEXÃO NOMINAL

Algumas classes gramaticais podem sofrer variações:
a) de número: singular e plural
    Ex.: árvore frondosa – árvores frondosas

b) de gênero: masculino e feminino
    Ex.: menino – menina

Obs.: Veja lista na segunda parte deste livro.

c) de grau: aumentativo, diminutivo, comparativo e superlativo
    Ex.: livro – livrinho, belo – belíssimo

OBSERVAÇÕES

a) Veja lista na segunda parte deste livro.
b) Alguns consideram o grau problema de derivação, e não flexão.

■ PRINCIPAIS CASOS DE PLURAL
I) Palavras simples
1) Geralmente acrescenta-se S.
    Ex.: pedra – pedras
2) Palavra terminada em R ou Z: acrescenta-se ES.
    Ex.: cadáver – cadáveres, luz – luzes
3) Oxítono ou monossílabo tônico terminados em S: acrescenta-se ES.
    Ex.: freguês – fregueses, ananás – ananases

Obs.: Os paroxítonos e os proparoxítonos são invariáveis.
    Ex.: o lápis – os lápis, o ônibus – os ônibus

4) Palavra terminada em AL, OL ou UL: troca-se o L por IS.
    Ex.: animal – animais, farol – faróis, paul – pauis

5) Palavra terminada em IL átono: troca-se o IL por EIS.
   Ex.: fóssil – fósseis

6) Palavra terminada em IL tônico: troca-se o L por S.
   Ex.: funil – funis

7) Palavra terminada em EL átono: plural em EIS.
   Ex.: amável – amáveis

8) Palavra terminada em EL tônico: plural em ÉIS.
   Ex.: papel – papéis

9) Palavras terminadas em X são invariáveis.
   Ex.: o tórax – os tórax

10) Há casos em que a sílaba tônica avança.
    Ex.: júnior – juni**o**res; carác**te**res

11) Palavra terminada em ÃO admite o plural de três maneiras:
    a) em **ãos.**
       Ex.: cristão – cristãos
    b) em **ães.**
       Ex.: alemão – alemães
    c) em **ões.**
       Ex.: melão – melões

12) Plural dos diminutivos
    Pluraliza-se a palavra no grau normal, corta-se o **s** e acrescenta-se **zinhos** (em alguns casos, **zitos**)
    Ex.: coraçãozinho
           coração (grau normal) → corações → corações → coraçõezinhos
Obs.: A regra só se aplica às palavras que têm o diminutivo em **zinho** ou **zito**.

13) Casos especiais:
    mel – meles e méis
    cal – cales e cais
    gol – goles e gois
    aval – avales e avais
    fel – feles e féis
    cós – cós (sem flexionar) e coses
Obs.: Embora considerado ainda um plural incorreto, **gols** é a única forma que vem sendo utilizada. Em sua redação, siga a corrente: Fizemos vários gols.

II) Palavras compostas

OS DOIS ELEMENTOS VARIAM

Com substantivo mais palavra variável.
> **Ex.:** couve-flor – couves-flores
> quinta-feira – quintas-feiras

SÓ O PRIMEIRO VARIA

1) Quando as palavras são ligadas por preposição, com ou sem hífen.
   Ex.: pé de moleque – pés de moleque

2) Quando o segundo substantivo determina o primeiro (ideia de fim ou semelhança).
   Ex.: salário-família – salários-família (para a família: finalidade)
   banana-maçã – bananas-maçã (ideia de semelhança, por causa do sabor)

SÓ O ÚLTIMO VARIA

1) Quando o composto é formado por adjetivos.
   Ex.: anglo-americano – anglo-americanos
   Exceção: surdo-mudo – surdos-mudos

2) Com as formas adjetivas GRÃO, GRÃ e BEL.
   Ex.: grão-duque – grão-duques
   grã-cruz – grã-cruzes
   bel-prazer – bel-prazeres

Obs.: Não confunda GRÃO, forma reduzida de GRANDE, com o substantivo GRÃO, que aparece em grão-de-bico, cujo plural é grãos-de-bico.

3) Quando o composto é formado por verbo ou qualquer elemento invariável mais substantivo ou adjetivo.
   Ex.: arranha-céu – arranha-céus
   sempre-viva – sempre-vivas (**sempre** é advérbio, portanto invariável)
   vice-prefeito – vice-prefeitos (**vice** é prefixo: invariável)

4) Quando o composto é uma onomatopeia (representação gráfica de sons da natureza) ou simplesmente formado por palavras repetidas.
   Ex.: tique-taque – tique-taques (onomatopeia do relógio)
   pingue-pongue – pingue-pongues (barulho da bolinha na mesa e na raquete)
   pisca-pisca – pisca-piscas

Obs.: Tratando-se de verbo repetido, os dois elementos podem estar no plural. Em sua redação, dê preferência ao primeiro caso.
   Ex.: pisca-piscas ou piscas-piscas

NENHUM ELEMENTO VARIA

1) Nos compostos formados por verbo mais palavra invariável.
   Ex.: o cola-tudo – os cola-tudo (**tudo** é um pronome invariável)
2) Nos compostos de verbos antônimos.
   Ex.: o perde-ganha – os perde-ganha
3) Nas frases substantivas.
   Ex.: o disse me disse – os disse me disse

OBSERVAÇÕES

a) São invariáveis: arco-íris, louva-a-deus, sem-vergonha, sem-terra, sem-teto.
   Ex.: o arco-íris – os arco-íris
   o sem-teto – os sem-teto
b) Possuem mais de uma forma plural:
   pai-nosso – pai-nossos ou pais-nossos
   padre-nosso – padre-nossos ou padres-nossos
   salvo-conduto – salvo-condutos ou salvos-condutos
   guarda-marinha – guardas-marinha ou guardas-marinhas
   fruta-pão – frutas-pão ou frutas-pães
   xeque-mate – xeques-mate ou xeques-mates

CASOS ESPECIAIS

bem-me-quer – bem-me-queres
joão-ninguém – joões-ninguém
lugar-tenente – lugar-tenentes
mapa-múndi – mapas-múndi

EXERCÍCIOS

137) **Dê o plural das palavras seguintes.**

anzol –
túnel –
projétil –
projetil –
sabão –
éter –
clímax –
limãozinho –
avestruz –
obus –
atlas –
feroz –
escrivão –
sênior –
látex –
mal –
florzinha –
mel –
pagão –
sol –
só –

gravidez –
pastelzinho –
barril –
pires –
caracol –
sutil –
sútil –
cidadão –
caráter –
mão –
cônsul –
possível –
câncer –
troféu –
papel –
arroz –
azul –
ilusão –
casal –
xérox –
xerox –

138) **Assinale o erro na formação do plural.**
   a) guarda-roupas
   b) guardas-noturnos
   c) guardas-chuvas
   d) guarda-pós

139) **Marque o erro na formação do plural.**
   a) amores-perfeitos
   b) gentis-homens
   c) aves-marias
   d) segundas-feiras

140) **Há erro de plural em:**
   a) mangas-rosa
   b) meios-fios
   c) luso-brasileiros
   d) vices-diretores

141) **Há erro de plural em:**
   a) ar-condicionados
   b) mulas sem cabeça
   c) primeiros-ministros
   d) segundos-sargentos

142) **Só está correto o plural em:**
   a) arcos-íris
   b) alto-relevos
   c) obras-primas
   d) cola-tudos

143) **Assinale o erro na formação do plural.**
   a) lança-perfumes
   b) lugar-tenentes
   c) francos-italianos
   d) homens-rã

144) **Marque o erro de plural.**
   a) bem-te-vis
   b) bumba meu boi
   c) mapas-múndi
   d) altos-falantes

145) **Assinale o erro de plural.**
   a) públicas-formas
   b) mãos de obra
   c) meias-noites
   d) sem-vergonhas

146) **Assinale a palavra correta quanto ao plural.**
   a) altares-mor
   b) quebra-molas
   c) pronto-socorros
   d) decreto-leis

147) **Assinale o erro na formação do plural.**
   a) leva e traz
   b) vitórias-régias
   c) recos-reco
   d) guardas-florestais

148) **Marque o erro na formação do plural.**
   a) pai-nossos
   b) ganha-pães
   c) corre-corres
   d) chapéu de sóis

149) **Há erro de plural em:**
   a) rubros-negros
   b) beija-flores
   c) louva-a-deus
   d) tico-ticos

ORIENTAÇÃO ORTOGRÁFICA
FORMAS VARIANTES

Em português, há uma grande quantidade de palavras que admitem mais de uma forma. Você tem abaixo uma boa relação, que convém aprender. Caso precise usar algumas delas, dê preferência às da primeira coluna, embora todas sejam corretas.

abdome	ou	abdômen
acumular	ou	cumular
alarme	ou	alarma
aluguel	ou	aluguer
ainda	ou	inda
amídala	ou	amígdala
anchova	ou	enchova
arranco	ou	arranque
assobiar	ou	assoviar
bêbado	ou	bêbedo
bilhão	ou	bilião
bílis	ou	bile
botijão	ou	bujão
cãibra	ou	câimbra
cálice	ou	cálix
carroçaria	ou	carroceria
cerume	ou	cerúmen
champanha	ou	champanhe
chimpanzé	ou	chipanzé
coisa	ou	cousa
contato	ou	contacto
cosmo	ou	cosmos
covarde	ou	cobarde
cuspe	ou	cuspo

derrubar	ou	derribar
desfazer	ou	esfazer
desperdiçar	ou	esperdiçar
diabetes	ou	diabete
doido	ou	doudo
dois	ou	dous
dourar	ou	doirar
duradouro	ou	duradoiro
elíptico	ou	elítico
espécime	ou	espécimen
espuma	ou	escuma
flauta	ou	frauta
flecha	ou	frecha
floco	ou	froco
foice	ou	fouce
frenesi	ou	frenesim
garçom	ou	garção
germe	ou	gérmen
hemorroidas	ou	hemorroides
hidroavião	ou	hidravião
hidroelétrico	ou	hidrelétrico
intricado	ou	intrincado
isósceles	ou	isóscele
lavanderia	ou	lavandaria
leiteria	ou	leitaria
louro	ou	loiro
marimbondo	ou	maribondo
neblina	ou	nebrina
noite	ou	noute
nômade	ou	nômada
piaçaba	ou	piaçava
plêiade	ou	plêiada
percentagem	ou	porcentagem
quadriênio	ou	quatriênio

quatorze	ou	catorze
quisto	ou	cisto
quociente	ou	cociente
quota	ou	cota
quotidiano	ou	cotidiano
radioativo	ou	radiativo
rasto	ou	rastro
reescrever	ou	rescrever
registrar	ou	registar
rubi	ou	rubim
ruptura	ou	rotura
serenar	ou	asserenar
soalho	ou	assoalho
sobressalente	ou	sobresselente
soprar	ou	assoprar
taberna	ou	taverna
terraplenagem	ou	terraplanagem
tesoura	ou	tesoira
tesouro	ou	tesoiro
toucinho	ou	toicinho
touceira	ou	toiceira
traje	ou	trajo
trasladar	ou	transladar
trilhão	ou	trilião
voleibol	ou	volibol
xale	ou	xaile

Obs.: Em alguns casos, há três possibilidades.
   Ex.: traspassar, trespassar, transpassar
       nenê, neném, nené
       infarto, enfarte, enfarto

PARA ESCREVER BEM

DENOTAÇÃO E CONOTAÇÃO

Quando usamos as palavras, elas podem ser tomadas em seu sentido original, básico, ou, em diversas situações, ser empregadas com significados especiais. No primeiro caso, temos a denotação: no segundo, a conotação.

Ex.: Gosto muito de **maçã**. (a própria fruta: valor denotativo)

Gosto muito da **maçã** de seu rosto. (não se trata mais da fruta: valor conotativo)

Você pode aproveitar-se disso em sua redação. Apenas, não exagere. Na dúvida, não use. Veja outros exemplos:

Atirou uma **pedra** no lago.
Aquele homem era uma **pedra** em sua vida.
Colhi uma **rosa** no jardim.
Minha filha é uma **rosa**.
Li um ótimo **livro**.
Minha vida é um **livro** aberto.
O café está **doce**.
Ela tem um sorriso **doce**.

FIGURAS DE LINGUAGEM

A linguagem figurada (emprego das figuras) é um recurso utilizado principalmente em textos literários, mas não é exclusividade deles. Os exemplos de conotação, mostrados acima, constituem uma figura conhecida como **metáfora**.

A utilização adequada das figuras afasta o texto do corriqueiro, do lugar-comum. Daí sua importância, seja o texto literário ou não.

Ao expor o assunto de maneira sucinta, não vai interessar-nos a clássica divisão das figuras: de palavras, de pensamento e de sintaxe. Vamos apresentar algumas, que podem eventualmente ser utilizadas em sua redação. Mas lembre-se: use pouco, ou mesmo não utilize as figuras, se não se sentir seguro. Muita gente estraga o seu texto julgando que o está embelezando ou valorizando. Sua redação, como já foi dito, tem de ser equilibrada, sem ultrapassar os limites do bom senso.

■ ALGUMAS FIGURAS IMPORTANTES

1) Metáfora: comparação não enunciada.
   Ex.: Ela é delicada como um lírio. (comparação)
   Ela é um lírio. (metáfora)

Portanto, existe a metáfora quando se estabelece indiretamente a comparação. Outros exemplos:

   O estivador é forte como um touro.
   O estivador é um touro.
   Ela é boa como um anjo.
   Ela é um anjo.

Obs.: Fuja das comparações extravagantes, que levam a metáforas de mau gosto.
   Ex.: A mobília da boca. (comparação entre dentes e mobília)

2) Metonímia: troca de palavras, quando há entre elas uma relação real, objetiva. Há vários tipos de metonímia.
   Ex.: Sempre li Machado de Assis. (obra/autor)
   Não tinha um teto onde morar. (todo/parte)
   Respeito muito a velhice. (concreto/abstrato)

3) Hipérbole: exagero.
   Ex.: O trem voava. (corria muito)
   Estava morrendo de rir. (ria muito)

4) Prosopopeia: personificação de algo.
   Ex.: As plantas se alegraram com sua presença. (quem se alegra é o ser humano)

5) Eufemismo: suavização.
   Ex.: Ele é pouco delicado. (para não dizer rude)

6) Pleonasmo: repetição de termo ou ideia.
   Ex.: O aluno, ninguém o viu na escola. (**o** = **o aluno**)
   Obs.: Na análise sintática, temos: **o aluno** – objeto direto; **o** – objeto direto pleonástico.
   Vi tudo com meus próprios olhos. (só se pode ver com os olhos)
   Obs.: É preferível não usar em sua redação esse segundo tipo de pleonasmo. Há construções condenadas, como **entrar para dentro**, **subir para cima** etc.

7) Sinestesia: mistura de sentidos.
   Ex.: Ouviu um som colorido. (som: audição; colorido: visão)

8) Elipse: omissão de termo facilmente subentendido.
   Ex.: Gosto de frutas. (eu)
   Ele estava ali, os olhos postos no chão. (com)

9) Zeugma: tipo de elipse em que o termo omitido apareceu antes.
   Ex.: Ele trouxe canetas e lápis: ela, cadernos e livros. (trouxe)
   Obs.: Figura importante para evitar a repetição de palavras.

10) Antítese: emprego de antônimos.
    Ex.: Tinha tudo, hoje não possui nada.

11) Hipálage: adjetivação de um termo em vez de outro.
    Ex.: O voo branco das garças. (as garças é que são brancas)

■ OBSERVAÇÕES FINAIS

a) Convém evitar certas figuras de repetição (anáfora, epístrofe etc.). Também é perigoso o emprego da silepse, que envolve concordância. Por isso, preferimos não mostrá-las.

b) Se sentir necessidade, valorize o texto com alguma figura. Mas **você não é obrigado a fazê-lo**, para que a redação seja boa. Estude muito antes de utilizar semelhante recurso. Não corra riscos de espécie alguma!

EXERCÍCIOS

150) Identifique e classifique as figuras.
1) "O Sol é um sino de ouro... "
2) Alguém pode emprestar-me o Bechara?
3) "Perfume frio de estrelas... "
4) Ele espera tudo se ajeite logo.
5) Você sempre tem um milhão de coisas para fazer.
6) "A vaia amarela dos papagaios rompe o silêncio da despedida."
7) O monstro pisou as flores com seus pés enormes.
8) Paulo tem alguns apartamentos; Henrique, apenas um.
9) Você não foi feliz na prova.
10) 'Saiba morrer o que viver não soube."
11) "A vida – manso lago azul... "
12) Ele ganha a vida com muito suor.
13) O céu estava risonho.
14) Teus ombros suportam o mundo.
15) A vida, é necessário vivê-la com equilíbrio.
16) Ele pegou o que não lhe pertencia.
17) "A vida assim é uma roseira fresca... "
18) "Residem juntamente no meu peito um demônio que ruge e um deus que chora."
19) Os jardineiros estão matando todas as sombras.
20) A flor, amassada, gemeu em suas mãos.

EXERCÍCIOS ESTRUTURAIS

RESUMO DE TEXTOS (I)

A partir de agora, vamos aprender técnicas de resumo. Ao resumir corretamente os textos, a pessoa:
a) aprende a escrever com simplicidade e clareza;
b) passa a entender mais profunda e claramente aquilo que lê;
c) retém por mais tempo as informações contidas nos textos;
d) melhora sensivelmente nos estudos, escolares ou não.

Contudo, não se esqueça de que não há milagres, ou seja, você precisa se esforçar e treinar sempre. Não esmorecer é o ponto de partida para quem realmente quer evoluir, seja no que for. Escrever não é uma exceção a essa regra. Leia e escreva sempre, que o progresso virá.

Assim, passemos aos resumos. Observe atentamente o texto. Verifique nele determinadas situações, que mostraremos a seguir.

a) Emprego de adjetivos que possam ser retirados sem perda significativa da ideia; da mesma forma, os artigos, definidos ou indefinidos.
Ex.: O bom e aplicado aluno estuda sempre.
Bom aluno estuda sempre.

Se o aluno é bom, com certeza é aplicado. É um adjetivo dispensável. Como a afirmação tem caráter genérico, não há necessidade do artigo.

b) Determinados pronomes, principalmente os indefinidos.
Ex.: Há muita gente que não pensa assim.
Há gente que não pensa assim.

c) Expressões que possam ser transformadas em um só palavra, ou numa expressão menor.
Ex.: É conveniente que estudemos.
Convém estudarmos.

d) Palavras, expressões e até orações que nada acrescentem ao texto.
Ex.: O leão, que é um animal feroz, assustou as crianças.
O leão assustou as crianças.

Se você precisa memorizar a ideia desse trecho, não precisa da oração iniciada pelo **que**, pois o fato de o leão ser feroz é algo que você naturalmente já sabe.

Digamos, no entanto, que se queira, por qualquer motivo, realçar a ferocidade do animal. Ainda assim, pode-se resumir a frase: O leão, feroz, assustou a criança.

e) Adjuntos adverbiais que nada signifiquem no contexto.
Ex.: Logo mais à noite, depois do jantar, conversaremos melhor.
Depois do jantar, conversaremos melhor.

A palavra **jantar** pressupõe a ideia de **logo mais à noite**, pois apenas se janta à noite. Por que os dois juntos?

f) Predicados nominais que possam ser trocados por um único verbo.
Ex.: A criança ficou exageradamente gorda, obesa.
A criança engordou demais.

g) Orações adverbiais que possam ser trocadas por um simples adjunto adverbial, ou por oração sem conjunção.
Ex.: Ficou triste porque estava chovendo bastante.
Ficou triste por causa da chuva
Chovendo, ficou triste.

h) Apostos óbvios podem ser retirados do texto. A ideia já está na sua cabeça.
Ex.: Castro Alves, grande poeta do Romantismo brasileiro, foi homenageado ali.
Castro Alves foi homenageado ali.

■ EXEMPLOS DIVERSOS

1) Alguns homens, usando amplos macacões de várias cores e matizes, chegaram para providenciar o reparo das instalações de nossa bonita casa.
   Homens com macacões coloridos chegaram para reparar a casa.

2) A boa mulher faz constantemente caridade para muitas pessoas daquela pobre região.
   A mulher faz caridade para pessoas da região.

3) "Nuvens de poeira encobriam a cidade sob um véu denso. Pombos voavam atordoados, fugindo à tormenta próxima. Os silvos das locomotivas vibravam com maior intensidade. E surdos, longínquos, ameaçadores trovões roncavam." (Coelho Neto, in A Conquista)
   Poeira encobria a cidade. Pombos fugiam à tormenta. Silvavam as locomotivas. Além, roncavam trovões.

4) Vários animais, tanto mansos como ferozes, fugiram do jardim zoológico, evidentemente deixando assustada a indefesa população do local.
   Animais fogem do zoo e assustam o povo.

EXERCÍCIOS

151) Resuma os trechos seguintes, procurando manter a ideia central.

1) "Debaixo do sol ardente desciam e subiam morros, e durante as primeiras horas Maria marchava lépida, apesar de tudo. Mais tarde começou a fraquear e era com dificuldade que prosseguia. Sentaram-se às sombras das árvores, à beira dos caminhos. Descendo das regiões férteis, passavam tropas de burros carregados para o Porto Cachoeiro, passavam viajantes montados, escoteiros, passava gente a pé, e só eles, descuidados, se deixavam ficar ali." (Graça Aranha, *in* Canaã)

2) "Pelo recorte da janela que abria para o quintal, via-se já a gigantesca armação do circo, que estava sendo levantado no Largo da Cadeia. As vigas erguiam-se do solo, à espera da cobertura de lona, e havia, ao longo do escampado, uma confusão de jaulas e barras de ferro, por entre o rumor dos guinchos e urros que a cada instante abalavam o sossego da praça." (Josué Montelo, *in* O Labirinto de Espelhos)

3) "Os garotos estavam indóceis, à espera do grande mocinho norte-americano, de passagem pelo Rio, que prometera ir pessoalmente à televisão. Na calçada, os brinquedos não engrenavam, ninguém tinha alma para os jogos de todo dia. A proximidade do herói, num ponto qualquer da cidade, os punha nervosos; e pediam a hora a quem passava, sentindo que o tempo trabalhava de bandido, em sua lentidão." (Carlos Drummond de Andrade, *in* A Bolsa & a Vida)

4) "As crianças, adiante, voltavam os olhos dolorosamente para o diretor, segurando-se uns aos outros pelos ombros, seguindo em grupos atropelados como carneiros para a matança." (Raul Pompeia, *in* O Ateneu)

5) "Ao criticar o modo capitalista de produção, Marx, analisando o trabalho assalariado, descobre a **mais-valia**, que consiste no valor que o operário cria além do valor de sua força de trabalho, e que é apropriado pelo capitalista. Para comprovar isto, Marx mostra que a relação de contrato livre é mera aparência e que, na verdade, o desenvolvimento do capitalismo supõe a exploração do trabalho do operário. O capitalista contrata o operário para trabalhar durante um certo período de horas a fim de alcançar uma determinada produção. Mas ocorre que o trabalhador, estando disponível todo o tempo, acaba produzindo mais do que foi calculado inicialmente. Ou seja, a força de trabalho pode criar um valor superior. A parte do **trabalho excedente** não é paga ao operário, mas serve para aumentar cada vez mais o capital." (Maria Lúcia de Arruda Aranha, *in* História da Educação)

ENRIQUECIMENTO DO VOCABULÁRIO

EXERCÍCIOS

152) Assinale o sinônimo ou significado do termo destacado.

1) Começou a **borrifar** o líquido.
   a) engarrafar
   b) espalhar
   c) coar
   d) gelar

2) A presença do **saltimbanco** deixou-o feliz.
   a) banqueiro
   b) vizinho
   c) pessoa prestativa
   d) espécie de artista popular

3) Por ser **pródigo**, seu avô o deserdou.
   a) antipático
   b) inútil
   c) desonesto
   d) esbanjador

4) Não conheço maior **sandice**.
   a) abuso de poder
   b) problema
   c) insensatez, tolice
   d) desrespeito

5) Foi uma decisão **inexorável**.
   a) inadiável
   b) inabalável
   c) imprópria
   d) admirável

6) Admirava as paisagens **bucólicas**.
   a) tranquilas
   b) campestres
   c) vizinhas
   d) sagradas

7) Por **alvitre** dos parentes, procedeu-se à pintura da casa.
   a) sugestão
   b) omissão
   c) rogo
   d) decisão

8) Uma foto **esmaecida** pendia da parede suja.
   a) amassada
   b) amarelada
   c) desbotada
   d) riscada

9) Mais um **estropício**, e voltarei para a minha cidade.
   a) maledicência
   b) acidente
   c) aviso fúnebre
   d) prejuízo

10) Pensei que fôssemos **coetâneos**.
    a) colegas
    b) compatriotas
    c) contemporâneos
    d) coerentes

11) Desejava **sofrear** antigas dores.
    a) reprimir, conter
    b) esquecer
    c) abrandar, suavizar
    d) ocultar

12) Preferia trabalho **diuturno**.
    a) diário
    b) sem vínculo
    c) complicado
    d) de longa duração

13) É pessoa de coração **empedernido**.
    a) meigo
    b) flexível
    c) duro, insensível
    d) ferido, magoado

14) Era uma atividade **empírica**.
    a) pessoal, subjetiva
    b) profissional
    c) sem base científica
    d) sem sentido

15) **Ressabiado**, o engenheiro desistiu da obra.
    a) aborrecido
    b) desconfiado
    c) triste
    d) preocupado

16) No silêncio do quarto, punha-se a **urdir** a revolução.
    a) tramar
    b) desejar
    c) analisar
    d) pesquisar

17) Aguardava a **peroração** com ansiedade.
   a) pronunciamento detalhado
   b) revogação de uma lei
   c) recuperação
   d) epílogo

18) Costuma **obtemperar** que o trabalho é difícil.
   a) reconhecer
   b) queixar-se
   c) dizer com convicção
   d) responder com humildade

19) **Obtuso** por natureza, ele não poderia prestar o serviço.
   a) perverso
   b) preguiçoso
   c) estúpido
   d) desorganizado

20) É profunda a **estesia** de um artista.
   a) sensibilidade
   b) grandeza
   c) intuição
   d) força de vontade

21) Estava prestes a **solapar** o que construímos.
   a) reconhecer
   b) valorizar
   c) diminuir
   d) destruir

22) Queríamos **abarcar** todo o lugarejo.
   a) atrair
   b) abranger
   c) ajudar
   d) percorrer de barco

23) Não devemos **entronizar** as pessoas.
   a) prejudicar
   b) sublimar
   c) incentivar exageradamente
   d) humilhar

24) Vimos **bruxulear** a última estrelinha.
   a) desaparecer
   b) esconder-se
   c) brilhar fracamente
   d) apagar-se

25) Só empregava **abstêmios**.
   a) que se abstêm de carnes
   b) que se abstêm de bebidas alcoólicas
   c) que se abstêm de sal
   d) que se abstêm de açúcar

26) Não admitia **vitupérios**.
   a) traições
   b) falhas
   c) deboches
   d) insultos

27) Meteu-se em um caminho **esconso**.
   a) inclinado
   b) escuro
   c) imundo
   d) misterioso

28) Era o **escopo** de toda uma vida.
   a) alegria
   b) ilusão
   c) objetivo
   d) descontentamento

29) Destaca-se a **pujança** de seu pensamento.
   a) beleza
   b) atualidade
   c) pureza
   d) grandeza

30) Levava uma vida **infausta**.
   a) desregrada
   b) infeliz
   c) descompromissada
   d) contraditória

31) Não o deixaram **lapidar** os infelizes.
   a) libertar
   b) amparar
   c) prender
   d) apedrejar

32) Habitavam a África **setentrional**.
   a) do norte
   b) separatista
   c) do sul
   d) do futuro

33) Temia o **paul** junto à sua casa.
   a) poço
   b) canal
   c) pântano
   d) matagal

34) Encontrei uma parede muito lisa, com belos **revérberos** que me inspiravam.
   a) desenhos
   b) quadros
   c) reflexos
   d) inscrições

35) Tenho uma proposta **basilar**.
   a) inequívoca
   b) irrecusável
   c) excelente
   d) fundamental

36) Constituíam a **quintessência** da sociedade.
   a) o que há de melhor, de mais puro
   b) a parte pior, podre
   c) o mais desenvolvido intelectualmente
   d) realidade

37) O jovem, **solerte**, não aceitou a oferta.
   a) temeroso
   b) prudente
   c) astuto
   d) nervoso

38) Teu companheiro é **pernóstico**.
   a) presunçoso, convencido
   b) desagradável
   c) detalhista, minucioso
   d) desonesto

39) Ensinava a seus alunos o **primado** do amor.
   a) beleza
   b) primitivismo
   c) ingenuidade
   d) superioridade

40) Morava em uma **tapera** nas cercanias da cidade.
   a) casa em ruínas
   b) vila modesta
   c) fazenda muito grande
   d) condomínio de luxo

41) Num outro **ensejo**, conversaremos melhor.
   a) local
   b) reunião
   c) data
   d) oportunidade

42) Passou o dia **ensimesmado**, esperando a resposta.
   a) chateado
   b) desanimado
   c) introvertido
   d) excitado

43) Isso lhe servirá de **acicate**.
   a) obstáculo
   b) proteção
   c) guia
   d) estímulo

44) Encontrei os objetos já **acondicionados**.
   a) guardados
   b) liberados
   c) preparados
   d) lavados

45) Imaginava-se a **arrostar** heroicamente os inimigos.
   a) derrotar
   b) prender
   c) expulsar
   d) encarar

■ TEMAS PARA REDAÇÃO
1) Sempre haverá uma esperança
2) O petróleo domina o mundo
3) Um sorriso
4) A beleza está nos olhos de quem vê
5) A língua é o instrumento maior da cultura de um povo

OITAVA LIÇÃO

ENERGIA

O homem sem iniciativa, que tudo espera do acaso, é como o mendigo, que vive de esmolas.

A mais bela coragem é a confiança que devemos ter na capacidade do nosso esforço.

O que sobe por favor deixa sempre um rastro de humilhação.

O caminho está aberto a todos e se uns vencem e alcançam o que almejam não é porque sejam predestinados, senão porque forçaram os obstáculos com arrojo e tenacidade.

Não há arrimo mais firme do que a vontade. O que se fia em si mesmo é como o que viaja com roteiro e provido de farnel e não perde tempo em informar-se do caminho nem em buscar estalagem para comer.

Só há uma sina a que o homem não pode fugir – é o trabalho, ponte lançada sobre o abismo da miséria, no fundo do qual gemem todas as dores, rugem todos os vícios e escabujam em lama todas as vergonhas.

É um passo estreito, por vezes oscilante, mas quem se atira por ele com firmeza de ânimo e olhar alevantado atravessa-o alcançando, no outro lado, a fortuna.

Quem desanima ou se deixa vencer pelo terror fica na pobreza ou rola do alto e, uma vez caído, só com redobrado esforço conseguirá voltar acima, ferindo-se nas arestas dos alcantis, e às vezes trazendo manchas de lama, que é o fundo do precipício.

Aquele que confia em si anda sempre de olhos abertos; o que se entrega a outrem vai como cego e tanto pode ser guiado para o bem como dirigido para o mal.

A fortuna é como o fruto que se não dá senão a quem o vai colher no ramo; esperá-lo debaixo da árvore até que se desprenda do galho é dispor-se a comê-lo podre.

O homem que diz "Eu quero!" é como a ave que se levanta na força das próprias asas, cruzando o espaço como entenda; aquele que diz: "Eu espero..." é como a frecha que só se dirige na direção da pontaria caindo, inerte, desde que cesse o impulso da corda que a disparou.

Só os fracos, os impotentes quedam na resignação, os enérgicos insurgem-se, lutam, dão combate à vida e vencem.

(Coelho Neto, *in* Breviário Cívico)

GRAMÁTICA

FLEXÃO VERBAL

O verbo é uma classe gramatical que indica normalmente ação, estado ou fenômeno.

Ex.: correr – ação

ser – estado

chover – fenômeno

O verbo se flexiona em modo, tempo, pessoa, número e voz. Assim, temos:

I) **Flexão de modo**: indicativo, subjuntivo e imperativo.

Ex.: Pedi ajuda. (indicativo)

Que eu peça ajuda. (subjuntivo)

Peça ajuda! (imperativo)

II) **Flexão de tempo**: presente, pretérito (passado) e futuro.

■ TEMPOS DO INDICATIVO

1) Presente: falo, falas etc.
2) Pretérito:
   – perfeito: falei, falaste etc.
   – imperfeito: falava, falavas etc.
   – mais-que-perfeito: falara, falaras etc.
3) Futuro:
   – do presente: falarei, falarás etc.
   – do pretérito: falaria, falarias etc.

■ TEMPOS DO SUBJUNTIVO

1) Presente: que eu fale, que tu fales etc.
2) Pretérito imperfeito: se eu falasse, se tu falasses etc.
3) Futuro: quando eu falar, quando tu falares etc.

■ NO IMPERATIVO

Não há, no modo imperativo, divisão de tempo. O imperativo é sempre presente. O importante é saber utilizá-lo, tanto no afirmativo, como no negativo.

Para se conjugar um verbo no imperativo, deve-se seguir a seguinte regra:

1) Imperativo afirmativo: **tu** e **vós** saem do presente do indicativo, cortando-se a letra **s**; **você**, **nós** e **vocês**, do presente do subjuntivo.
   Ex.: Imperativo afirmativo do verbo **comprar**.

compro			compre		
compras	⇨	compra (tu)	compres		
compra			compre	⇨	compre (você)
compramos			compremos	⇨	compremos (nós)
comprais	⇨	comprai (vós)	compreis		
compram			comprem	⇨	comprem (vocês)

Reunindo as formas verbais, temos o imperativo afirmativo do verbo comprar: compra, compre, compremos, comprai, comprem.

2) Imperativo negativo: forma-se do presente do subjuntivo mais a palavra **não**.

Assim, o imperativo negativo do verbo comprar é: não compres, não compre, não compremos, não compreis, não comprem.

> **OBSERVAÇÕES**
>
> a) Não existe, no imperativo, a primeira pessoa do singular.
>
> b) O verbo **ser** não segue a regra do imperativo afirmativo, apenas a do negativo.
>
> Imperativo afirmativo do verbo **ser**: sê, seja, sejamos, sede, sejam.

III) **Flexão de número**: singular ou plural.
   Ex.: canto – singular
   cantamos – plural

IV) **Flexão de pessoa**: 1ª, 2ª e 3ª.
   Ex.: ando, andamos – primeira pessoa
   andas, andais – segunda pessoa
   anda, andam – terceira pessoa

V) **Flexão de voz**: ativa, passiva, reflexiva
1) Voz ativa: o sujeito pratica a ação verbal.
   Ex.: O homem lavou a garagem.
2) Voz passiva: o sujeito sofre a ação.
   Ex.: A garagem foi lavada pelo homem. (passiva analítica ou verbal)
   Lavou-se a garagem. (passiva sintética ou pronominal). Veja concordância verbal.
3) Voz reflexiva: o sujeito pratica e sofre a ação.
Ex.: O homem se lavou. (O **se** é pronome reflexivo)

Há muitos verbos em português que apresentam problemas em sua conjugação. Vamos, a partir de agora, mostrar alguns desses verbos.
1) Verbos derivados de outros (repor, conter, convir, rever etc.) conjugam-se como os verbos primitivos. Veja, na segunda parte do livro, a tabela de conjugação completa de vários verbos importantes do português.
   Ex.: eu pus – eu repus; quando você tiver – quando você retiver
Obs.: Não seguem integralmente os seus primitivos os verbos **prover** e **requerer**, que veremos adiante.

2) Os verbos terminados em **ear** são assim conjugados no presente (do indicativo e do subjuntivo):

pass**ei**o	pass**ei**e
pass**ei**as	pass**ei**es
pass**ei**a	pass**ei**e
passeamos	passeemos
passeais	passeeis
pass**ei**am	pass**ei**em

Esses verbos apresentam o ditongo **ei**, com exceção da 1ª e da 2ª pessoas do plural (nós e vós). Também aparece o ditongo nas pessoas do imperativo correspondentes. Nos outros tempos, não aparece o ditongo.

3) Os verbos terminados em **iar** não apresentam o ditongo **ei**.
Ex.: confio, confias confia etc.; confie, confies, confie etc.

Obs.: Os verbos **mediar, ansiar, remediar, incendiar, odiar** e **intermediar**, apesar de terminarem em **iar**, trazem o ditongo **ei**.

Ex.: med**ei**o	med**ei**e
med**ei**as	med**ei**es
med**ei**a	med**ei**e
mediamos	mediemos
mediais	medieis
med**ei**am	med**ei**em

4) Os verbos **aderir, preterir, discernir, concernir, impelir, expelir, repelir, competir** mudam o **e** do radical para **i** na primeira pessoa do singular do presente do indicativo e em todo o presente do subjuntivo.
Ex.: adiro, aderes, adere etc.; adira, adiras, adira etc.
pretiro, preteres, pretere etc.; pretira, pretiras, pretira etc.

5) Verbos que têm ditongo decrescente (**ei, ou**) não o perdem em tempo algum.
Ex.: inteirar: inteiro, inteiras, inteira etc.
estourar: estouro, estouras, estoura etc.

6) Verbo **mobiliar** tem **i** tônico no presente, menos na 1ª e na 2ª pessoas do plural.
Ex.: mobílio, mobílias, mobília etc.; mobílie, mobílies, mobílie etc.

7) O verbo **requerer** é irregular na 1ª pessoa do singular do presente do indicativo e em todo o presente do subjuntivo.
Ex.: requeiro, requeres, requer etc.; requeira, requeiras, requeira etc.

8) O verbo **prover** não se conjuga pelo verbo **ver** nos seguintes casos:
   a) pretérito perfeito: provi, proveste, proveu, provemos, provestes, proveram
   b) pretérito mais-que-perfeito: provera, proveras, provera etc.
   c) pretérito imperfeito do subjuntivo: provesse, provesses, provesse etc.
   d) futuro do subjuntivo: prover, proveres, prover etc.
   e) particípio: provido

Obs.: Nos outros tempos, basta conjugar o verbo **ver** e colocar o prefixo **pro**.
   Ex.: vejo, vês, vê etc. – provejo, provês, provê etc.

9) Há verbos que não se conjugam em todas as pessoas. São chamados **defectivos**. Veja a conjugação de alguns importantes.
   a) colorir, abolir, banir, feder
      Presente do indicativo: aboles, abole, abolimos, abolis, abolem
      Presente do subjuntivo: não existe.
      No pretérito e no futuro, são completos.
   b) adequar, falir, reaver, precaver-se, remir
      Presente do indicativo: adequamos, adequais
      Presente do subjuntivo: não existe.
      No pretérito e no futuro, são completos.
   c) doer, acontecer, ocorrer: só se conjugam nas terceiras pessoas (de todos os tempos).
      Ex.: dói, doem; doía, doíam; doesse, doessem

OBSERVAÇÕES

a) chover, ventar, trovejar etc.: verbos de fenômenos da natureza; não são considerados defectivos, embora sejam incompletos. São verbos impessoais e só se conjugam na 3ª pessoa do singular (de todos os tempos). São completos em sentido figurado.
   Ex.: chove, chovia, choverá
      Porém: Choveram dúvidas.

b) latir, miar, cacarejar etc.: verbos de vozes de animais; também não devem ser considerados defectivos, apesar de incompletos. São verbos unipessoais, ou seja, conjugam-se na 3ª pessoa (singular e plural). Completos, só em sentido figurado.
   Ex.: late, latem; miava, miavam; cacarejou, cacarejaram

10) Há verbos que possuem mais de uma forma para o mesmo caso. São os abundantes. Geralmente a abundância ocorre no particípio. Eis alguns:

Infinitivo	Particípio regular	Particípio irregular
aceitar	aceitado	aceito
acender	acendido	aceso
eleger	elegido	eleito
entregar	entregado	entregue
enxugar	enxugado	enxuto
expressar	expressado	expresso
extinguir	extinguido	extinto
fritar	fritado	frito
ganhar	ganhado	ganho
gastar	gastado	gasto
imprimir	imprimido	impresso
limpar	limpado	limpo
matar	matado	morto
morrer	morrido	morto
pagar	pagado	pago
prender	prendido	preso
salvar	salvado	salvo
suspender	suspendido	suspenso

OBSERVAÇÕES

a) Usam-se, normalmente, os particípios regulares com os verbos **ter** e **haver**; os irregulares, com verbos da voz passiva (**ser**, **estar**, **ficar**), quando então eles podem flexionar-se.
   Ex.: Tenho acendido as luzes.
   As luzes foram acesas.

b) Os particípios irregulares **ganho** e **pago** podem ser usados nos dois casos.
   Ex.: Tinha pago (ou pagado) a conta.
   A conta já foi paga.

EXERCÍCIOS

153) **Assinale o erro de flexão verbal.**
   a) Não **valho** somente por meu dinheiro.
   b) **Estejamos** atentos.
   c) Quando ele **ver** o resultado, ficará feliz.
   d) **Pus** o cão no canil.

154) **Marque o erro de flexão verbal.**
   a) Se ele **viesse** logo, não perderia o início do jogo.
   b) Não **durmo** demais.
   c) Ele **creu** no que lhe contaram.
   d) **Requero** agora a minha licença.

155) **Há erro de flexão verbal em:**
   a) **Repilo** todas as formas de violência.
   b) Assim você **estoura** o orçamento.
   c) Ele sempre **mobilia** o apartamento.
   d) Não **caibo** naquele sótão.

156) **A única forma verbal correta é:**
   a) Eles **deporam** o rei.
   b) Se alguém **intervir**, avise-me.
   c) Quando você **contiver** as palavras, não arranjará mais problemas.
   d) Ninguém **refazerá** o que foi destruído.

157) **Marque a forma verbal correta.**
   a) Se isso lhe **convir**, será feito.
   b) Desejo algo que **condiga** com minha personalidade.
   c) Quando **revermos** as provas, resolveremos o problema.
   d) Alguém **reteu** o trânsito.

158) **Assinale o erro de flexão verbal.**
   a) Espero que nada **receiem**.
   b) O motorista tinha **freiado** o carro.
   c) É melhor que nos **penteemos**.
   d) Seguiu **ladeando** a rua.

159) **Marque a forma verbal correta.**
   a) Eles **ceiavam** muito cedo.
   b) Uma coisa **remedia** a outra.
   c) Se ele **passeiasse** mais, seria menos tenso.
   d) Todos **anseiam** por justiça.

160) Nas frases abaixo, apenas uma forma verbal existe oficialmente na língua portuguesa. Assinale-a.
   a) **Abulo** todos os privilégios.
   b) Ele deseja que eu me **precavenha**.
   c) O funcionário não se **adequa** ao serviço.
   d) **Compito** com lealdade.

161) Assinale o erro de flexão verbal.
   a) Tínhamos **expulso** o encrenqueiro.
   b) As desculpas foram **aceitas**.
   c) Já haviam **imprimido** o jornal.
   d) O bolinho foi **frito** no azeite.

162) Complete com as formas adequadas do imperativo.
   ....aos teus pais o resultado, mas não...............ansioso.
   a) Mostre, fique
   b) Mostra, fiques
   c) Mostra, fique
   d) Mostre, fiques

163) Complete adequadamente a frase.
   ....à sua amiga que você está sem dinheiro,............... ajuda, porém não............... outras pessoas.
   a) Dize, peça, procura
   b) Diga, peça, procure
   c) Dize, pede, procura
   d) Diga, pede, procure

164) Passe da voz ativa para a passiva analítica. Não pode haver mudança de sentido.
   Modelo: Fiz o trabalho.
      O trabalho foi feito por mim.
   1) Meu avô chamou o padeiro.
   2) Poucos farão a prova no domingo.
   3) Alugaram o apartamento.
   4) Que o operário construa o muro.
   5) Se os marinheiros consertarem o navio.
   6) Muita gente admirava aquela estátua.
   7) Paulo percebera o perigo.
   8) Todos tinham lido a notícia.
   9) Todos estavam lendo a notícia.
   10) Todos leram a notícia.
   11) Tu compras verduras.
   12) A empregada passaria a roupa.

165) **Passe da voz passiva analítica para a ativa. Não pode haver mudança de sentido.**
Modelo: Árvores são cortadas pela prefeitura.
   A prefeitura corta árvores.
   1) És amado por ela.
   2) Ele é amado por ela.
   3) As cartas deveriam ser enviadas pelo gerente.
   4) As cartas seriam enviadas pelo gerente.
   5) Que um novo quadro seja pintado pelo artista.
   6) Quando a música for composta pelo sambista.
   7) Sou estimado por todos naquela família.
   8) Tu foras avisado por mim.
   9) A novela será alterada pelo novo autor.
   10) Se a paisagem fosse retratada com fidelidade pelos pintores.
   11) Ontem fomos vistos pela turma.
   12) O carro era lavado por ti.

ORIENTAÇÃO ORTOGRÁFICA

EMPREGO DE MAIÚSCULAS (I)

Assunto importante que exige um certo cuidado, o emprego correto das letras iniciais depende de algumas regras simples, que passamos a resumir.

Não tente fugir ao problema com o velho truque de escrever com letra de forma, pois sua redação, em uma prova, perderá pontos ou será anulada.

1) Em nomes próprios de um modo geral
   Ex.: Osvaldo, Uruguai, Rio de Janeiro, Silva

2) No início de frases
   Ex.: Ontem comecei a escrever o livro.

3) Nas palavras **rua**, **avenida**, **praça**, **estrada** etc. quando antecedem o nome do logradouro; também é correta a minúscula.
   Ex.: Moro na Rua Torres Homem. (ou rua)
   Trabalhas na Avenida Rio Branco. (ou avenida)

Obs.: O mesmo para as abreviaturas.
   Ex.: Irei à Av. Atlântica. (ou av.)

4) Nos pronomes e expressões de tratamento, mesmo quando abreviados.
   Ex.: Vossa Senhoria, Sua Excelência, Ilustríssimo Senhor, V. M.

5) Nos títulos de livros, revistas, jornais, produções artísticas, literárias ou científicas.
   Ex.: Moderna Gramática Portuguesa, O Globo, Revista Filológica, O Capital

6) Nos nomes de épocas notáveis e eras históricas.
   Ex.: Idade Média, Era Atômica

7) Nas expressões que designam altos postos, dignidades ou cargos; também é correta a minúscula.
   Ex.: Ministro da Saúde (ou ministro), Presidente da República (ou presidente).

Obs.: Sem designar alguém em especial, grafam-se com minúsculas.
   Ex.: Você conheceu algum ministro?
   O Brasil teve inúmeros presidentes.

8) Em datas comemorativas.
   Ex.: Festejou o Dia das Mães.

9) Nos nomes que designam disciplinas escolares ou ciências; é emprego facultativo.
   Ex.: Passou com elogios em Português. (ou português)
   Doutorou-se em Astronomia. (ou astronomia)

EXERCÍCIOS

166) Corrija, quando necessário, o emprego das letras iniciais.

1) Expliquei-lhe que afrodite era uma entidade mitológica.
2) Trabalhei no jornal do Brasil.
3) Seu escritório fica na rua do Ouvidor.
4) Nunca ouvira falar da queda da Bastilha.
5) Foi ao museu apreciar a Gioconda.
6) Na Antiguidade clássica, algo assim seria impossível.
7) Dirijo-me ao excelentíssimo senhor prefeito buscando uma solução imediata do problema que ora vivo.
8) A via Láctea o deixava extático.
9) Consulte o Pequeno Guia da Literatura Universal.
10) Ensaiavam muito para o Sete de setembro.
11) Luís reside na Praça da República.
12) Leu O dia ainda pela manhã.
13) Não quis ir ao Teatro Municipal.
14) Apanhei na biblioteca o Manual de Análise.
15) Pegou um exemplar de Planeta.
16) Depositou o dinheiro na caixa Econômica.
17) Sua excelência estará presente.

PARA ESCREVER BEM

DESCRIÇÃO

É o tipo de redação que tem como base a forma, o objeto, a coisa. Descrever é mostrar detalhes de alguém, de um animal, de uma paisagem etc. Lembra a atuação de um fotógrafo captando a realidade do modelo, ou um pintor preocupado com as características físicas daquele ou daquilo que procura reproduzir. Observe atentamente o trecho seguinte.

"Prima Julieta caminhava em ritmo lento, agitando a cabeça para trás, remando os belos braços brancos. A cabeleira loura incluía reflexos metálicos. Ancas poderosas. Os olhos de um verde-azulado borboleteavam. A voz rouca e ácida, em dois planos; voz de pessoa da alta sociedade.

(Murilo Mendes, *in* A Idade do Serrote)

A linguagem descritiva tem a capacidade de levar o leitor a visualizar mentalmente o ser apresentado pelo escritor. Forma-se, na imaginação daquele, uma imagem muitas vezes vigorosa que o prende mais e mais à leitura, na ânsia natural de conseguir outros pormenores do objeto descrito. Júlia, do trecho acima, é loura, tem olhos verde-azulados e voz rouca. Ela ganha vida na mente de quem lê.

Veja agora como José de Alencar descreve a bela índia Iracema, numa das mais importantes obras de nossa literatura.

"Além, muito além daquela serra, que ainda azula no horizonte, nasceu Iracema.
Iracema, a virgem dos lábios de mel, que tinha os cabelos mais negros que a asa da graúna e mais longos que seu talhe de palmeira.
O favo da jati não era doce como seu sorriso; nem a baunilha recendia no bosque como seu hálito perfumado."

(José de Alencar, *in* Iracema)

Por meio de metáforas e comparações, o autor nos faz imaginar com muita precisão a bela selvagem: a cor e o comprimento dos cabelos, o sabor dos lábios atraentes e tentadores, a beleza e suavidade do sorriso e o hálito agradável, perfumado.

A descrição pode não ser física, mas psicológica, moral, espiritual. Descrever com perfeição os sentimentos do personagem pode ocasionar uma identificação entre ele e o leitor, que se sente, muitas vezes, como que fazendo parte da história. É a magia da literatura ou, pelo menos, de um bom texto.

Leia com atenção o trecho seguinte.

"O mestre, um tal de Antônio Pires, homem grosseiro, bruto, de cabelo duro e olhos de touro, batia nas crianças por gosto, por um hábito do ofício. Na aula só falava a berrar, como se dirigisse uma boiada. Tinha as mãos grossas, a voz áspera, a catadura selvagem; e quando metia para dentro um pouco mais de vinho, ficava pior."
(Aluísio de Azevedo, *in* Casa de Pensão)

O autor aqui faz uma admirável fusão entre a descrição física e a moral. Ao mesmo tempo em que o personagem é mostrado como um homem de olhos de touro, mãos grossas e voz áspera, é feito um outro tipo de retrato, mais profundo, porém intimamente ligado à descrição física: é uma pessoa grosseira, bruta, que bate nas crianças por simples prazer. Observe como o fato de ter mãos grossas se liga à sua condição de homem mau, um verdadeiro carrasco para seus alunos.

Outros exemplos de textos descritivos:

I

"O habitante do planeta é um pouco menos delgado que o ramo superior da paina e, sobre o seu corpo vertical, há uma peça esferoide, de pequenas dimensões, que se movimenta em algumas direções. A peça esferoide é coberta, na maior parte dos casos, com umas poucas protuberâncias delgadas, que, às vezes, atinge até a sua base. Na parte fronteiriça desta peça há dois pequeníssimos orifícios, postos lado a lado, encimados por um traço curvo, que se movimentam vagarosamente e se fecham e se abrem também vagarosamente. (De resto, todos os movimentos destes seres são lentíssimos.) Esses orifícios parecem ser seus órgãos de percepção de cores e formas, a despeito do tamanho. Abaixo destes órgãos há mais dois ou três orifícios e uma pequena protuberância."
(Marcos de Vasconcelos, *in* 30 Contos Redondos)
Obs.: De maneira bem-humorada, o autor descreve o habitante da Terra.

II

"Agora, porém, estava idoso, muito idoso. Tanto, que nem seria preciso abaixar-lhe a maxila teimosa, para espiar os cantos dos dentes. Era decrépito mesmo a distância: no algodão bruto do pelo – sementinhas escuras em rama rala e encardida; nos olhos remelentos, cor de bismuto, com pálpebras rosadas, quase sempre oclusas, em constante semissono; e na linha, fatigada e respeitável – uma horizontal perfeita, do começo da testa à raiz da cauda em pêndulo amplo, para cá, para lá, tangendo as moscas."

(Guimarães Rosa, *in* Sagarana)

III

"Turíbio Todo, nascido à beira do Borrachudo, era seleiro de profissão, tinha pelos compridos nas narinas, e chorava sem fazer caretas; palavra por palavra: papudo, vagabundo, vingativo e mau. Mas, no começo desta história, ele estava com a razão."

(Guimarães Rosa, *in* Sagarana)

IV

"Sentada diante da máquina de escrever, ela interrompeu o trabalho para escovar os cabelos vulgarmente castanhos. Molhou a ponta do dedo na língua e passou-o sobre as sobrancelhas depiladas. Interrogou-se ao espelhinho que trazia na gaveta: não se achou nem feia nem bonita. Uma mulher, todavia interessante. Secretária de profissão; estado civil, solteira; idade, vinte e sete anos. E à noite, trancada no quarto, chorava sem saber por quê! Uma mulher entre tantas: um pouco dentuça, os olhos superficiais e sem segredo. A cor de sua tez não a encorajava – e sobretudo a boca quase inexistente, devorada por uns lábios ávidos. A testa alta demais, pouco feminina."

(Otto Lara Resende, *in* revista Senhor)

EXERCÍCIOS ESTRUTURAIS
RESUMO DE TEXTOS (II)

Vamos fazer mais um treinamento importante, desta vez com textos maiores. Faça o resumo por parágrafos. Não se esqueça, evidentemente, de construir frases corretas. Se preciso, revise acentuação gráfica, concordância, regência e outros. O seu resumo já é uma redação: **precisa ficar correto**.

167) Faça o resumo dos textos seguintes, procurando manter sempre as ideias básicas.

1) "A casa é branca, posta no alto do morro. Fica a muitas léguas de sertão, num desses ricos Estados de Brasil adentro, nos quais a vida seria um sonho se não fossem as distâncias e as doenças. Contudo, até esses males se remedeiam, porque distâncias não importam a quem não quer sair de onde está; e as doenças, o corpo se acostuma com elas ou, como se diz agora, vacina.

Só conheço o lugar de vista. Como disse, tem um morro; não um grande morro alto, desses daqui do Rio que mais parecem montanhas de verdade – e pensando bem, são realmente montanhas. O de lá era antes uma colina, ou isso que nós no Nordeste chamamos de "alto", ou "cabeço". Mas por morro ficou, tanto que a fazenda era conhecida por "Morro Branco" – sendo o branco devido ao calcário rasgado nos caminhos e que, visto de longe, chegava a dar a ilusão de neve. A casa caiada, cercada de alpendres, é tão antiga que certa gente pretende que ela vem dos tempos do Anhanguera. Naquela terra tudo que é antigo botam logo por conta do Anhanguera; e então, no caso do Morro Branco, como o Anhanguera levava nome de diabo e a casa tem fama de mal-assombrada, juntaram uma coisa com outra.

Gente que sabe, porém, conta a história direito. O homem que fez aquela casa era vindo de Pernambuco e, pelo que se contava, chegara fugido das perseguições que se seguiram à Confederação do Equador. O verdadeiro nome dele nunca se conheceu. Era pedreiro-livre ou, como se dizia na época, "mação". Conseguiu fugir avisado por amigos, antes que começassem as prisões e as matanças. E, mais feliz do que alguns que mal salvavam a triste vida, ou outros que nem a vida salvavam, o nosso amigo conseguiu escapar com a sua boa besta de montaria, um moleque e um cargueiro de bagagem, um bacamarte e um saquinho de couro cheio de dobrões de ouro e prata." (Raquel de Queiroz, *in* A Casa do Morro Branco)

2) "Abriu a porta e viu o amigo que há tanto não via. Estranhou que ele viesse acompanhado por um cão. Cão não muito grande, mas bastante forte, de raça indefinível, saltitante e com um ar alegremente agressivo. Abriu a porta e cumprimentou o amigo, pois, efusivamente.

"Quanto tempo!" "Quanto tempo!" ecoou o outro. O cão aproveitou a saudação e se embarafustou casa adentro e logo um barulho na cozinha demonstrava que ele tinha virado qualquer coisa. O dono da casa encompridou as orelhas. O amigo visitante, porém, nem nada. "Ora, veja você, a última vez que nos vimos foi em... ". "E você, casou também?... " O cão passou pela sala, entrou no quarto e novo barulho, desta vez de coisa definitivamente quebrada. Houve um sorriso amarelo por parte do dono da casa, mas perfeita indiferença por parte do visitante. "Quem morreu foi o... você se lembra dele?" "Lembro, ora era o que mais... " O cão saltou sobre um móvel, derrubou um abajur, logo trepou as patas sujas no sofá e deixou a marca digital e indelével de seu crime. Os dois amigos, tensos, agora fingiram não perceber.

Mas, por fim, o visitante se foi. Se despediu efusivamente como chegara e se foi. Já ia saindo, quando o dono da casa perguntou: "Não vai levar seu cão?" "Cão? Ah, cão! Oh, agora estou percebendo. Não é meu não. Quando eu entrei ele entrou comigo, naturalmente. Pensei que fosse seu".

Moral: quando notarmos defeitos nos amigos convém ter uma conversa esclarecedora."
(Millôr Fernandes, *in* Pif-Paf)

3) "E como ontem estivesse chovendo, tive a infeliz ideia, ao sair à rua, de calçar um velho par de galochas. Já me desacostumara delas, e me sentia a carregar nos pés algo pesado, viscoso e desagradável, dando patadas no chão como um escafandrista de asfalto. Ainda assim, não deixavam de ser, em tempo de chuva, a única proteção efetiva para o sapato.

Mas quem me disse que chovia? No centro da cidade um sol radioso varava as nuvens e caía sobre a rua, enchendo tudo de luz, fazendo evaporar as últimas poças de água que ainda pudessem justificar minhas galochas. E elas de súbito se tornaram para mim tão anacrônicas, como se eu estivesse de fraque, cartola e gravata *plastron*.

"É que não se usa galocha há mais de vinte anos", advertia-me uma irônica voz interior. Desconsolado, parei e olhei em volta. Naquela festa de sol, em plena Esplanada do Castelo, quem é que iria estar de galocha, além de mim? Vi passar a meu lado os sapatos brancos de um homem pernosticamente vestido de branco. Nem tanto ao mar, nem tanto à terra, pensei. Saíra depois da chuva, certamente. Veio-me a desagradável impressão de que todo mundo reparava nas minhas galochas.

Galochas – mas que coisa antiga, meu Deus do céu! – descobri de súbito; como não pensar nisso ao calçá-las? Artefatos de borracha – e concluí idiotamente: hoje em dia tudo é de matéria plástica, ninguém fala mais em capa de borracha – existirão galochas de plástico? Como fazem os pelintras de hoje para não molhar os pés nos dias de chuva?

No restaurante, onde entrei arrastando os cascos como um dromedário, resolvi-me ver livre das galochas. Depois de acomodar-me, descalcei-as, procurando não chamar a atenção dos outros fregueses, deixei-as debaixo da mesa.

Ao sair, porém, o garçom, solícito, me advertiu em voz alta, lá do fundo:

– O senhor está esquecendo suas galochas!

Humilhado, voltei para apanhá-las, e sem ligar mais para nada, saí com elas na mão.

Agora estão lá, abandonadas numa das gavetas de minha mesa de trabalho, despojos de um mundo extinto. Um dia me serão úteis, quando eu for, como diz o poeta, suficientemente velho para merecê-las." (Fernando Sabino, *in* Quadrante 2)

ENRIQUECIMENTO DO VOCABULÁRIO

EXERCÍCIOS

168) **Assinale o significado ou o sinônimo das palavras destacadas.**

1) Urge **colimar** o progresso.
   a) objetivar
   b) proporcionar
   c) permitir
   d) aceitar

2) Convém **ultimar** os preparativos.
   a) apressar
   b) adiar
   c) antecipar
   d) completar

3) Feria os pés nos **seixos** do caminho.
   a) espinhos
   b) buracos
   c) pedrinhas
   d) pedaços de pau

4) Não queria perder a **abastança**.
   a) tranquilidade
   b) fartura
   c) saúde
   d) abatimento

5) Mostrou-se um **consuetudinário** carrasco.
   a) perverso
   b) frio
   c) costumeiro
   d) orgulhoso

6) Não gosto desse tipo de **asserção**.
   a) informação
   b) valorização
   c) afirmação
   d) provocação

7) Passou a **fomentar** todo tipo de discórdia.
   a) incitar
   b) evitar
   c) aceitar
   d) exagerar

8) Não queria **imolar** ninguém.
   a) ajudar
   b) sacrificar
   c) perturbar
   d) influenciar

9) Recusou a **lauta** refeição.
   a) humilde
   b) cara
   c) farta
   d) pequena

10) Havia de tudo no **jacá**.
    a) cesto em lombo de animais
    b) maleta própria para guardar ferramentas
    c) espécie de casaco
    d) riacho

11) Seguia firme entre **motejos** e pragas.
    a) ataques
    b) tropeços
    c) protestos
    d) zombarias

12) No meio da **celeuma**, permanecia calmo.
    a) conversa
    b) partida, jogo
    c) tempestade
    d) barulho, algazarra

13) Resolveu **demandar** novos lugares.
    a) descobrir
    b) procurar
    c) ocupar
    d) preparar

14) Buscava em vão **brunir** a armadura.
    a) levantar
    b) polir
    c) vestir
    d) carregar

15) Não te deixes **apoquentar**.
    a) enganar
    b) conduzir
    c) aborrecer
    d) humilhar

16) Não conseguiria, mesmo sendo **ubíquo**.
    a) genial
    b) que tudo vê
    c) do lugar
    d) que está em toda parte

17) Alegra-nos a presença do distinto **vate**.
    a) jurista
    b) pintor
    c) diplomata
    d) poeta

18) Caminhávamos por terreno **abrupto**.
   a) íngreme
   b) lamacento
   c) seco
   d) cheio de pedras

19) Ofereceu-me prontamente o **absinto**.
   a) proteção
   b) espécie de veículo
   c) tipo de bebida alcoólica
   d) refresco

20) Não obstante suas **baldas**, foi aceito no grupo.
   a) manias
   b) limitações
   c) antecedentes
   d) brincadeiras maldosas

21) De repente, vi **assomar** o meu querido amigo.
   a) desaparecer
   b) desfalecer
   c) surgir
   d) curvar-se

22) Recebi os **desafetos** com respeito.
   a) críticos
   b) repórteres principiantes
   c) colunistas
   d) rivais

23) Assim jamais chegaria ao **zênite**.
   a) objetivo
   b) clímax
   c) profundeza dos oceanos
   d) cidade em ruínas

24) Foi apenas **veleidade**.
   a) sinceridade
   b) capricho, volubilidade
   c) ingenuidade
   d) ignorância, desconhecimento

25) É direito **inconcusso**.
   a) de todos
   b) adquirido
   c) incontestável
   d) particular

26) Levava a bom termo sua tarefa **ingente**.
   a) complexa
   b) especial
   c) pequena
   d) enorme

27) Não pôde **lobrigar** o que ocorria.
   a) aceitar
   b) explicar
   c) esquecer
   d) perceber

28) Usava costumeiramente um colete **alvadio**.
   a) esbranquiçado
   b) amarrotado
   c) azulado
   d) velho

29) Chegou apressado, com o sorriso **jucundo** de todos os dias.
   a) debochado
   b) triste
   c) forçado
   d) alegre

30) Foi acusado de **segregar** os índios.
   a) perseguir
   b) marginalizar
   c) provocar
   d) prejudicar

31) Era um homem **ímpio**.
   a) imprudente
   b) nervoso
   c) sem fé
   d) sem caráter

32) Não lhe faltava **sagacidade**.
   a) astúcia
   b) vergonha
   c) dignidade
   d) capacidade de concentração

33) Falava como um **edil**.
   a) engenheiro
   b) vereador
   c) professor
   d) militar

34) Começou a **estertorar**, entristecendo a todos.
   a) tremer
   b) vomitar
   c) emagrecer
   d) agonizar

35) Nunca deixou de ser **circunspecto**.
   a) sério, sisudo
   b) ansioso
   c) respeitado
   d) otimista

36) Agiu sem **pejo** algum.
    a) tato
    b) orientação
    c) vergonha
    d) objetivo

37) Com referência à música, sempre foi um **diletante**.
    a) fracassado
    b) profissional
    c) amador
    d) entusiasta

38) Proferiu um discurso **sibilino**.
    a) crítico
    b) venenoso
    c) cansativo
    d) enigmático

39) Perdeu-se num **pélago** escuro.
    a) abismo
    b) vale
    c) caverna
    d) caminho

40) Selecionou uma peça **oblonga** e lisa.
    a) alongada, oval
    b) bem feita
    c) achatada
    d) resistente

41) Realizou um negócio **escuso**.
    a) sem proveito algum
    b) suspeito
    c) particular
    d) incomum

42) Não podemos **esmorecer**.
    a) desistir
    b) revidar
    c) desanimar
    d) facilitar

43) Ele conversou com um **poltrão**.
    a) idiota
    b) bandido
    c) covarde
    d) vagabundo

44) Fazia-se de **mouco**.
    a) bobo
    b) cego
    c) mudo
    d) surdo

45) Assim poderemos **granjear** a simpatia de todos.
   a) conquistar
   b) manter
   c) desejar
   d) perder

■ TEMAS PARA REDAÇÃO

1) O brasileiro lê muito pouco. De que maneira isso influi no seu dia a dia?
2) Só não ajuda quem não quer
3) Só se cresce verdadeiramente com o trabalho
4) É sabido que falta respeito e apoio ao idoso. O que fazer a respeito?
5) A importância dos partidos políticos em uma democracia

NONA LIÇÃO

LENDA ORIENTAL

Dois amigos, Mussa e Nagibe, viajavam pelas extensas estradas que circulam as tristes e sombrias montanhas da Pérsia. Ambos se faziam acompanhar de seus ajudantes, servos e caravaneiros.

Chegaram, certa manhã, às margens de um grande rio, barrento e impetuoso, em cujo seio a morte espreitava os mais afoitos e temerários. Era preciso transpor a corrente ameaçadora.

Ao saltar, porém, de uma pedra, o jovem Mussa foi infeliz. Falseando-lhe o pé, precipitou-se no torvelinho espumejante das águas em revolta.

Teria perecido, arrastado para o abismo, se não fosse Nagibe. Este, sem um instante de hesitação, atirou-se à correnteza e, lutando furiosamente, conseguiu trazer a salvo o companheiro de jornada.

– Que fez Mussa?

Chamou, no mesmo instante, os seus mais hábeis servos e ordenou-lhes gravassem na face mais lisa de uma grande pedra, que perto se erguia, esta legenda admirável:

"Viandante! Neste lugar, durante uma jornada, Nagibe salvou, heroicamente, seu amigo Mussa".

Isto feito, prosseguiram, com suas caravanas, pelos intérminos caminhos de Alá.

Alguns meses depois, de regresso às terras, novamente se viram forçados a atravessar o mesmo rio, naquele mesmo lugar perigoso e trágico.

E, como se sentissem fatigados, resolveram repousar algumas horas, à sombra acolhedora do lajedo que ostentava bem no alto a honrosa inscrição.

Sentados, pois, na areia clara, puseram-se a conversar.

Eis que, por um motivo fútil, surge, de repente, grave desavença entre os dois companheiros.

Discordaram. Discutiram. Nagibe, exaltado, num ímpeto de cólera, esbofeteou, brutalmente, o amigo.

Que fez Mussa? Que farias tu, em seu lugar?

Mussa não revidou a ofensa. Ergueu-se e, tomando, tranquilo, o seu bastão, escreveu na areia clara, ao pé do negro rochedo:

"Viandante! Neste lugar, durante uma jornada, Nagibe, por motivo fútil, injuriou, gravemente, o seu amigo Mussa".

Surpreendido com o estranho proceder, um dos ajudantes de Mussa observou respeitoso:

– Senhor! Da primeira vez, para exaltar a abnegação de Nagibe, mandastes gravar, para sempre, na pedra, o feito heroico. E agora, que ele acaba de ofender-vos, tão gravemente, vós vos limitais a escrever, na areia incerta, o ato de covardia! A primeira legenda, ó cheique[1], ficará para sempre. Todos os que transitarem por este sítio dela terão notícia. Esta outra, porém, riscada no tapete de areia, antes do cair da tarde, terá desaparecido, como um traço de espumas entre as ondas buliçosas do mar.

Respondeu Mussa:

– É que o benefício que recebi de Nagibe permanecerá, para sempre, em meu coração. Mas a injúria... essa negra injúria... escrevo-a na areia, com um voto para que, se depressa daqui se apagar e desaparecer, mais depressa, ainda, desapareça e se apague de minha lembrança!

– Assim é, meu amigo! Aprende a gravar, na pedra, os favores que receberes, os benefícios que te fizerem, as palavras de carinho, simpatia e estímulo que ouvires.

Aprende, porém, a escrever, na areia, as injúrias, as ingratidões, as perfídias e as ironias que te ferirem pela estrada agreste da vida.

Aprende a gravar, assim na pedra; aprende a escrever, assim, na areia... e serás feliz!

(Malba Tahan, citado em Português para Principiantes, de Nélson Custódio de Oliveira e Maria José de Oliveira)

---

[1] A grafia melhor é **xeique**.

GRAMÁTICA

COLOCAÇÃO PRONOMINAL

Os pronomes pessoais oblíquos átonos (me, te, se, o, a, lhe, nos e vos) funcionam, normalmente, como complementos verbais (objeto direto e objeto indireto).
Ex.: Encontrei-o em casa. (O **o** é objeto direto do verbo **encontrar**.)
Nós lhe obedecemos. (O **lhe** é objeto indireto do verbo **obedecer**.)
Obs.: Veja esse assunto com detalhes em REGÊNCIA VERBAL.

Tais pronomes podem ser colocados antes do verbo (próclise), depois do verbo (ênclise) e dentro do verbo (mesóclise).

■ COM UMA FORMA VERBAL SIMPLES
PRÓCLISE
1) Com os advérbios, desde que não haja pausa.
   Ex.: Ali me disseram a verdade.
Obs.: Havendo pausa, coloca-se o pronome depois do verbo.
   Ex.: Ali, disseram-me a verdade.

2) Com os pronomes indefinidos, relativos e interrogativos.
   Ex.: Alguém nos avisou.
   A flor que lhe enviei é linda.
   Quem me chamou?

3) Com as conjunções subordinativas.
   Ex.: Quando te vi, fui procurar o caderno.

OBSERVAÇÕES IMPORTANTES

Conjunção é a palavra que inicia uma oração coordenada ou subordinada. Assim, temos:

a) Conjunções coordenativas: iniciam as orações coordenadas, ou seja, aquelas que **não desempenham nenhuma função sintática de outra oração**. Podem ser:

   a) aditivas: e, nem etc.

   b) adversativas: mas, porém, contudo, todavia etc.

   c) conclusivas: logo, portanto, pois (esta quando entre vírgulas)

   d) alternativas: ou, ora etc.

   e) explicativas: que, pois, porque etc.

b) Conjunções subordinativas: iniciam as orações subordinadas, ou seja, as que **desempenham uma função sintática de outra oração, chamada principal**. Podem ser:

   a) causais: que, pois, porque, como, já que etc.

   b) concessivas: embora, mesmo que, ainda que etc.

   c) condicionais: se, caso etc.

   d) conformativas: conforme, como, segundo etc.

   e) comparativas: que, como etc.

   f) consecutiva: que

   g) finais: para que, a fim de que etc.

   h) integrantes (quando sua oração pode ser trocada por **isto**): que e se.

   i) proporcionais: à proporção que, à medida que etc.

   j) temporais: quando, mal, logo que, assim que etc.

4) Com o gerúndio precedido da preposição **em**.
Ex.: Em se falando nisso, quero fazer uma observação.

5) Com as frases optativas, isto é, aquelas que exprimem um desejo do falante.
Ex.: Deus o abençoe, meu filho!

ÊNCLISE
1) No início da frase.
   Ex.: Disseram-me tudo.
2) Com o verbo no imperativo afirmativo.
   Ex.: Sérgio, mova-se um pouco mais.
3) Com orações iniciadas por gerúndio.
   Ex.: Sentia muitas dores, deixando-a preocupada.

MESÓCLISE
A mesóclise só é usada quando o verbo está no futuro do presente ou do pretérito, desde que não haja palavra atrativa.
   Ex.: Enviar-te-ei a correspondência.
   Adiantar-me-iam o dinheiro.

Porém: Não te enviarei a correspondência. Jamais me adiantariam o dinheiro.

PRÓCLISE FACULTATIVA
Os casos de próclise vistos há pouco são obrigatórios, ou seja, não se pode usar nem a ênclise, nem a mesóclise. Os casos a seguir permitem facultativamente o uso da próclise.
1) Com os substantivos
   Ex.: O operário se machucou.
   O operário machucou-se.
2) Com os pronomes pessoais retos (inclusive os de tratamento) e os demonstrativos.
   Ex.: Ele me apresentou um amigo.
   Ele apresentou-me um amigo.
   Isto me alegra muito.
   Isto alegra-me muito.

Obs.: Dê preferência, em sua redação, à próclise.

3) Com as conjunções coordenativas.
   Ex.: Andou pouco, mas se cansou.
   Andou pouco, mas cansou-se.
4) Com o infinitivo precedido de palavra negativa.
   Ex.: Fiz esforço para não o incomodar.
   Fiz esforço para não incomodá-lo.

■ COM UMA LOCUÇÃO VERBAL

1) Quando o verbo principal é o infinitivo ou o gerúndio, você pode:
a) usar a ênclise ao verbo principal.
   Ex.: Quero mostrar-lhe algo.
   Estou mostrando-lhe algo.
b) usar a ênclise ao verbo auxiliar.
   Ex.: Quero-lhe mostrar algo.
   Estou-lhe mostrando algo.

Obs.: Evite, em sua redação, o emprego do pronome átono colocado entre os dois verbos, sem o hífen, embora alguns gramáticos considerem correto.
   Ex.: Desejava nos avisar.
Escreva: Desejava avisar-nos ou Desejava-nos avisar.
Havendo palavra atrativa, temos as seguintes possibilidades:
   Não quero falar-lhe algo.
   Não lhe quero falar algo.

2) Quando o verbo principal é o particípio, você não pode usá-lo com ênclise.
   Ex.: Tenho falado-lhe. (errado)
   Tenho-lhe falado. (correto)

Obs.: Com palavra atrativa, você só tem uma opção, já que, como vimos há pouco, é melhor evitar o pronome solto entre os dois verbos.
   Ex.: Não lhe tenho falado.

EXERCÍCIOS

169) Corrija as frases seguintes quanto à colocação pronominal, quando for necessário.

1) Ninguém machucou-o.
2) Me informaram errado.
3) Direi-te assim que for possível.
4) Embora pedisse-me ajuda sempre, era orgulhoso.
5) Aqui, deixaram-me à vontade.
6) Jamais mandá-lo-ia a você.
7) A pessoa de quem falei-lhe ontem acaba de chegar.
8) Em tratando-se de futebol, prefiro não opinar.
9) Alfredo, me explique a situação.
10) Poucos te compreendem.
11) Tudo foi feito conforme solicitaste-me.
12) Agora, me preocupo com você.
13) Tudo ser-lhe-á explicado.
14) Preparei o material, me dirigindo logo ao escritório.
15) O vizinho se aproximou de nós.
16) O vizinho aproximou-se de nós.
17) Quando me viu, ficou vermelho.
18) Quando viu-me, ficou vermelho.
19) Pegou a bolsa e se dirigiu ao caixa.
20) Pegou a bolsa e dirigiu-se ao caixa.
21) Onde encontrar-te-ei?
22) Queria falar-te imediatamente.
23) Tenho avisado-lhe constantemente.
24) Estou deixando-o sozinho.
25) Nunca pretendo esquecer-te.
26) Nunca te pretendo esquecer.
27) Nunca pretendo-te esquecer.
28) Lhe quero desagradar.
29) Não lhe quero desagradar.
30) Não quero desagradar-lhe.
31) Não quero-lhe desagradar.
32) Estavam-nos auxiliando.
33) Estavam auxiliando-nos.
34) Tinham auxiliado-nos.
35) Nos tinham auxiliado.

170) **Assinale o erro de colocação pronominal.**
    a) Ele disse que, se permitissem, se apresentaria logo.
    b) Encontrá-lo-ei, assim que puder sair.
    c) Como incomodava-nos a situação, resolvemos sair.
    d) Nós te apresentaremos um diretor.

171) **Marque o erro de colocação pronominal.**
    a) Tudo nos foi narrado.
    b) Onde esconderam-se?
    c) Paulo escondeu-se.
    d) Quero-o comigo.

172) **Assinale a alternativa em que a próclise não é facultativa, mas obrigatória.**
    a) O estudante se alegrou com as notas.
    b) Ela me avisou do perigo.
    c) Faço o que posso, contudo me cobram ainda mais.
    d) Sempre o ajudei.

173) **A única frase correta quanto à colocação pronominal é:**
    a) Procurou a pessoa com a qual se identificava mais.
    b) Te mostrarei uma melhor.
    c) Havia dito-lhe o necessário.
    d) Ninguém pode-me esclarecer.

174) **Há erro de colocação pronominal em:**
    a) Considero-o muito bom.
    b) Poucos se apresentaram para a prova.
    c) Já explicar-lhe-ei o que houve.
    d) Estavam aplaudindo-me.

ORIENTAÇÃO ORTOGRÁFICA

EMPREGO DE MAIÚSCULAS (II)

Vamos estudar mais algumas situações em que se deve usar letra inicial maiúscula. Faça um esforço e grave bem.

1) Em nomes de instituições de ensino, científicas, religiosas, políticas etc.
   Ex.: Organização das Nações Unidas, Academia Brasileira de Letras, Instituto de Educação, Centro Espírita Humildade e Amor

2) Nos nomes dos pontos cardeais, quando designam regiões.
   Ex.: Os povos do Norte

3) Nos nomes de festas religiosas.
   Ex.: O Natal, a Páscoa

4) Nos nomes que designam atos das autoridades da República (em qualquer esfera: municipal, estadual ou federal), desde que seguidos do numeral correspondente.
   Ex.: A Lei nº 250/97, o Decreto nº 944/88

5) Na palavra **país** e sinônimos quando substituem o nome próprio correspondente.
   Ex.: O País conta com todos nós. (País = Brasil)

6) Na palavra **igreja** significando a instituição.
   Ex.: A Igreja ainda não se pronunciou.

■ EMPREGO DE MINÚSCULAS

1) Nos nomes dos dias da semana, dos meses e das estações do ano.
   Ex.: sábado, outubro, primavera

   Obs.: Evidentemente serão grafados com maiúscula se pertencerem a uma expressão que o exija.
   Ex.: Sábado de Aleluia

2) Nos nomes dos pontos cardeais, quando indicam simples direções ou limites geográficos.
   Ex.: Andou de leste a oeste e nada viu.

3) Nos nomes de festas pagãs ou populares.
   Ex.: carnaval

4) Nos nomes de acidente geográficos.
   Ex.: Naveguei pelo oceano Atlântico.

5) Em palavras como **revista**, **jornal** etc., quando não fazem parte do nome.
   Ex.: Comprei o jornal O Globo.
   Porém: Comprei o Jornal do Brasil.

6) Nas preposições que ligam nomes próprios.
   Ex.: Duque de Caxias, Português no Direito

7) Nos nomes de idiomas.
   Ex.: Ele fala português.

8) Nos nomes de formação profissional.
   Ex.: O professor Maurício quer vê-lo.

EXERCÍCIOS

175) **Corrija, quando necessário, o emprego das letras iniciais.**

1) Trabalhei no colégio Militar.
2) Ele vivia em um país pobre.
3) Já foi publicada a portaria nº 87/2000.
4) As nações do Leste pretendem participar dos encontros.
5) Dirija-se à biblioteca Nacional.
6) Já publicaram uma nova Lei.
7) O Rio Amazonas é muito extenso.
8) Fomos vistos na Avenida Passos.
9) Caminhava tranquilamente pela avenida em que mora.
10) Há uma igreja perto de minha casa.
11) Não aceitava os dogmas da igreja.
12) Perdi o Manual De Análise.
13) A receita federal acabará descobrindo a fraude.
14) Isso não é receita federal, e sim municipal.
15) Velejava com amigos pelo Oceano Pacífico.
16) Sabia quase de cor o Código civil brasileiro.
17) O Tratado de Tordesilhas foi assinado naquele mesmo ano.
18) Preciso ir à casa da Moeda.
19) Começou em Maio a estudar violão.
20) Esse fato se deu provavelmente na Idade média.

PARA ESCREVER BEM

NARRAÇÃO

Tipo de redação centrada no fato, no acontecimento. Narrar é contar, e quem o faz se chama **narrador**. O texto apresenta **personagens** situados num determinado **tempo** e num certo **ambiente**, isto é, o espaço em que a história acontece.

A narração pode ser feita em terceira ou primeira pessoa. A narrativa em primeira pessoa apresenta o **narrador** participando dos acontecimentos, limitado ao que ele próprio percebe como personagem, ou seja, **personagem-narrador**. O desenrolar dos acontecimentos é o que se conhece como **enredo** ou **trama** e geralmente está baseado num conflito, aquilo que realmente prende a atenção do leitor.

Assim, os elementos constitutivos de um texto narrativo são: narrador, personagens, tempo, ambiente e enredo.

Veja, a seguir, um exemplo de narração.

"– Que mudança é essa? perguntou Sofia, quando ele lhe apareceu no fim da semana.
– Vim saber do seu joelho; está bom?
– Obrigada.
Eram duas horas da tarde. Sofia acabava de vestir-se para sair, quando a criada lhe fora dizer que estava ali Rubião, – tão mudado de cara que parecia outro. Desceu a vê-lo curiosa; achara-o na sala, de pé, lendo os cartões de visita.
– Mas que mudança é essa? repetiu ela.
Rubião, sem nenhum sentimento imperial, respondeu que supunha ficarem-lhe melhor os bigodes e a pera.
– Ou estou mais feio? concluiu.
– Está melhor, muito melhor.
E Sofia disse consigo que talvez fosse ela a causa da mudança. Sentou-se no sofá, e começou a enfiar os dedos nas luvas."
(Machado de Assis, *in* Quincas Borba)

O texto é narrativo pois alguém, o **narrador**, conta um acontecimento. O **tempo** é um final de semana, duas horas da tarde. O **ambiente** é a casa de Sofia. Os **personagens** são Rubião e Sofia. O **enredo** é a mudança física de Rubião. O narrador não participa da narrativa; não é, portanto, um personagem-narrador.

Pode ser que nem todos os elementos estejam presentes, principalmente se se tratar de um pequeno trecho, como o que acabamos de ver. O importante para fazer a distinção é o fato de alguém estar contando algo.

A seguir, mais alguns textos narrativos. Aproveite para descobrir os elementos da narração, como fizemos com o trecho de Machado de Assis.

I

"A cena passa-se em 1890.

A família está toda reunida na sala de jantar.

O senhor Rodrigues palita os dentes, repimpado numa cadeira de balanço. Acabou de comer como um abade.

Dona Bernardina, sua esposa, está muito entretida a limpar a gaiola de um canário--belga.

Os pequenos são dois, um menino e uma menina. Ela distrai-se a olhar para o canário. Ele, encostado à mesa, os pés cruzados, lê com muita atenção uma das nossas folhas diárias.

Silêncio.

De repente, o menino levanta a cabeça e pergunta:

– Papai, que é plebiscito?

O senhor Rodrigues fecha os olhos imediatamente para fingir que dorme.

O pequeno insiste:

– Papai?

Pausa:

– Papai:

Dona Bernardina intervém:

– Ó *seu* Rodrigues, Manduca está-o chamando. Não durma depois do jantar que lhe faz mal.

O senhor Rodrigues não tem remédio senão abrir os olhos.

– Que é? que desejam vocês?

– Eu queria que papai me dissesse o que é plebiscito.

— Ora essa, rapaz! Então tu vais fazer doze anos e não sabes ainda o que é plebiscito?

— Se soubesse não perguntava.

O senhor Rodrigues volta-se para Dona Bernardina, que continua muito ocupada com a gaiola:

— Ó senhora, o pequeno não sabe o que é plebiscito!

— Não admira que ele não saiba, porque eu também não sei.

— Que me diz?! Pois a senhora não sabe o que é plebiscito?

— Nem eu, nem você; aqui em casa ninguém sabe o que é plebiscito."

(Artur Azevedo, *in* Contos Fora da Moda)

II

"Enquanto falava, a mulherzinha deitava sobre o marechal os grandes olhos que despediam chispas. Floriano parecia incomodado com aquele chamejar; era como se temesse derreter-se ao calor daquele olhar que queimava mais sedução que patriotismo. Fingia encará-la, abaixava o rosto como um adolescente, batia com os dedos na mesa.

Quando lhe chegou a vez de falar, levantou um pouco o rosto, mas sem encarar a mulher, e, com um grosso e difícil sorriso de roceiro, declinou da oferta, visto a República ainda dispor de bastante força para vencer."

(Lima Barreto, *in* Triste Fim de Policarpo Quaresma)

III

"Os feirantes iam-nos empurrando para o largo do carrossel, e por mais que o Barbaças torcesse o pescoço já não conseguia descobrir a rapariga da barraca de tiro. Os ganapos, enfiando-se por entre os camponeses, sopravam pífaros, gaitas, assobios; os tendeiros convidavam os fregueses atiçando-os com guloseimas e ouros de latão; o homem do carrossel entonteava os ouvidos com uma voz estridente que o alto-falante ampliava até à surdez."

(Fernando Namora, *in* O Trigo e o Joio)

IV

"Eugênio acordou no meio da noite. Passando da escuridão dum sono sem sonhos para a escuridão do quarto – nos primeiros segundos ele foi apenas uma criatura sem memória. Era ainda o atordoamento do sono que lhe enevoava as ideias, que lhe dava aquela sensação aflitiva e confusa que devia ser parecida com a loucura. Durante alguns instantes ele só teve consciência daquela angústia, daquela ânsia, daquela pressão no peito, dum formigueiro no corpo e do desejo de luz e de ar. Era uma impressão de fim de mundo. E ali na sua cama, deitado de costas, Eugênio procurava vencer a escuridão, a névoa e a angústia. Durante rápidos segundos perguntou-se a si mesmo quem era e onde estava. Estendeu um braço e sentiu nas costas da mão o contato frio do ferro da cama. Aos poucos ia compreendendo... Estava no seu quarto no Columbia College. Quanto tempo dormira? Horas ou minutos? Lembrava-se vagamente de uma conversa que tivera com Mário, o companheiro de quarto, antes de deitar."

(Érico Veríssimo, *in* Olhai os Lírios do Campo)

TIPOS DE DISCURSO

DISCURSO DIRETO
Ocorre quando o narrador apresenta de maneira direta a fala do personagem, palavra por palavra. Usam-se normalmente os dois-pontos.
Ex.: O rapazinho disse para mim: – Lavarei o restante somente amanhã.

DISCURSO INDIRETO
Quando o narrador incorpora a fala do personagem. Desaparecem os dois-pontos e surge, normalmente, uma oração começada por conjunção integrante.
Ex.: O rapazinho disse para mim que lavaria o restante somente amanhã.

RELAÇÃO ENTRE OS TEMPOS VERBAIS	
Discurso direto	Discurso indireto
Presente do indicativo: – Não aceito uma negativa, afirmou o gerente.	Pretérito imperfeito do indicativo: O gerente afirmou que não aceitava uma negativa.
Pretérito perfeito: Paulo disse: – Descobri toda a verdade.	Pretérito mais-que-perfeito: Paulo disse que descobrira toda a verdade.
Futuro do presente: O jovem garantiu: – Farei a prova assim mesmo.	Futuro do pretérito: O jovem garantiu que faria a prova assim mesmo.
Imperativo: O pai mandou: – Falem baixo!	Pretérito imperfeito do subjuntivo: O pai mandou que falassem baixo.

DISCURSO INDIRETO LIVRE
Acontece quando se fundem as intervenções do narrador e do personagem. É uma mistura dos dois anteriores.
Ex.: O funcionário estava desolado. E agora, o que fazer para consertar a situação? Chegou de madrugada, desejando não fazer barulho. Meu Deus, se alguém perceber, não haverá explicação satisfatória!

EXERCÍCIOS ESTRUTURAIS

ELIMINAÇÃO DE PALAVRAS MUITO USADAS

Há palavras em português que, por um motivo ou outro, aparecem com excessiva frequência. Entre elas estão o verbo **ser**, a palavra **que** e os **pronomes demonstrativos**. O uso exagerado de determinadas palavras acaba empobrecendo o texto. Veja bem: você pode e até deve usá-las; evite, é o que se pede, o emprego constante.

Vamos fazer exercícios em que você terá de descobrir uma forma de não usar a palavra em negrito. Há muitas maneiras de fazê-lo, no entanto não pode haver mudança de sentido. Use a sua criatividade. Afinal, você está escrevendo.

EXERCÍCIOS

176) **Elimine a palavra destacada.**
Modelo: Cabral, que descobriu o Brasil, foi grande navegante português.
Cabral, grande navegante português, descobriu o Brasil.

1) A pessoa **que** apresentei adoeceu.
2) O homem **que** se esforça progride.
3) Rodolfo, **que é** brasileiro, não gostou da brincadeira.
4) É conveniente **que** todos compareçam.
5) Falou muito alto. **Essa** não **foi** uma atitude correta.
6) Carlos é pintor, José **é** veterinário.
7) A pessoa que chegou e disse **que** estava sonolenta **foi** embora.
8) **Esse é** o funcionário que eu disse **que** mora em Bangu.

9) Desejo **que** todos me ajudem.
10) **Isto** gostaríamos que entendessem: a inutilidade da mudança.
11) **Fui** reconhecido na loja e quase **fui** agredido.
12) A escola de **que** me lembro é aquela em **que** aprendi as primeiras letras.
13) Reconheço **que** tenho alguma dificuldade.
14) Correu tanto **que** caiu.
15) Não **fui** feliz naquele tempo.
16) Trouxemos um papagaio **que** fala muito.
17) **Isso** que trazes contigo **será** útil no trabalho?
18) Ele é um indivíduo **que** respeita as leis.
19) Não **é** importante quem virá, mas quem trabalhará.
20) Tenho **que** chegar cedo.
21) **Aquele que** faz exercícios tem mais saúde.
22) Jamais conheci alguém **que fosse** tão esquisito.
23) Não venha tarde, **que** vai chover.
24) Emprestou-nos a apostila para **que** estudássemos juntos.
25) A história **que** escrevi **será** publicada.
26) Diga-me quem **é que** precisa de dinheiro.
27) As pessoas **que** amam a natureza não jogam lixo nos rios.
28) A **que** pessoa pertence **essa** revista **que** está em teu colo?
29) A casa **que** o avião derrubou já **foi** erguida.
30) Doente **que** estivesse, faria a viagem.

CORREÇÃO DE FRASES INCOERENTES

Já vimos que muitas vezes uma construção fica sem lógica, ou seja, incoerente, quando a ela falta coesão. Os exercícios propostos são mais um processo de criação de frases, valioso para o desenvolvimento da sua redação. Faça, pois, com carinho e boa vontade. Não tenha pressa. Não procure livrar-se dos exercícios, mas aproveitar-se deles.

EXERCÍCIOS

177) **Identifique a incoerência das frases seguintes, quando houver, e reescreva-as de maneira adequada.**
Modelo: Correu demais, então não ficou cansado. (incoerente)
   Correu demais, então ficou cansado.
   Correu demais, porém não ficou cansado.
1) A população mundial aumenta assustadoramente. Por isso, os governos nada fazem para reduzir a fome que se avizinha.
2) Já que ele é inteligente, não poderá resolver o problema.
3) Não obstante estar desempregado, começa a entrar em desespero.
4) Voltou suado, pois precisa de um banho.
5) Satisfeito que estava, evitou falar alguma coisa.
6) A despeito de tudo o que a firma me fez de ruim, irei imediatamente à justiça.
7) Não aceitarei a sua proposta, posto que ela me pareça absurda.
8) Porquanto estivessem cansados, o sargento ordenou que prosseguissem.
9) Uma vez que ninguém reclamou, não consertarei a cerca.
10) Conquanto tenha chegado cedo, não perdi o início do jogo.
11) Por mais que eu estude, sempre entendo aquelas lições.
12) Farei o que minha capacidade permitir, porquanto eles confiam bastante em mim.
13) Não quis ajudar, se bem que ninguém precisasse.
14) Havia tanta gente junto ao estreito portão, que parecia possível o imediato acesso ao interior.
15) Como ia chover, não quis pegar o guarda-chuva.
16) Sabia bem aquele idioma, por conseguinte jamais conseguiria a vaga de tradutor.
17) Ainda que escrevesse a carta, conseguiria convencê-lo.
18) Progrediremos à proporção que trabalharmos.
19) Sempre foi o primeiro da turma. Assim, não estava apto a passar no vestibular.
20) Uma vez que tinha trazido tanta comida, resolveu não alimentar os pobres do lugar.

ENRIQUECIMENTO DO VOCABULÁRIO

EXERCÍCIOS

178) Assinale o sinônimo ou significado da palavra em destaque.

1) Não admito qualquer **ingerência**.
   a) palpite
   b) reclamação
   c) intervenção
   d) imposição

2) Recebeu-me com um gesto **picaresco**.
   a) obsceno
   b) ridículo, cômico
   c) amigável
   d) misterioso

3) Homem **probo**, não foi feliz naquela comunidade.
   a) irresponsável
   b) inteligente
   c) honrado
   d) imprudente

4) Observava de longe o **préstito** iluminado.
   a) casarão antigo
   b) caminho estreito cercado de árvores
   c) poste de madeira
   d) agrupamento de pessoas em marcha, cortejo

5) Tenho um primo bastante **ignavo**.
   a) egoísta
   b) preguiçoso
   c) antipático
   d) ignorante

6) A agulha estava prestes a **permear** seu dedo.
   a) furar
   b) atravessar
   c) ferir
   d) tocar

7) Agia com um **niilismo** assustador.
   a) sadismo
   b) preconceito
   c) frieza
   d) descrença absoluta

8) Recebeu **nímia** atenção na festa.
   a) pouca
   b) especial
   c) excessiva
   d) fraterna

9) Seria propriamente um cidadão **valetudinário**.
   a) doentio, enfermiço
   b) valoroso
   c) teimoso
   d) valente, corajoso

10) Desviou-se oportunamente de mais um **cômoro** do caminho.
    a) buraco muito fundo
    b) formigueiro
    c) pequena elevação de terreno
    d) espinheiro

11) Sentia saudades da vida na **caserna**.
    a) escola primária
    b) cidade do interior
    c) casa materna
    d) quartel

12) Criatura **mendaz**, por que não mudas de vida?
    a) medrosa
    b) fraca
    c) mentirosa
    d) louca

13) Menino **estólido**, preferiu seguir outro caminho.
    a) tolo
    b) esperto
    c) desconfiado
    d) educado

14) Agarrava-se àquele terreno **sáfaro**, herança dos avós.
    a) produtivo, fértil
    b) improdutivo, estéril
    c) lamacento
    d) arenoso

15) Ainda pensava nas férias **transatas**.
    a) marcadas
    b) transferidas
    c) passadas
    d) agradáveis

16) Seus dedos **túrgidos** corriam pelos cabelos longos.
    a) grossos
    b) delicados
    c) trêmulos
    d) inchados

17) É impossível **obnubilar** tamanha inteligência.
   a) obscurecer
   b) compreender
   c) objetar
   d) ocultar

18) Envolveu-o um sentimento **serôdio**, inevitável.
   a) forte
   b) selvagem
   c) tardio
   d) puro

19) Apesar de todo aquele **imbróglio**, resolvemos prosseguir.
   a) disparate, bobagem
   b) trapalhada, confusão
   c) temor
   d) dificuldade, obstáculo

20) Não gosto de textos **herméticos**.
   a) de difícil compreensão
   b) muito críticos
   c) mal escritos
   d) medievais

21) Não conseguia libertar-se de um passado **ominoso**.
   a) misterioso
   b) detestável
   c) acusador
   d) remoto

22) Naquele dia, caiu uma chuva **intermitente**.
   a) fria
   b) fina
   c) constante, sem paradas
   d) não contínua

23) Procurava **aliciar** novos sócios.
   a) inscrever
   b) ajudar
   c) unir
   d) atrair

24) Queria somente **efebos** para o serviço.
   a) rapazes
   b) homens experientes
   c) homens cultos
   d) recém-formados

25) Viveu na época de cavaleiros e **gládios**.
   a) duelos
   b) espadas
   c) armaduras
   d) escudos

26) O prédio começava a **tresandar** quando fizemos a visita.
   a) ruir
   b) balançar
   c) ficar sujo
   d) cheirar mal

27) O fraudador **recidivo** foi preso em casa.
   a) perverso
   b) inexperiente
   c) reincidente
   d) descuidado

28) O navio estava prestes a **soçobrar**.
   a) zarpar
   b) colidir
   c) naufragar
   d) ancorar

29) Por **injunção** da família, abandonou aquela vida.
   a) solicitação
   b) orientação
   c) descuido
   d) imposição

30) Ele é um homem de hábitos **lhanos**.
   a) complexos
   b) simples
   c) esquisitos
   d) misteriosos

31) Resolvi uma questão **capciosa**.
   a) que tende a enganar
   b) difícil
   c) mal feita
   d) que tem mais de uma resposta

32) Cometeu um erro **crasso**.
   a) grosseiro
   b) infantil
   c) comum
   d) desculpável

33) Seus olhos apresentaram um brilho **fátuo**.
   a) inesperado
   b) intenso
   c) passageiro
   d) suave

34) Ele não desejava **imiscuir-se**.
   a) sujar-se
   b) desgastar-se
   c) intrometer-se
   d) omitir-se

35) Ingeriu uma substância **deletéria**.
   a) nociva
   b) inofensiva
   c) amarga
   d) muito ácida

36) A barra tinha função **axial**.
   a) secundária
   b) especial
   c) de apoio
   d) de eixo

37) Ele era um homem de espírito **cáustico**.
   a) forte
   b) satírico, irônico
   c) ingênuo, inocente
   d) calmo, suave

38) Não lhe agradavam aqueles **encômios** insistentes.
   a) apartes
   b) deboches
   c) elogios
   d) pedidos

39) Só receitava remédio **anódino**.
   a) escasso no mercado
   b) de pouca eficácia
   c) que tira as dores
   d) de gosto ruim

40) **Epítome** de um povo, o documento correu mundo.
   a) esperança
   b) defesa
   c) análise
   d) síntese

41) São problemas **atinentes** a seu cargo.
   a) alheios
   b) previstos
   c) indispensáveis
   d) relativos

42) Folhas **esparsas** cobriam o caminho.
   a) secas
   b) escuras
   c) miúdas
   d) espalhadas

43) Não se tome tal forma como **arquétipo**.
   a) explicação
   b) modelo
   c) algo que não se pode analisar
   d) comparação

44) Colado ao **espaldar**, parecia que ia desmaiar.
   a) corrimão
   b) parede que separa dois cômodos
   c) costas da cadeira
   d) portão de garagem

45) Nesse **interregno**, telefonou para o pai.
   a) intervalo
   b) momento
   c) oportunidade
   d) grande espaço de tempo

■ TEMAS PARA REDAÇÃO
1) Todos merecem uma segunda oportunidade, inclusive eu
2) Uma pessoa muito especial (texto descritivo)
3) A devastação da floresta amazônica
4) O futebol como válvula de escape de um povo sofrido
5) Não estamos sós

DÉCIMA LIÇÃO

INVOCAÇÃO

Senhor,
Inundas-me no esplendor de tua luz
e, contudo, cego, não Te vejo.
Falas-me na eloquência de teu verbo
e, no entanto, surdo, não Te ouço.
Abrasas-me na ardência de teu amor
e, todavia, insensível, não Te sinto.
Oh! estranha contradição!
Tu, bem perto de mim,
E eu, tão longe de Ti!
Desvela-me, Senhor, os olhos, cegos de orgulho;
abre-me os ouvidos, surdos de vaidade,
e sensibiliza-me o coração, duro de maldade,
para que eu descubra tua divina presença
na intimidade de meu ser!
(Rubem C. Romanelli, *in* O Primado do Espírito)

GRAMÁTICA

PONTUAÇÃO

O maior problema de um texto costuma ser a pontuação, principalmente o emprego da vírgula. Você, como ser humano, não está obrigado a chegar à perfeição, mas, acredite, pode ficar muito próximo dela. Assunto de caráter extremamente subjetivo, a pontuação de um texto às vezes pode ser variada, o que é bom, pois apresenta ao escritor opções de embelezamento que talvez ele não encontre em outra língua. E você, leitor, que está escrevendo seus textos, literários ou não, tem um manancial de possibilidades de construção que lhe possibilitará escrever com correção e bom gosto. Vamos estudar, então, sempre de maneira muito objetiva, os sinais de pontuação do português.

■ EMPREGO DA VÍRGULA

De um modo geral, não se admite a vírgula para separar os termos da oração que não são lidos com pausa. São eles:

1) O verbo de seu sujeito.
   Ex.: Os cachorros, fizeram muito barulho. (errado)
   Os cachorros fizeram muito barulho. (certo)
Obs.: Mesmo na inversão, não se usa a vírgula.
   Ex.: Fizeram, os cachorros, muito barulho. (errado)
   Fizeram os cachorros muito barulho. (certo)

2) O verbo de seu objeto direto.
   Ex.: Ele perdeu, os documentos. (errado)
   Ele perdeu os documentos. (certo)

3) O verbo de seu objeto indireto.
   Ex.: Alguém precisa, de ajuda. (errado)
   Alguém precisa de ajuda. (certo)

4) O verbo do predicativo do sujeito.
   Ex.: Maria estava, doente. (errado)
   Maria estava doente. (certo)

5) O verbo de seu agente da passiva.
   Ex.: A história foi contada, por meu cunhado. (errado)
   A história foi contada por meu cunhado. (certo)

6) O nome (substantivo, adjetivo ou advérbio) de seu complemento (complemento nominal).
   Ex.: Tinha medo, do escuro. (errado)
   Tinha medo do escuro. (correto)

Vamos, a partir de agora, relacionar os casos de emprego da vírgula. Não é difícil. Leia com atenção e vontade de aprender... e tudo se simplificará.

1) Para separar termos intercalados.
   Ex.: Meu irmão, apesar da chuva, irá ao cinema.
   Meu irmão, pessoa muito alegre, irá ao cinema.
   Meu irmão, se eu pedir, irá ao cinema.

Obs.: Vários termos da oração podem aparecer intercalados entre o sujeito e o verbo, como acima, ou entre este e seus complementos. Na primeira frase, **apesar da chuva** é um adjunto adverbial; na segunda, **pessoa muito alegre**, um aposto; na terceira, **se eu pedir**, uma oração adverbial condicional.

2) Para separar os adjuntos adverbiais antecipados.
   Ex.: Após uma noite de leitura, o assunto estava assimilado.

> **OBSERVAÇÕES**
>
> a) Com apenas um advérbio ou uma expressão de pequeno tamanho, pode-se usar ou não a vírgula. Se já houver vírgula no texto, é preferível omiti-la no adjunto adverbial.
>   **Ex.:** Ontem fiz nova prova.
>   Ontem, fiz nova prova.
>   Ontem fiz, apesar de doente, nova prova.
> b) Na ordem direta, prefira não usar a vírgula, a menos que se trate de um termo muito longo. É uma questão subjetiva.
>   **Ex.:** Estudei o assunto à noite.

3) Para separar termos de mesma classe gramatical em coordenação.
   Ex.: Comprei revistas, livros, canetas e lápis.

Obs.: A palavra **e**, entre os dois últimos, dispensa a vírgula.

4) Para separar termos explicativos ou retificativos.
   Ex.: Perdi a pasta, ou melhor, a bolsa.

5) Para separar o vocativo.
   Ex.: Celso, mostre-lhe a casa.

6) Em orações começadas por gerúndio, lidas com pausa.
   Ex.: Explicou tudo ao professor, deixando-o bastante satisfeito.

7) Para separar as orações coordenadas, com exceção das começadas por **e**.
   Ex.: Preparou um vasto material, porém não agradou ao supervisor.

8) Para separar orações começadas por **e** que possuam sujeito diferente do que aparece na primeira oração.
   Ex.: Mário estudou para a prova, e Lúcia viu televisão.

Porém: Mário estudou para a prova e viu televisão.

9) Para separar orações adverbiais antecipadas.
   Ex.: Embora já faltassem alimentos, eles não perdiam a esperança.
Obs.: Na ordem direta, a vírgula é facultativa.
   Ex.: Eles não perdiam a esperança, embora já faltassem alimentos.
   Eles não perdiam a esperança embora já faltassem alimentos.

10) Para separar as orações subordinadas adjetivas explicativas (assemelham-se ao aposto).
    Ex.: O homem, que é mortal, precisa evoluir sempre.

11) Em frases, geralmente literárias, com a repetição da palavra **e** (polissíndeto). Nesse caso, a vírgula é facultativa, mas é preferível usá-la.
    Ex.: Correu, e brincou, e gritou, e dormiu.

12) Para indicar a supressão de um verbo.
    Ex.: Rodrigo fala baixo; João, muito alto. (fala)

■ EMPREGO DO PONTO E VÍRGULA

1) Para separar orações coordenadas quando a conjunção estiver depois do verbo.
   Ex.: Trabalhou exageradamente; ficou, portanto, cansado.
Obs.: Veja que a conjunção, nesse caso, aparece entre vírgulas.

2) Para separar orações com dois seguimentos distintos, os quais apresentam ideias semelhantes.
   Ex.: Ela pediu doces, sanduíches e empadas; ele, refrigerantes e água mineral.
Obs.: A pontuação dessa frase pode ser explicada de outra forma. Há vírgulas em cada oração, o que vai exigir ponto-e-vírgula, ou teríamos uma sequência absurda de vírgulas.

3) Para separar orações coordenadas, principalmente as de grande extensão. É claro que, como já vimos, você pode usar a vírgula.
   Ex.: Depois de alguns anos, não havia ali criatura alguma que não o admirasse profundamente; porém isso jamais mexeu com o seu comportamento dentro de nossa empresa.

4) Para separar os itens de uma enumeração.
   Ex.: Pedimos:
   a) lápis nº 3;
   b) canetas de tinta preta;
   c) papel para rascunho.

■ EMPREGO DE DOIS-PONTOS

1) Para fazer uma citação.
   Ex.: Disse Jesus: "Amai-vos como eu vos amei."

2) Para se introduzir um aposto, simples ou oracional.
   Ex.: Só desejava uma coisa: carinho.
   Exigiu algo: que o respeitassem.

3) Para fazer uma discriminação de coisas.
   Ex.: Precisas trazer: documento de identidade, duas fotos e carteira de trabalho.
   Obs.: Aqui, não é obrigatório o seu emprego, a menos que haja enumeração com mudança de linha.
   Ex.: Precisas trazer:
   a) documento de identidade;
   b) duas fotos;
   c) carteira de trabalho.

4) Antes de exemplo, nota, observação, mesmo quando abreviados.
   Ex.: Nota: O acidente ocorreu pela manhã.
   Obs.: Não encontrei ninguém em casa.
   Ex.: Vou trabalhar.

5) Para introduzir um esclarecimento.
   Ex.: Sou um homem feliz: tenho uma família maravilhosa.

■ EMPREGO DO PONTO

1) Para marcar o fim de um período.
   Ex.: Estávamos todos em sua casa.

2) Para indicar abreviatura.
   Ex.: apart.

■ EMPREGO DO PONTO DE EXCLAMAÇÃO

1) Para encerrar frases exclamativas.
   Ex.: Fale baixo, garoto!

2) Nas interjeições.
   Ex.: Puxa!

■ EMPREGO DO PONTO DE INTERROGAÇÃO

Usado para marcar frases interrogativas, quando se trata de interrogação direta, ou seja, a pergunta propriamente dita.

Ex.: Onde está o brinquedo? (interrogação direta)
Não sei onde está o brinquedo. (interrogação indireta)
Quem chegou? (interrogação direta)
Diga-me quem chegou. (interrogação indireta)

■ EMPREGO DO TRAVESSÃO

1) Para destacar uma palavra ou frase.
   Ex.: Um trabalho – tua monografia – foi premiado.

Obs.: Pode-se, aqui, usar a vírgula, mas é preferível o travessão.

2) Para introduzir uma ideia, colocando-a em evidência.
   Ex.: Luís, aluno muito inteligente – não apenas inteligente, como também esforçado –, fez o teste com especial cuidado.

Obs.: Esse é um emprego que requer muito cuidado. Veja a junção da vírgula e do travessão. Na dúvida, busque outra construção em seu texto. É preferível não arriscar, se houver insegurança.

3) Nos diálogos, para apontar a mudança de interlocutor.
   Ex.: – Você irá à festa?
   – Ainda não me decidi.

■ EMPREGO DE ASPAS

1) No começo e no fim de uma citação.
   Ex.: Já disse alguém: "O contato com vidas sublimes beneficia e enriquece."

2) Para marcar gírias e neologismos.
   Ex.: Ele é um "cara" inteligente.
   Você é um "musicida".

Obs.: Não use palavras assim em sua redação.

3) Para marcar palavras estrangeiras.
   Ex.: Após o "boom" imobiliário, sua vida mudou.

Obs.: Só use tais vocábulos em se tratando de termos técnicos ou científicos, sem correspondentes em português. Mesmo assim, convém evitar.

4) Para indicar um erro gramatical.
   Ex.: Menino "marvado" não é feliz.

Obs.: Só se admitem palavras erradas em textos narrativos para reproduzir a fala de um personagem inculto.

■ EMPREGO DE PARÊNTESES

Para indicar ideias acessórias, intercaladas no período. Podem ser orações, frases, palavras, expressões.

Ex.: Estávamos à mesa para iniciar a refeição (lembro-me agora de algo que mais tarde apresentarei), quando as luzes se apagaram.

Dizia ser pobre (que hipocrisia!), e todos acreditavam.

■ EMPREGO DE RETICÊNCIAS

Usam-se as reticências, de um modo geral, para indicar uma interrupção da ideia.

Ex.: Se eu tivesse participado...

Estavam discutindo e... Na realidade, não é nada importante.

■ EMPREGO DO APÓSTROFO

Emprega-se o apóstrofo para indicar a supressão de letra.

Ex.: caixa-d'água, estrela-d'alva

EXERCÍCIOS

179) **Empregue corretamente as vírgulas nas frases seguintes, mesmo quando se tratar de caso facultativo.**

1) Ele gritou mas ninguém ouviu.
2) Tenho maçãs laranjas goiabas e pêssegos.
3) Antes do almoço as colegas conversavam bastante.
4) Carregou o piano porque era forte.
5) Porque era forte carregou o piano.
6) Preferiu estudar à tarde deixando o trabalho para a noite.
7) As crianças pediram refrescos no entanto não foram atendidas.
8) Descansados os jogadores fizeram uma boa partida.
9) Falou pouco brincou menos ainda.
10) A Física ou melhor a Matemática era a sua grande paixão.
11) Os pedreiros os serventes os engenheiros buscavam fazer o melhor possível.
12) Se andarem ligeiro alcançarão a caravana o que tranquilizará os organizadores da festa.
13) Ninguém esperava que com medidas tão antipáticas ele viesse a prejudicar tantas pessoas.
14) O jovem chamou os amigos e para surpresa geral disse que se casaria logo.
15) Com o aumento dos impostos decisão que chocou os contribuintes e desagradou aos adversários políticos o governo confirmou que nada tem de popular.
16) O tigre que é um animal perigoso deve ficar isolado para que os visitantes do zoo não corram quaisquer riscos.
17) Amigo precisamos de uma participação mais ostensiva ousada inteligente.
18) Vejamos se com as solicitações do eleitorado ele se dispõe a alterar o projeto.
19) Como foi combinado estou-te trazendo as informações necessárias ao que pretendes escrever.
20) Entregou ao cliente as notas fiscais e para que não restassem dúvidas despachou imediatamente as mercadorias.

180) **Pontue adequadamente as frases seguintes.**

1) Só desejava uma coisa paz
2) Quem contrariando determinações superiores encomendou o papel
3) Quanta desgraça meu Deus
4) Ignoro qual foi o resultado portanto ficarei em silêncio
5) Eu tinha três pedidos a fazer ela mais de dez

6) Disse Napoleão Elevamo-nos acima daqueles que nos ofendem perdoando-lhes
7) Recebeu muitos elogios estava no entanto triste
8) Puxa Você ainda não entendeu
9) Alguém um amigo resolveu ampará-lo
10) Estava escrito na porta A fé remove montanhas
11) Ainda que estivesse para chover foi ao jogo de boliche
12) Respondi a seu pai que não haveria necessidade de tanto planejamento porque pelo que pude observar todos já sabiam exatamente o que fazer
13) Afirmou Confúcio Há pessoas que choram por saber que as rosas têm espinhos outras há que gargalham de alegria por saber que os espinhos têm rosas
14) Posso dizer uma coisa
    Pode mas seja discreto
15) Rio de Janeiro 8 de dezembro de 2000
16) Não se vive sem ar sem luz sem pão sem amor
17) Desconheço quem lhe contou o incidente
18) Glória poder dinheiro todas as coisas materiais passam
19) Caiu mas não se machucou
20) Minha mãe que é muito sensível percebeu o perigo e meu pai chamou a polícia

181) **Assinale o erro de pontuação.**
   a) "A boa educação é moeda de ouro: em toda parte tem valor." (Pe. Vieira)
   b) Moço pode devolver minha pipa?
   c) Não grite, que o quarto é pequeno!
   d) Antigamente, poucos pensavam assim.

182) **Marque o erro de pontuação.**
   a) Marcos, o eletricista, precisa receber o pagamento.
   b) Marcos, o eletricista precisa receber o pagamento.
   c) Quero que, à noite, não haja problemas.
   d) Algumas pessoas apesar de adoentadas, garantiram a presença.

183) **Assinale a frase imperfeita quanto à pontuação.**
   a) Fiz ginástica e joguei vôlei.
   b) Fiz ginástica, e ele jogou vôlei.
   c) Apareceram, risonhos, os participantes.
   d) Apareceram, os participantes, risonhos.

184) **Assinale a única frase sem erro de pontuação.**
   a) À medida que o tempo passava ia ficando nervoso.
   b) Sei que, por causa do mau tempo a corrida foi suspensa.
   c) Quero dar-lhe algo especial: uma amizade sincera.
   d) Puxa, você é terrível.

185) **Há erro de pontuação em:**
   a) Buscava um exemplo (como falha, às vezes, a memória!), enquanto o auditório me observava.
   b) "Não penses mal dos que procedem mal; pensa somente que estão equivocados." (Sócrates)
   c) O estudante pesquisou em obras científicas todavia não encontrou uma solução.
   d) Queria dizer ainda que... Bem, estão-me pedindo para encerrar.

186) **Há erro de pontuação em:**
   a) Dei-lhe uma rosa, sua flor preferida.
   b) Deixe-me em paz, por favor!
   c) Quem chegou? Se não responder, não abrirei.
   d) Paulo, Henrique, Januário, Alberto, foram os candidatos aprovados.

187) **Assinale o erro de pontuação.**
   a) Alguém, iluminado, disse uma vez: "O pessimista senta-se e lastima-se; o otimista levanta-se e age."
   b) Começou a tremer e, por ser muito doente pensou que ia morrer.
   c) Deus nos criou para sermos felizes; façamos, pois, a nossa parte.
   d) Vamos à festa, meu bem?

188) **Marque o erro de pontuação.**
   a) Não faltarei ao teste porque sou cuidadoso.
   b) Não faltarei ao teste, porque sou cuidadoso.
   c) Como fazia muito frio pegou o agasalho.
   d) Como fazia muito frio, pegou o agasalho.

189) **Só não há erro de pontuação em:**
   a) "Falar mal dos outros, é um modo desonesto de nos elogiarmos." (Elza Yung)
   b) Comeu tanta feijoada, que passou mal.
   c) Ansioso por uma resposta andava de um lado para o outro.
   d) A criança chorou, porém, foi consolada.

190) **Marque o erro de pontuação.**
   a) Não obstante sua estranha posição, pôde falar sossegado.
   b) "Quem enxuga lágrimas alheias não tem tempo de chorar." (Fernando de Magalhães)
   c) Ora fazia poemas, ora pintava quadros.
   d) "As pessoas mais felizes, são as que abrem o coração aos influxos do Amor." (Humberto de Campos)

ORIENTAÇÃO ORTOGRÁFICA
ABREVIAÇÃO, ABREVIATURA, SIGLA

Muitas vezes uma palavra em português aparece escrita de maneira reduzida, por razões de espaço ou mesmo de estética. Assim, temos:

■ ABREVIAÇÃO

Processo de formação de palavras que consiste no emprego de uma ou mais sílabas do vocábulo, sem o ponto característico das abreviaturas. Trata-se da criação de uma nova palavra, de uso escrito e oral, coexistindo as duas formas no idioma.

Ex.: fotografia – foto
motocicleta – moto
pneumático – pneu
Fluminense – Flu
poliomielite – pólio
metropolitano – metrô
cinematógrafo – cinema e, desta, cine

Veja bem que tanto se diz **Tirei uma fotografia** como **Tirei uma foto**. Trata-se de uma nova palavra (**foto**) derivada por abreviação de **fotografia**.

■ ABREVIATURA

É a grafia reduzida de uma palavra ou expressão, com a finalidade de ganhar espaço. É recurso típico da língua escrita.

Ex.: obj. (objeto), pres. ind. (presente do indicativo)

Há algumas regras, não de todo rígidas, que convém saber.

1) Na maioria das vezes, a abreviatura termina por um ponto colocado depois de consoante; havendo encontro consonantal, o ponto fica depois da última.
   Ex.: s. (substantivo), compl. (complemento)

2) Os símbolos técnicos se escrevem sem ponto.
   Ex.: h (hora), g (grama), min (minuto), Au (ouro), ha (hectare)
   Obs.: Não se usa o **s** para marcar plural. Assim, **h** vale para **hora** ou **horas**.

3) Algumas abreviaturas têm a parte final em elevação.
   Ex.: am$^{\underline{o}}$ (amigo), dr$^{\underline{a}}$ (doutora)
   Obs.: Em virtude de dificuldades gráficas, admite-se, hoje em dia, amo., dra. etc. (nunca, porém, am.o, dr.a etc.)

4) Nas abreviaturas, conservam-se os acentos e os hifens.
   Ex.: déb. (débito), m.-q.-perf. (mais-que-perfeito)

5) Para formar o plural, acrescenta-se a letra **s**.
   Ex.: srs. (senhores), adjs. (adjetivos)
   Obs.: Se as letras forem maiúsculas, o plural se faz dobrando essas letras.
   Ex.: VV. MM. (Vossas Majestades)

6) As letras maiúsculas dobradas também podem ser abreviaturas de determinados superlativos.
   Ex.: MM. (Meritíssimo), DD. (Digníssimo)

OBSERVAÇÕES

a) Quando a abreviatura encerra o período, o ponto acumula funções, ou seja, serve também como ponto final. Não se usam, assim, dois pontos seguidos.
   Ex.: Terminamos a 1ª f.

b) No caso dos símbolos técnicos, em fim de período será usado normalmente o ponto final.
   Ex.: Já são 2 h.

c) Veja, na segunda parte do livro, uma relação de abreviaturas.

■ SIGLA

Redução de um nome composto ou de uma expressão, a sigla é um tipo especial de abreviatura, quase sempre a reunião das letras iniciais das principais palavras de uma denominação ou título. As letras que a constituem são quase sempre maiúsculas.

Ex.: A.B.I. ou ABI (Associação Brasileira de Imprensa)

OBSERVAÇÕES

a) As siglas servem para a representação reduzida dos nomes de organizações, instituições, partidos políticos, revistas, jornais etc.

b) No português atual, dá-se preferência a não empregar ponto nas siglas.
   Ex.: ONU (preferível a O.N.U.), ABL (preferível a A.B.L.)

c) Consideram-se siglas as abreviaturas dos nomes de estados brasileiros, embora às vezes se trate de uma única palavra.
   Ex.: AM – Amazonas, PR – Paraná

d) Veja, na segunda parte do livro, uma relação de siglas.

EXERCÍCIOS

191) **Assinale o erro na formação da abreviatura.**
   a) objeto direto – obj. dir.
   b) apartamento – apt$^{\underline{o}}$
   c) metro ou metros – m
   d) substantivo – s.

192) **Marque o erro na formação da abreviatura.**
   a) dicionário – dic.
   b) capitão – cap.
   c) catálogo – cat.
   d) cônego – con.

193) **Assinale o erro na formação da abreviatura.**
   a) are ou ares – a
   b) advérbio – adv.
   c) máquina – máqu.
   d) obrigado – obr$^{\underline{o}}$

194) **Está errada a abreviatura em:**
   a) rubrica – rubr.
   b) quinzenal – quinz.
   c) Vossa Senhoria – V. S.
   d) vogal – vog.

195) **Há erro de abreviatura em:**
   a) século – séc.
   b) pronome pessoal – pron. pess.
   c) quarteirão – quart.
   d) capitão-tenente – cap. ten.

196) **Aponte o erro de abreviatura.**
   a) alfabeto – alf.
   b) dúzia – dúz.
   c) formação portuguesa – form. port.
   d) sufixo – suf.

197) **Assinale a alternativa em que somente a primeira abreviatura é correta.**
   a) prefixo – pref. ou pr.
   b) minuto – min ou m
   c) pronome – pron. ou pr.
   d) folha – f. ou fl. ou fol.

198) **Assinale o erro na formação das siglas referentes a estados brasileiros.**
   a) SC – Santa Catarina
   b) MG – Minas Gerais
   c) RO – Roraima
   d) ES – Espírito Santo

199) **Marque o erro de formação da sigla.**
   a) AM – Amapá
   b) MS – Mato Grosso do Sul
   c) CE – Ceará
   d) SP – São Paulo

200) **Assinale o erro de formação da sigla.**
   a) GO – Goiás
   b) AC – Acre
   c) PA – Paraná
   d) MT – Mato Grosso

PARA ESCREVER BEM

DISSERTAÇÃO

Um texto é dissertativo quando está centrado na ideia, no ponto de vista. Nele, faz-se uma argumentação, questiona-se determinado assunto.

Podem-se distinguir dois tipos de dissertação, a saber:

a) **Dissertação objetiva**

Transmite conhecimentos de um modo geral e busca ensinar diretamente, com o verbo na terceira pessoa. É, portanto, impessoal, falando tão somente à inteligência de quem lê.

Veja o trecho seguinte.

"Diz-se que uma pessoa tem boa memória quando é capaz de lembrar prontamente o que deseja lembrar. Em outras palavras, sua memória é retentiva e seletiva. Por outro lado, a assim chamada "memória fotográfica" é, realmente, uma desvantagem porque significa que a mente fica atravancada de detalhes não essenciais de que não há necessidade de lembrar."

(Geoffrey A. Dudley, *in* Como Aprender Mais)

Observe que o autor expõe **ideias** sobre a memória. Ele afirma que a "memória fotográfica" é, na realidade, uma desvantagem; afirma e diz por quê: a mente fica atravancada de detalhes sem maior importância, e isso constitui a **argumentação**.

b) **Dissertação subjetiva**

Expõe e defende as ideias, procurando sensibilizar o leitor. As ideias têm caráter pessoal, opinativo. Apresenta frequentemente o verbo na primeira pessoa. Volta-se para o lado afetivo, psicológico, do leitor. Busca o envolvimento, falando mais ao sentimento do que à razão, embora essa separação nada tenha de absoluto.

Leia atentamente o exemplo seguinte.

"Falo-vos de uma compreensão ampla, que se traduz como faculdade de o mestre sintonizar-se com a alma do discípulo e sentir em si as deficiências deste. Falo-vos de uma compreensão profunda, que se exprime como a capacidade de o educador penetrar, portas adentro, no coração do educando e fazer que aí se converta em sorriso toda lágrima, em esperança todo desespero, em luz toda treva, em amor todo ódio. Falo-vos de uma compreensão que, correndo ao encontro do Infinito, abre os braços para todas as criaturas."
(Rubem C. Romanelli, *in* O Primado do Espírito)

Aqui, o autor centraliza o texto na compreensão. Seus **argumentos** se voltam de maneira direta, parcial, para o leitor, mexendo com a sensibilidade dele. Note o emprego do verbo **falar** na primeira pessoa, embora não seja isso obrigatório em uma dissertação subjetiva.

■ ESTRUTURA DA DISSERTAÇÃO

1) **Introdução**

Representada pelo primeiro parágrafo, de pequena extensão. É a parte da dissertação em que se apresenta uma ideia, de maneira sucinta, através de uma ou mais afirmações, a qual será defendida na segunda parte da redação.

Ex.: O Brasil é, sem dúvida, um país de contrastes.

2) **Desenvolvimento**

É a parte da composição em que se expõem os pontos de vista, em que se **argumenta** na tentativa de mostrar ao leitor que é perfeita a afirmação feita na introdução. É o corpo, como querem alguns, da redação.

O desenvolvimento é formado por um ou vários parágrafos, curtos ou extensos, de acordo com a necessidade da exposição. No caso da introdução proposta sobre o Brasil, o autor vai explicar por que se trata de um país de contrastes. É com os seus argumentos que ele poderá convencer o leitor dessa realidade. Poderia ficar assim:

Clima ameno, terra fértil e acolhedora, belezas naturais que nenhum outro país pode superar: esse o retrato em cores de um Brasil abençoado, cujo povo, amistoso, alegre e otimista, tanto ama e respeita.

Péssima distribuição de renda, impunidade crônica e pouco caso de governantes indolentes, corruptos e gananciosos: essa a imagem em preto e branco de uma nação sofrida que não se respeita a si mesma.

3) **Conclusão**

É o fecho da redação, através de um parágrafo curto, em que se apresenta uma ideia definitiva, cabal, sobre o assunto desenvolvido. Há inúmeras técnicas de fechamento: resumo do desenvolvimento, retorno à introdução, citação comentada de uma personalidade famosa e marcante etc.

Veja uma proposta de conclusão sobre o tema que estamos abordando.

Enfim, ser brasileiro, como disse o poeta em ralação às mães, é, sem dúvida alguma, "padecer num paraíso".

Podemos deduzir, portanto, que uma dissertação apresenta pelo menos três parágrafos, sendo o primeiro (introdução) e o último (conclusão) sempre de pequena extensão. Seria absurdo, por exemplo, uma conclusão maior que o desenvolvimento.

■ OBSERVAÇÃO FINAL

A divisão dos textos em tipos diferentes (descrição, narração e dissertação), que vimos de maneira sucinta nos três últimos capítulos, não é com certeza absoluta. Há textos de tipologia mista, isto é, que apresentam dois ou até três tipos diferentes. No entanto, cabe ressaltar que, até em função do tema abordado, costuma haver a predominância de um deles.

Assim, se falamos sobre uma pescaria, basicamente temos uma narração. Podem, eventualmente, ocorrer elementos descritivos (falar um pouco sobre o rio em que se pesca, por exemplo), ou dissertativos (expressar, quem sabe, ideias sobre a importância da pesca).

Importante mesmo é que a pessoa, ao escrever, não tenha esse tipo de preocupação. Ela precisa ser natural, usar a imaginação no processo criativo e observar os fatos gramaticais que vimos apresentando neste livro.

■ TEXTOS DISSERTATIVOS

I

" A análise sintática tem sido causa de crônicas e incômodas enxaquecas nos alunos de ensino médio. É que muitos professores, por tradição ou por comodismo, a têm transformado no próprio conteúdo do aprendizado da língua, como se aprender português fosse exclusivamente aprender análise sintática. O que deveria ser um instrumento de trabalho, um meio eficaz de aprendizagem, passou a ser um fim em si mesmo. Ora, ninguém estuda a língua só para saber o nome, quase sempre rebarbativo, de todos os componentes da frase."

(Othon M. Garcia, *in* Comunicação em Prosa Moderna)

II

"O homem é como uma casa. Tal e qual. Há casas que são pura fachada. Atrás de um belo e suntuoso frontispício, escondem um interior e uns fundos miseráveis. Em compensação, há homens de aparência rude, de mãos calejadas e rosto cheio de sulcos que, no entanto, ao se lhes penetrar no íntimo, revelam uma alma hospitaleira, repleta de bondade sincera e de celestial tranquilidade."

(Barão de Itararé, *in* Máximas e Mínimas do Barão de Itararé)

III

"Todo mundo é especialista em interpretar o recado das urnas. Para não fugir à regra permita-se que se encerrem estas linhas com uma modesta contribuição nesse sentido. Estas eleições resultaram em esmagadora vitória da oposição, só comparável, em tamanho e densidade, à que, de maneira igualmente nítida, contemplou a situação. O eleitorado votou maciçamente em candidatos éticos. Só deixou de fazê-lo quando, para não perder o costume, premiou, na mesma proporção, conhecidos ladrões. Revelou-se um manifesto desejo de ruptura, só comparável a igual desejo de continuidade, tudo resultando em claro sinal de uma audácia prudente, ou de uma opção pelo avanço sem fechar as portas para a possibilidade sempre presente do recuo. Em suma, evidenciou-se, da parte do eleitorado, um sensível descontentamento, temperado de compensadora satisfação. Pelo que se conclui que em 2002, se não tomar cuidado, a oposição sofrerá punição igual à que, desde já, pode-se apostar que recairá sobre o governo."

(Roberto Pompeu de Toledo, *in* revista Veja, 8/11/00)

IV

"O assaltante não é apenas o ladrão que nos intimida com um revólver e nos leva a carteira. Nem o que nos invade a casa e prende a família no banheiro. É também o que nos calunia ou nos insulta, a serviço de seus rancores e de suas frustrações pessoais.

A dignidade do intelectual está na proporção de sua probidade. Essa probidade se apoia na sua competência. Por isso, todas as vezes em que nos ocorre ler uma agressão despropositada, convém procurar saber que autoridade tem o agressor. E a razão de ser de seu ataque."

(Josué Montello, *in* revista Manchete, 10/90)

V

"A medicina é uma profissão vetusta, considerada a ciência das incertezas e a arte das probabilidades. Antecede de muito o aparecimento da ciência, que se consolida a partir de Galileu, e principalmente Descartes, no século 16. Sua respeitabilidade e sua credibilidade emanam de dois pilares fundamentais: a relação médico – paciente e o sigilo profissional, intimamente imbricados. O sigilo é a garantia do paciente, a ele pertencente. O médico se torna fiel depositário de confissões, sabendo de intimidades somente porque exerce a medicina."

(José Eberienos Assad, *in* Jornal do Brasil, 23/1/01)

EXERCÍCIOS ESTRUTURAIS

MELHORAMENTO DE TEXTOS

Nos exercícios abaixo, procure melhorar a estrutura das frases, tornando-as mais claras e inteligíveis. Há muitas maneiras de fazer isso. O importante é, antes de tudo, perceber aquilo que precisa ser alterado. Depois, é só ser criativo. Veja o modelo.

Há muita e muita gente que trabalha muito de dia e, a partir das 18 horas, à noite, estuda.

Note que a repetição da palavra **muita**, além de enfear a frase, não acrescenta absolutamente nada. Depois aparece **muito**, que deve ser retirado pois, bem perto, existe **muita**. Por fim, uma redundância descabida: **a partir das 18 horas** é o mesmo que **à noite**. Como foi usada a palavra **dia**, optaremos, para criar o devido contraste, pela palavra **noite**. Assim, teríamos uma frase precisa, clara, agradável e simples: **Há muita gente que trabalha de dia e estuda à noite**.

EXERCÍCIOS

201) **Melhore os trechos seguintes.**
   1) Os homens que para seus filhos falam a verdade só, eles dão um bom exemplo de boa conduta em sociedade.
   2) Quando o português, lusitano de família rica e abastada, bem como famosa e também influente, chegou ao Brasil, no Brasil ele se estabeleceu como borracheiro para trocar pneus e ele dominou o mercado logo.
   3) Eu tenho várias camisas no apartamento, enquanto que meu irmão tem uma camisa apenas.
   4) Teu amigo encontramos na escola, e o pai do teu amigo também estava na escola.
   5) Notei que seu avô ficou feliz e que sua avó também se alegrou porque você foi aprovado e, mesmo assim, não perdeu sua humildade.

6) A confusão criada pelo irmão tornou-se um problemão para todos os membros da família.
7) Todos os que estavam presentes ali, naquela fria noite, puderam perceber que, como tudo estava indicando, iria certamente faltar o alimento para todos os animais da fazenda, inclusive para os cães.
8) Antigamente o computador não existia, a tevê a cabo não havia, nem, há muito tempo, existia o telefone celular, mas nem por causa disso o homem era infeliz.
9) Apesar de estar chovendo torrencialmente e estar trovejando assustadoramente, o garoto queria sair para ir ao campo alagado e jogar futebol com outros meninos.
10) Tudo que tem que ser feito será, ou seja, de maneira igual à que ele recomendou.
11) Foi aqui que ele nasceu e será aqui que ele morrerá.
12) Os operários, que se mostravam muito revoltados com os seus patrões e com o governo, resolveram, depois de sua participação em reuniões que os desgastaram tanto, fazer uma greve, paralisando imediatamente todas as suas atividades na fábrica.
13) Logo depois das aulas daquele dia, os mestres disseram para o coordenador estarem com muita preocupação quanto à péssima disciplina da escola.
14) A realização do evento estava sob a responsabilidade de um grupo. Acontece que esse grupo nunca teve experiência na realização de evento algum.
15) Não quiseram participar da pesquisa os cientistas, porque pesquisas naquele campo não é próprio de cientistas.
16) Ele tem um colega néscio naquela cidade, e tem ainda um outro, que é aparvalhado.
17) Há pássaros na árvore e há pássaros na piscina. Não sei se devo fazer alguma coisa para dar comida a eles.
18) Os turistas perderam-se na mata e, desorientados, no início da excursão, só foram encontrados duas horas mais tarde.
19) Queria reformar sua casa que estava em mau estado, mas não tinha dinheiro que lhe permitisse fazer tal coisa.
20) Naquela época, que por sinal era bastante afastada no tempo, as mulheres usavam vestidos sempre compridos, até os calcanhares, e com babados.
21) As crianças olhavam para aquelas nuvens no céu, admiradas, que formavam desenhos, figuras, em sua imaginação infantil.
22) Encomendei algumas ferramentas, mas, se não gostar das ferramentas, devolverei as mesmas imediatamente.
23) É certo que não é agradável, tanto a um quanto a outro, ter que se desculpar na frente de todos pelo que fizeram de errado.
24) Ele gostava muito de frutas, mas só comia frutas quando as mesmas não estavam verdes, ou seja, estavam maduras.
25) Viver no luxo é viver no fausto. Está aí um negócio que eu não quero para mim, por causa da minha simplicidade natural.

ENRIQUECIMENTO DO VOCABULÁRIO

EXERCÍCIOS

202) Assinale o significado ou o sinônimo da palavra em destaque.

1) Era **lépido** como um coelho.
   - a) manso
   - b) delicado
   - c) ligeiro
   - d) fraco

2) Aquele povo **ignaro** não o reconheceu.
   - a) esforçado
   - b) ignorante
   - c) infeliz
   - d) faminto

3) Estávamos no **limiar** do século XVIII.
   - a) final
   - b) meio
   - c) desenrolar
   - d) início

4) Queriam **insular**-me por causa da ferida.
   - a) expulsar
   - b) medicar
   - c) ajudar
   - d) isolar

5) Vi nele um **álacre** personagem para o romance.
   - a) altivo, orgulhoso
   - b) alegre, jovial
   - c) sem graça, sem vida
   - d) meigo, suave

6) Não quis **encilhar** o cavalo.
   - a) pôr arreio em
   - b) montar
   - c) amarrar
   - d) pôr ferradura em

7) Não recebeu uma simples **côdea** de pão.
   - a) casca
   - b) fatia
   - c) farelo
   - d) miolo

8) Negou-se a assinar o contrato **espúrio** colocado à sua frente.
   a) mal redigido
   b) que dá margem a mais de uma interpretação
   c) falsificado, adulterado
   d) improvisado

9) Há boas notícias ali, **máxime** para os mais antigos.
   a) exceto
   b) geralmente
   c) provavelmente
   d) principalmente

10) Ninguém gostaria de **cominar** penas severas.
    a) abrandar
    b) impor
    c) propor
    d) receber

11) Leu para todos uma frase **escorreita**.
    a) imprópria
    b) correta
    c) incorreta
    d) escolhida

12) Pretendia **encetar** a conversa.
    a) encerrar
    b) prolongar
    c) adiar
    d) começar

13) O **indefesso** funcionário foi elogiado pelo presidente.
    a) competente
    b) honrado
    c) que tem boa vontade
    d) incansável

14) Não contávamos com o **vilipêndio** de Vossa Senhoria.
    a) falta de educação
    b) desprezo
    c) despreparo
    d) má vontade

15) Nada que falou pode ser considerado **relevante**.
    a) verdadeiro
    b) importante
    c) incomum
    d) falso

16) Em noites inesquecíveis, buscava **vaticinar** o futuro.
    a) predizer
    b) preparar
    c) facilitar
    d) conquistar

17) Seu pensamento não atingiria o mais **soez** dos homens.
   a) puro
   b) egoísta
   c) vulgar
   d) lúcido

18) Aprendeu, desde cedo, a **prevaricar**.
   a) pedir dinheiro a agiotas
   b) passar pelo que não é
   c) discordar de tudo
   d) faltar ao dever

19) Convém **respaldar** semelhante campanha.
   a) acompanhar de perto
   b) controlar
   c) apoiar
   d) lembrar

20) Falou-se de um acontecimento sobremaneira **despiciendo**.
   a) admirável
   b) desprezível
   c) humilhante
   d) imprevisível

21) Pedras **micantes** podiam ser vistas na prateleira.
   a) coloridas
   b) brilhantes
   c) lisas
   d) semipreciosas

22) Ao **perpetrar** os crimes, animalizou-se.
   a) cometer
   b) idealizar
   c) admitir
   d) apoiar

23) Não se pode **detrair** quem quer que seja.
   a) trair
   b) odiar
   c) xingar
   d) difamar

24) Foi um acontecimento **calamitoso**.
   a) catastrófico
   b) sem importância
   c) supervalorizado
   d) casual

25) Não é mais que um **arremedo** de romance.
   a) tentativa
   b) imitação
   c) sinopse
   d) introdução

26) Engoliu, sem pensar, o líquido **capitoso** e doce.
   a) viscoso
   b) que embriaga
   c) que cura
   d) leitoso

27) Ele era um defensor **estrênuo** da democracia.
   a) radical
   b) moderado
   c) convicto
   d) corajoso

28) Fui atingido no **zigoma**.
   a) osso do rosto
   b) músculo do pescoço
   c) osso do pé
   d) nuca

29) Qualquer forma de **vindita** não é cristã.
   a) vaidade
   b) orgulho
   c) maledicência
   d) vingança

30) Não podes **descoroçoar** agora.
   a) falhar
   b) fugir
   c) desanimar
   d) apelar

31) Passou os últimos dias em uma **enxerga**.
   a) cama pobre
   b) cárcere
   c) jaula
   d) casebre

32) Apesar dos **doestos**, prosseguiu a caminhada.
   a) ameaças
   b) socos
   c) insultos
   d) obstáculos

33) O **copioso** pranto não os comoveu.
   a) triste
   b) ardente
   c) abundante
   d) sincero

34) O menino **esquálido** me deixou intrigado.
   a) pobre
   b) enigmático, misterioso
   c) assustado
   d) descorado, pálido

35) Usava uma túnica **inconsútil**.
   a) sem dobras
   b) limpa, pura
   c) macia
   d) sem costura

36) Sua vida **dissoluta** levou-o à loucura.
   a) libertina, depravada
   b) perigosa
   c) tumultuada, estressante
   d) monótona

37) Foi um ato **caviloso**.
   a) covarde
   b) despretensioso
   c) amoroso
   d) fraudulento

38) Fiz uma leitura **rebarbativa**.
   a) enfadonha, maçante
   b) repetitiva
   c) superficial
   d) agradável

39) Um homem **réprobro** o esperava na rua.
   a) honrado
   b) perverso
   c) dinâmico
   d) confiante

40) Foi dura a **invectiva**.
   a) disputa
   b) partida
   c) insulto
   d) queda

41) Era o **crepúsculo** da civilização grega.
   a) apogeu
   b) fim
   c) decadência
   d) perdição

42) O cientista estava examinando a inscrição **rupestre**.
   a) antiga
   b) gravada na rocha
   c) enigmática
   d) gravada na madeira

43) Depois do **espasmo**, sentiu sono.
   a) tombo
   b) convulsão
   c) febre
   d) gripe acompanhada de tonteira

44) Descobriu o remédio em uma **cripta**.
   a) gruta
   b) baú
   c) jarro antigo
   d) poço abandonado

45) Sentiu nos dedos o ameno **aljôfar**.
   a) algodão
   b) brisa
   c) orvalho da manhã
   d) pétala de rosa

■ TEMAS PARA REDAÇÃO

1) O maior inimigo do homem é o próprio homem
2) Viver em plenitude
3) Os extremos costumam ser perigosos
4) Não há boas redações sem boas leituras
5) Minha felicidade depende de mim mesmo

SEGUNDA PARTE

I
GLOSSÁRIO DE DÚVIDAS E DIFICULDADES

A

A – Palavra que pertence a variadas classes gramaticais.

1. Artigo definido

Ex.: A folha caiu. (acompanha substantivo)

2. Pronome pessoal oblíquo átono

Ex.: Encontrei-a no armário. (= ela)

3. Pronome substantivo demonstrativo

Ex.: A que ele levou é mais bonita. (= aquela)

4. Preposição

Ex.: Obedeça a eles.

Como preposição, tem largo emprego na língua. Estudaremos várias situações neste glossário.

À – E não **à la**.

Ex.: Arroz à grega. (certo)

Arroz à la grega. (errado)

Abaixo-assinado / Abaixo assinado

a) Fiz um abaixo-assinado. Fiz dois abaixo-assinados.

Com hífen, trata-se do documento.

b) Os abaixo assinados solicitam uma audiência.

Sem hífen, trata-se das pessoas que assinam o documento.

Abeto – Espécie de planta. A vogal tônica possui timbre fechado: abêto.

Aberto – Particípio do verbo **abrir**. Não existe a forma **abrido**.

Abóbada – E não **abóboda**.

Abóbora – E não **abobra**, de uso popular. É o mesmo que **jerimum**, palavra usada no Norte e no Nordeste.

À boca pequena – Expressão que significa **em voz baixa**, **em segredo**. O mesmo que **à boca miúda**.

Ex.: Comenta-se à boca pequena que ele se demitiu.

Abrir / Abrir-se.

a) Ele abriu a porta. (certo)

b) A porta abriu-se e ele passou. (certo)

c) A porta abriu e ele passou. (errado)

Absolutamente – Palavra que confirma tanto uma afirmação como uma negação. Não deve ser usada como advérbio de negação. Significa completamente, inteiramente. Eis um emprego indevido da palavra:

– Você estudará à noite?

– Absolutamente.

Deve-se empregá-la como elemento de reforço, nunca sozinha expressando negação. Assim, respondendo à pergunta, deveríamos dizer: **absolutamente não**, ou, apenas, **não**.

Obs.: Não pode ser substituída por **em absoluto**.

Ex.: Em absoluto não irei. (errado)

Absolutamente não irei. (certo)

Abstraindo-se de – E não **abstração feita de**.

A expressão significa **não se fazendo caso de**, **pondo-se de lado**.

Ex.: Abstração feita de sua opinião, o grupo viajou à noite. (errado)

Abstraindo-se de sua opinião, o grupo viajou à noite. (certo)

Acabamento final – Redundância. Acabamento já é, por si só, no final.

Ex.: O artista fez o acabamento final da obra. (errado)

O artista fez o acabamento da obra. (certo)

Acaso / Caso / Se

Ex.: Caso você prefira, trarei as ferramentas.

Se você preferir, trarei as ferramentas.

As duas frases são perfeitas. **Caso** e **se** são sinônimos, conjunções subordinativas condicionais. Não podem ser usadas ao mesmo tempo, como tanto se observa por aí.

Ex.: Se caso você preferir, trarei as ferramentas.

Houve aqui confusão entre **caso** e **acaso**. Escreva-se, portanto: Se acaso você preferir, trarei as ferramentas. **Acaso** significa porventura, por acaso.

A cavaleiro – Locução que significa **em lugar superior**.

Ex.: Ele falava a cavaleiro. Estava a cavaleiro de uma planície.

Acender / Acender-se

a) Ele acendeu a luz. (certo)

b) A luz se acendeu repentinamente. (certo)

c) A luz acendeu repentinamente. (errado)

Acerbo – Azedo, ácido. A vogal tônica tem som aberto: acérbo.

Acervo – Preferência para o timbre fechado da vogal: acêrvo.

Acidente de ônibus – E não **acidente envolvendo ônibus**.

Acidente mata – E não **tragédia mata**. O acidente é que causa a tragédia.

Acontecer – E não **ter lugar**

Ex.: Aqui teve lugar uma importante reunião. (errado)

Aqui aconteceu uma importante reunião. (certo)

A cores – V. **Em cores**.

Acrescentar mais – Redundância. Acrescentar só pode ser mais.

Ex.: Ele acrescentou mais palavras. (errado)

Ele acrescentou palavras. (certo)

A curto prazo – V. **Em curto prazo**.

À custa de – E não **às custas de**.

Adentro – E não **a dentro**.

Adiar para depois – Redundância. Adiar só pode ser para depois.

Ex.: O diretor adiou para depois a reunião. (errado)

O diretor adiou a reunião. (certo)

Adivinhar / adivinho – E não **advinhar / Advinho**.

A domicílio – Expressão que só pode ser utilizada se o verbo pedir a preposição **a**. Nos outros casos, usa-se **em domicílio**.

Ex.: Ele foi a domicílio.

Entregas em domicílio.

Adrede – Significa **de propósito**. A vogal tônica tem timbre fechado: adrêde

À entrada / Na entrada – Ambas corretas.

Ex.: Espero-o à entrada.

Espero-o na entrada.

Aerossol – E não **aerosol** ou **aero-sol**.

À exceção de / Com exceção de / Exceto – E não **exceção feita de**.

Ex.: À exceção de você, todos vieram. (certo)

Com exceção de você, todos vieram. (certo)

Exceto você, todos vieram. (certo)

Exceção feita de você, todos vieram. (errado)

À falta de / Na falta de – Ambas corretas.

Ex.: À falta de alguém, utilizaremos um boneco.

Na falta de alguém, utilizaremos um boneco.

Afim / A fim de

a) **Afim** significa **que tem afinidade**. É mais usado no plural.

Ex.: Primo afim. Colegas afins.

b) **A fim de** é o mesmo que **para**; indica finalidade.

Ex.: Fui ao Centro a fim de comprar um paletó.

Obs.: Não é correto o uso de **a fim de** com o valor de **estar com vontade de**.

Ex.: Estou a fim de passear. (errado)

Estou com vontade de passear. (certo)

A folhas / À folha / Na folha – As três são corretas.

Ex.: Ficou registrado a folhas 8.

Ficou registrado à folha 8.

Ficou registrado na folha 8.

Afora / A fora

a) **A fora** só é usado em oposição à palavra **dentro**.

Ex.: Olhou de dentro **a fora**.

b) **Afora** aparece em todos os demais casos.

Ex.: Viajava pelo Brasil afora.

Pela vida afora conhecera muitas pessoas especiais.

Saímos pela porta afora.

Afora meu irmão, todos concordaram.

Obs.: Na última frase, onde significa **exceto**, **salvo**, pode ser trocado por **fora**.

Ex.: Fora meu irmão, todos concordaram.

Aforismo – E não **aforisma**.

A gente – V. **Nós**.

Agravante – Palavra feminina: a agravante.

Aguardente – Palavra feminina: a aguardente.

A / Há

a) Com o futuro, usa-se a preposição **a**.

Ex.: Chegarei daqui a duas horas.

b) Com o passado, usa-se a forma verbal **há**.

Ex.: Isso ocorreu há duas horas.

À janela / Na janela

a) **À janela** significa **próximo à janela, olhando pela janela**.

Ex.: O homem estava à janela e me chamou.

b) **Na janela** equivale a **trepado na janela, agarrado à janela**.

Ex.: O faxineiro estava na janela, correndo grande risco.

Além – E não **além... também.**

Ex.: Além do jogo, também haverá uma festa. (errado)

Além do jogo, haverá uma festa. (certo)

Alface – Palavra feminina: a alface.

Algoz – Palavra masculina com vogal tônica fechada: algôz. No plural mantém o som fechado: algôzes. Refere-se tanto ao homem como à mulher.

Alocução – V. **Breve alocução**.

A longo prazo – V. **Em longo prazo**.

Alto e bom som – E não **em alto e bom som**.

Ex.: Ele pronunciou alto e bom som o meu nome.

Alunar / Alunissar – E não **alunizar**. É preferível a primeira. Da mesma forma: **aterrar / aterrissar**.

A médio prazo – V. **Em médio prazo**.

À mesa / Na mesa

a) Estavam todos à mesa.

O sentido é **estar sentado de tal forma a utilizar a mesa**.

b) A comida está na mesa.

Agora o sentido é **em cima de**

Obs.: Uma pessoa também pode estar na mesa.

Ex.: O menino está na mesa. Ou seja, em cima da mesa.

A meu ver / Em meu ver – E não **ao meu ver**.

Amiúde / A miúdo – E não **a miúde**.

Anexo – E não **em anexo**.

Ex.: Mandei cópias em anexo. (errado)

Mandei cópias anexas. (certo)

Obs.: As gramáticas apresentam a locução **em anexo**, no capítulo da concordância nominal, por causa de seu largo emprego. No entanto, deve ser evitada em sua redação.

A nível de – V. **Em nível de**.

A nosso ver / Em nosso ver – E não **ao nosso ver**.

Antártida – É o nome do continente gelado. E não **Antártica**.

Ao deus-dará – Locução que significa **ao acaso**. Observe o emprego do hífen e a letra minúscula em **deus**.
Ex.: Todos ali viviam ao deus-dará.

Ao encontro de / De encontro a
a) Paulo foi ao encontro do amigo.
Significa que ele foi na direção do amigo (para recebê-lo, abraçá-lo etc.).
b) Paulo foi de encontro ao poste.
Significa que se chocou com o poste.

Ao invés de / Em vez de
a) Ao invés de chorar, o rapaz sorriu.
Há uma ideia de oposição: chorar e sorrir são opostos.
b) Ele trouxe prata em vez de ouro.
Apenas ideia de substituição. Ouro e prata não são antônimos, não se opõem.

A olho nu – Expressão que significa **sem qualquer instrumento**. O mesmo que **à vista desarmada**.
Ex.: Observou o eclipse a olho nu.

Ao piano / No piano.
a) O músico estava ao piano.
Isto é, tocando.
b) O livro está no piano.
Isto é, sobre o piano ou dentro dele.

Ao redor / Em redor – Ambas corretas.
Ex.: Estavam todos ao redor da mesa.
   Estavam todos em redor da mesa.

Ao telefone / No telefone

a) A jovem estava ao telefone.

Isto é, telefonando.

b) A mosca estava no telefone.

Isto é, pousada no telefone.

Apagar / Apagar-se

a) Ele apagou a luz. (certo)

b) A luz apagou-se. (certo)

c) A luz apagou. (errado)

À paisana – E não **à paisano**.

Aperto de mão – Sem hífen.

Apesar de que – E não **apesar que**.

Ex.: Apesar de que chovesse muito, ele foi à praia. (certo)
Apesar que chovesse muito, ele foi à praia. (errado)

Apoiamento – Não existe. Diga **apoio**.

Aposentar / Aposentar-se

a) Aposentei meu funcionário. (certo)

b) O funcionário se aposentou. (certo)

c) O funcionário aposentou. (errado)

À porta / A porta

a) O homem bateu a porta.

Sentido: fechou-a com força.

b) O homem bateu à porta.

Sentido: chamou.

Aposto – Um dos termos da oração. O plural **apostos** tem som aberto: apóstos.

À Pressa / Às pressas – Ambas corretas.

Ex.: Os trabalhadores saíram à pressa.

Os trabalhadores saíram às pressas.

Obs.: Dê preferência à locução no plural.

A princípio / Em princípio

a) A princípio, todos pareciam entender-se.

Significa **no começo**, **inicialmente**.

b) Em princípio, sua ideia me parece boa.

Significa **teoricamente**, **em tese**.

Cuidado! Há grande tendência de usá-las indistintamente.

A que horas – E não **que horas** ou **em que horas**.

Ex.: A que horas ocorrerá o eclipse? (certo)

Que horas ocorrerá o eclipse? (errado)

Em que horas ocorrerá o eclipse? (errado)

Ar-condicionado / Ar condicionado

a) Comprei um ar-condicionado.

Trata-se do aparelho: com hífen.

b) Não se sente bem no ar condicionado.

Trata-se do próprio ar: sem hífen.

Ar-refrigerado / Ar refrigerado – O mesmo que o anterior.

A rigor / Em rigor – Ambas corretas.

Ex.: A rigor, ninguém merece o prêmio.

Em rigor, ninguém merece o prêmio.

Obs.: Prefira, em sua redação, **em rigor**.

À saída / Na saída – Ambas corretas.

Ex.: À saída o povo se reunia para tomar decisões.

Na saída o povo se reunia para tomar decisões.

A São Paulo / Para São Paulo

a) Fui a São Paulo.

Ou seja, fui para voltar logo: preposição **a**.

b) Fui para São Paulo.

Ou seja, fui para demorar, ou até definitivamente: preposição **para**.

Obs.: Se queremos dizer que vamos passear, ou fazer um trabalho de pouca duração, usamos a preposição **a**, e não **para**.

Às custas de – V. **À custa de**.

A seu talante – Expressão que significa **por sua vontade**.

Ex.: A seu talante, ele não teria feito tal coisa.

A seu ver / Em seu ver – E não **ao seu ver**.

À socapa – Expressão que significa **furtivamente**. O mesmo que **à sorrelfa**.

Ex.: Os hóspedes saíram à socapa.

À sorrelfa – V. **À socapa**.

Asterisco – E não **asterístico**.

A tempo / Em tempo – Ambas corretas.
Ex.: Chegamos a tempo.
Chegamos em tempo.

Obs.: Não confunda **a tempo** (o mesmo que **em tempo**) com **há tempo** (o mesmo que **faz tempo**).
Ex.: Ele voltou a tempo. (em tempo)
Ele voltou há tempo. (faz tempo)

Atenazar – E não **atazanar**.

Atenuante – Palavra feminina: a atenuante.

Aterrar / Aterrissar – V. **Alunar**.

À vista de – E não **às vistas de**.
Ex.: Fez tudo às vistas do freguês. (errado)
Fez tudo à vista do freguês. (certo)

Avô / Avôs / Avó / Avós

a) O plural de **avô** é **avôs**, ou seja, o avô materno e o paterno.
b) O plural de **avó** é **avós**, ou seja, a avó materna e a paterna.
c) **Avós** também significa o avô e a avó reunidos. Ou ainda os antepassados.

Aumentar mais – Redundância.
Ex.: Aumente mais o volume. (errado)
Aumente o volume. (certo)

À vista desarmada – V. **A olho nu**.

A vosso ver / Em vosso ver – E não **ao vosso ver**.

À zero hora – Com acento de crase e **hora** no singular.
Ex.: Chegamos à zero hora.

B

Babadouro – E não **babador**.

Obs.: O pano que serve para aparar a baba do neném chama-se **babadouro**. A variante **babador**, registrada em alguns livros, deve ser evitada.

Badejo – Tipo de peixe. A vogal tônica tem timbre fechado ou aberto: badêjo ou badéjo.

Baía de Guanabara – E não **baía da Guanabara**.
Ex.: Atravessei a baía de Guanabara.
Obs.: A palavra **baía** (da mesma forma que lagoa, oceano etc.) é grafada com inicial minúscula, a menos, claro, que esteja em início de frase.

Bandeja – E não **bandeija**.

Basculante – E não **basculhante**, **vasculante** ou **vasculhante**.

Bater com o carro – E não **bater o carro**.

Ex.: O carro bateu. (certo)

Bati com o carro. (certo)

Bati o carro. (errado)

Bebedouro / Bebedor

a) Matou a sede em um bebedouro.

Trata-se do aparelho.

b) Ele é um bom bebedor de leite.

Trata-se daquele que bebe.

Obs.: Jamais diga **bebedor** em relação ao aparelho onde se bebe água.

Bem-educado / Bem educado

a) É um menino **bem-educado**.

Trata-se do adjetivo: com hífen.

b) Marcos foi bem educado pelos pais.

Trata-se da voz passiva (foi educado). Nesse caso, a palavra **bem** não se liga por meio de hífen.

Bem-estar – Com hífen. Plural: bem-estares.

Bem-humorado – Com hífen.

Bem-vindo – Com hífen. Também não existe **benvindo**, a não ser como nome de pessoa.

Ex.: Você é sempre bem-vindo.

Meu tio se chama Benvindo.

Beneficente – E não **beneficiente**.

Bicarbonato – E não **bicabornato**. A palavra vem de **carbono**.

Bilhão – V. **Dois milhões de pessoas**.

Bimensal / Bimestral

a) O que ocorre duas vezes por mês é **bimensal**.

b) O que ocorre de dois em dois meses é **bimestral**.

Bisavô – É o pai do avô. Daí em diante, vêm: **trisavô**, **tetravô** (ou **tataravô**, forma popular que deve ser evitada).

Obs.: O mesmo para as formas do feminino.

Bisneto – É o filho do neto. Depois, vêm: **trineto**, **tetraneto** (ou **tataraneto**, forma popular que deve ser evitada).

Obs.: O mesmo para as formas do feminino.

Blefe – A vogal tônica é, de preferência, fechada: blêfe.

Boa-noite / Boa noite.

a) Ele me deu um boa-noite sem entusiasmo.

Trata-se do cumprimento. É substantivo masculino.

b) Preciso de uma boa noite de sono.

Trata-se de duas palavras distintas, portanto sem hífen.

c) Boa noite, meus amigos!

O mesmo que dizer: Tenham uma boa noite! Portanto, sem hífen.

Obs.: O mesmo se diz para **Bom-dia / Bom dia** e **Boa-tarde / Boa tarde**.

Boa-tarde / Boa tarde – V. **Boa-noite**.

Boa-fé – Com hífen.

Boa vontade – Sem hífen.

Obs.: Embora sem hífen, funciona como um nome composto. Assim, precedido de **mais**, **menos**, **muito** e **pouco**, a palavra inicial não se altera (melhor vontade, pior vontade etc.). O mesmo se diz para **má vontade**, **bom gosto**, **mau gosto**, **bom humor**, **mau humor**, **bom senso**, **mau senso**.

Bodas – A vogal tônica tem som fechado: bôdas.

Obs.: Embora seja correto o emprego do singular (boda), a forma do plural é preferível.

Bodas de prata – Sem hífen. O mesmo para todos os tipos de bodas.

Bolso – O plural **bolsos** mantém o timbre fechado da vogal tônica: bôlsos.

Bom gosto – V. **Boa vontade**.

Bom humor – V. **Boa vontade**.

Bom senso – V. **Boa vontade**.

Braguilha – E não **barriguilha**.

Breve alocução – Redundância. Alocução já quer dizer breve (discurso).

Ex.: Proferiu uma breve alocução. (errado)

Proferiu uma alocução. (certo)

Bugiganga – E não **buginganga**

Burburinho – E não **borborinho**.

Bússola – E não **bússula**.

C

Cabeçalho – E não **cabeçário**.

Cabeleireiro – E não **cabelereiro**.

Cadê – Palavra de uso popular que convém evitar na redação. Diga **que é de**, expressão que lhe deu origem. Ou mesmo a palavra **onde**, mais recomendável.
   Ex.: Cadê o livro? (errado)
      Que é do livro? (certo)
      Onde está o livro? (certo e, sem dúvida, preferível)

Cada – Palavra que não pode ser empregada sozinha.
   Ex.: Dei cem reais para cada. (errado)
      Dei cem reais para cada pessoa. (certo)
      Dei cem reais para cada um. (certo)

Cadeira de balanço – Sem hífen.

Caixa de fósforos – Sem hífen.

Cal – Palavra feminina: a cal.

Calça / Calças – Ambas podem ser usadas em relação a uma só peça.
Ex.: Vesti a calça. Vesti as calças.

Camelô – Palavra masculina: o camelô (para o homem e para a mulher).

Canoro – A vogal tônica tem som aberto: canóro.

Calidoscópio – E não **caleidoscópio**.

Câmara de ar – Sem hífen.

Cancelar a inauguração – E não **suspender a inauguração.**
Ex.: O prefeito suspendeu a inauguração da ponte. (errado)
   O prefeito cancelou a inauguração da ponte. (certo)
Obs.: Só se pode suspender algo que esteja em andamento. Por exemplo, suspender as aulas. Se dissermos **cancelar as aulas**, estaremos fazendo menção a aulas que ainda não se iniciaram.

Caramanchão – E não **carramanchão**.

Caranguejo – E não **carangueijo**.

Carioca / Fluminense – A palavra **carioca** refere-se à cidade do Rio de Janeiro. Já **fluminense** diz respeito ao estado do Rio de Janeiro. Assim, não é correto dizer **campeonato carioca**, uma vez que participam clubes de todo o estado. O correto é **campeonato fluminense**.

Cartão de crédito – Sem hífen.

Cartão de visita – Sem hífen.

Cartão-postal – Com hífen.

Casar / Casar-se – Ambas corretas.
Ex.: Paulo casou com Maria.
Paulo casou-se com Maria.

Caso – V. **Acaso**.

Cassete – A vogal tônica tem som aberto: casséte. Em função adjetiva, não vai ao plural.
Ex.: Fitas cassete.
Obs.: Isso ocorre com os substantivos usados em lugar de adjetivo. Eis alguns: fantasma, monstro, padrão, surpresa.

Cassetete – A vogal tônica tem som aberto: cassetéte.

Cassino – E não **casino**.

Cataclismo – E não **cataclisma**.

Cataplasma – Palavra feminina: a cataplasma.

Cateto – Palavra usada em Geometria. A vogal tônica tem som aberto: catéto.

Cê-cedilha / Cê cedilhado – Ambas corretas. Observe que só a primeira tem hífen.

Centroavante – E não **centro-avante**.

Cepa – A vogal tônica tem som fechado: cêpa.

Cepo – A vogal tônica tem som fechado: cêpo.

Cerda – Tipo de pelo. A vogal tônica tem som fechado: cêrda.

Cerebelo – A vogal tônica tem som fechado: cerebêlo.

Champanha – Palavra masculina: o champanha. A variante **champanhe** também é masculina.

Chassi – Sem **s** final, pois se trata do singular. Assim, temos: o chassi, os chassis.

Chefe – Não tem feminino. O chefe, a chefe. Não existe a palavra **chefa**.

Cheque sem fundos – E não **cheque sem fundo**.

Chope – É a grafia correta da palavra. Tem singular e plural: o chope, os chopes.

Chorar lágrimas de crocodilo – Expressão que equivale a **fingir sofrimento**.

Chover no molhado – Expressão que significa **ser uma inutilidade**.
Ex.: Tentar explicar-lhe o caso será chover no molhado.

Cipreste – Tipo de árvore. E não **cipestre**.

Circuito – Pronúncia: **circúito**, e não **circuíto**.

Círculo vicioso – E não **ciclo vicioso**.

Clã – Tribo, grei. Palavra masculina: o clã.

Clipe – E não **clip**. Assim, temos: o clipe, os clipes. Não existe **clips**.
Ex.: Prendeu as folhas com um clipe.
　　　Prendeu as folhas com clipes.

Clube – E não **club**, que é palavra inglesa.

Coeso – A vogal tônica tem som aberto: coéso.

Coevo – A vogal tônica tem som aberto: coévo.

Coldre – A vogal tônica tem timbre aberto: cóldre.

Com a boca na botija – Expressão que significa **em flagrante**.
Ex.: O meliante foi preso com a boca na botija.

Cometer erro – E não **fazer erro**.
Ex.: Ele fez erros grosseiros. (errado)
　　　Ele cometeu erros grosseiros. (certo)

Com exceção de – V. **À exceção de**.

Como – E não **que nem**.
Ex.: Marcos é que nem o pai. (errado)
　　　Marcos é como o pai. (certo)
Obs.: **Que nem** é termo coloquial, familiar.

Como sendo – Não pode iniciar predicativo do objeto.

Ex.: O povo a considera como sendo a melhor biblioteca. (errado)

O povo a considera a melhor biblioteca. (certo)

Conclusão final – Redundância. Conclusão só pode ser final.

Ex.: Apresentaremos a conclusão final do processo. (errado)

Apresentaremos a conclusão do processo. (certo)

Conjetura – E não **conjectura**.

Cônjuge – E não **cônjugue**. É palavra masculina: o cônjuge (para o homem e para a mulher).

Confraternizar – E não **confraternizar-se**.

Ex.: Todos se confraternizaram naquela noite. (errado)

Todos confraternizaram naquela noite. (certo)

Obs.: O verbo confraternizar não é pronominal.

Consenso geral – Redundância. Consenso é sempre geral.

Ex.: Na reunião, chegou-se a um consenso geral. (errado)

Na reunião, chegou-se a um consenso. (certo)

Consigo – É sempre pronome reflexivo: refere-se ao sujeito da oração.

Ex.: Quero falar consigo. (errado)

João trouxe consigo os cadernos. (certo)

Obs.: Na primeira frase, pode-se dizer **contigo** ou **com você**.

Consorte – Pode ser masculina ou feminina: o consorte (para o homem), a consorte (para a mulher).

Conviver juntos – Redundância. Conviver já quer dizer junto.

Ex.: Márcio e Helena conviviam juntos naquela casa. (errado)

Márcio e Helena conviviam naquela casa. (certo)

Corpo a corpo – Sem hífen.

Coro – O plural **coros** apresenta vogal tônica com timbre aberto: córos.

Corvo – O plural **corvos** tem som aberto: córvos.

Croqui – Sem **s** no final, por tratar-se do singular. Assim, temos: o croqui, os croquis.

Crosta – A vogal tônica tem som fechado: crôsta.

D

Daqui a – E não **daqui**.

Ex.: Chegarei daqui alguns minutos. (errado)

Chegarei daqui a alguns minutos. (certo)

Dar à luz um filho – E não **dar a luz a um filho**.

Ex.: Teresa deu a luz a um belo filho. (errado)

Teresa deu à luz um belo filho. (certo)

Dar de graça – Redundância. Dar só pode ser de graça.

Ex.: Ela me deu o livro de graça. (errado)

Ela me deu o livro. (certo)

De afogadilho – Locução que significa **precipitadamente**.

Ex.: Agindo de afogadilho, você perderá pontos.

De bronze – E não **em bronze**.

Ex.: Admiro aquela estátua em bronze. (errado)

Admiro aquela estátua de bronze. (certo)

Obs.: A preposição **em** não pode substituir **de** nas locuções que indicam matéria: feito de bronze, de ouro, de prata, de madeira etc.

Debruçar / Debruçar-se

a) O médico veio debruçar o paciente. (certo: pôr de bruços)

b) A jovem tentou debruçar-se na janela. (certo: inclinar-se)

c) A jovem tentou debruçar na janela. (errado)

De cabo a rabo – Locução que significa **do princípio ao fim**. O mesmo que **de fio a pavio**.

Ex.: Estudou a matéria de cabo a rabo.

De caso pensado – Locução que significa **propositadamente**.

Ex.: Convocou a todos de caso pensado.

Decerto / De certo.

a) Decerto iremos todos.

Trata-se do advérbio, sinônimo de certamente: uma palavra só.

b) Não sei o que há de certo em suas palavras.

Aqui temos o contrário de **de errado**: duas palavras distintas.

De encontro a – V. **Ao encontro de**.

De esguelha – Expressão que significa **obliquamente, de lado**. Outras expressões com o mesmo sentido: **de soslaio, de través, de viés**.
Ex.: Olhou o companheiro de esguelha.

De férias / Em férias – Ambas corretas.
Ex.: Sair (entrar, estar etc.) de férias.
Sair (entrar, estar etc.) em férias.

Deferir favoravelmente – Redundância. Deferir quer dizer **a favor**.
Ex.: O diretor deferiu favoravelmente o processo. (errado)
O diretor deferiu o processo. (certo)

Definitivamente – E não **em definitivo**.
Ex.: Estava em definitivo preparado para tudo. (errado)
Estava definitivamente preparado para tudo. (certo)

De fio a pavio – V. **de cabo a rabo**.

De forma que – E não **de formas que**. Trata-se de locução conjuntiva, e o substantivo que a integra não pode ir ao plural.
Ex.: Agiu de formas que todos entendessem. (errado)
Agiu de forma que todos entendessem. (certo)
Obs.: O mesmo se diz para **de jeito que, de maneira que, de modo que, de sorte que**.

Defronte / Defronte de / Defronte a – Todas corretas. **Defronte** significa **em frente**.
Ex.: Observávamos a rua defronte.
Ficou defronte do mar.
Ficou defronte ao mar.

De jeito que – V. **De forma que**.

De joelhos – E não **de joelho**.

De maneira que – V. **De forma que**.

De menor / De maior – Falando-se de idade, são expressões inexistentes.
Ex.: Ele é de menor. (errado)
Ele é de menor idade. (errado)
Ele é menor. (certo)
Ele é menor de idade. (certo)

De modo que – V. **De forma que**.

De moto próprio – Locução que significa **espontaneamente**.
Ex.: De moto próprio procurou a polícia.

Dengue – Pode ser masculino ou feminino, dependendo do sentido.
a) Cuidado com a dengue! (a doença: palavra feminina)
b) Observe o dengue da criança. (o mesmo que **dengo**: palavra masculina).

Dente de leite – Sem hífen.

Departamento de pessoal – E não **departamento pessoal**.
Ex.: Sua carteira está no departamento pessoal. (errado)
Sua carteira está no departamento de pessoal. (certo)

De per si – Expressão que significa **cada um por sua vez, isoladamente**.
Ex.: Faziam seus trabalhos de per si.

Depressa / De pressa

a) Andamos depressa.

Significa **rapidamente**: uma palavra só.

b) Não precisamos de pressa alguma.

Equivale a **de rapidez**: duas palavras.

De repente – E não **derrepente**

Descolamento de retina – E não **deslocamento de retina**.

Descortino – O mesmo que **perspicácia**. E não **descortínio**.

Descriminar – E não **descriminalizar**.

De segunda mão / Em segunda mão – Ambas corretas.

Ex.: Comprou roupas de segunda mão.

Comprou roupas em segunda mão.

Desencargo / Descargo – Ambas corretas.

Ex.: Para desencargo de consciência, resolveu falar.

Para descargo de consciência, resolveu falar.

Ex.: Prefira, em sua redação, **descargo**.

De sorte que – V. **De forma que**.

De soslaio – V. **De esguelha**.

Desprendimento – E não **despreendimento**.

Destro – A vogal tônica tem som fechado: dêstro. O mesmo para **destra**.

Destroço – A vogal tônica tem som fechado: destrôço. O plural **destroços** tem som aberto: destróços.

De supetão – Locução que significa **de repente**. E não **de sopetão**.
Ex.: Levantamo-nos de supetão.

Desvalorizar / Desvalorizar-se
Ex.: Não quis desvalorizar o seu trabalho. (certo)
   O dinheiro desvalorizou-se muito. (certo)
   O dinheiro desvalorizou muito. (errado)

De través – V. **De esguelha**.

Devagar / De vagar
a) Os amigos caminhavam devagar.
Equivale a **lentamente**: uma só palavra.
b) Gostava de vagar pelos campos.
Significa **de andar sem destino**: duas palavras.

Desviar / Desviar-se
a) Nélson desviou a cadeira. (certo)
b) Ninguém se desviou do caminho estabelecido. (certo)
c) Ninguém desviou do caminho estabelecido. (errado)

Deteriorar / Deteriorar-se
a) A poeira deteriora os alimentos. (certo)
b) Os alimentos se deterioram com o tempo. (certo)
c) Os alimentos deterioram com o tempo. (errado)

De viés – V. **De esguelha**.

Dia a dia – Sem hífen.
a) O meu dia a dia é movimentado. (substantivo)
b) Ele progride dia a dia. (locução adverbial)

Difteria – E não **difiteria** ou **defiteria**.

Dignitário – E não **dignatário**.

Dinamite – Palavra feminina: a dinamite.

Disco voador – Sem hífen.

Disponibilizar – Não existe. Diga **tornar disponível**.

Dó – Palavra masculina: o dó (com qualquer sentido).
Ex.: O dó é a primeira nota da escala musical.
Tenho um grande dó de seu colega.

Doença grave – E não **doente grave**.

Dois milhões de pessoas – E não **duas milhões de pessoas**.
Obs.: **Milhão**, **milhar**, **bilhão** e **trilhão** são substantivos masculinos. Não se confunda com **mil**, que é numeral.
Ex.: Dois milhões de mulheres o apoiaram.
Os milhares de pessoas presentes fizeram uma grande festa.
Alguns bilhões de informações passaram ao computador.
Já se escreveram muitos trilhões de palavras.
Duzentos mil torcedores assistiram ao jogo.
Duzentas mil pessoas assistiram ao jogo.

Dois-quartos / Dois quartos

a) Comprei um dois-quartos.

Trata-se do apartamento. É substantivo: com hífen.

b) Comprei um apartamento de dois quartos.

Ou seja, com dois quartos: sem hífen.

Dolo – A vogal tônica tem som aberto: dólo.

Dona de casa – Sem hífen.

Dor de barriga – Sem hífen.

Dor de cabeça – Sem hífen.

Dor de dente – Sem hífen.

Duas metades – Redundância. Cada corpo só pode ter duas metades.

Ex.: Ele dividiu o bolo em duas metades. (errado)

Ele dividiu o bolo em metades. (certo)

Obs.: Também não se diz **metades iguais**.

Dublê de diretor e secretário – Emprego absurdo da palavra. **Dublê** é aquele que substitui alguém em determinadas cenas. Não quer dizer pessoa que faça duas coisas ao mesmo tempo. É um modismo perigoso. Não use.

E

Eclipse – Palavra masculina: o eclipse. Pronúncia: eclipsse.

Edifício-garagem – Com hífen.

Elefanta – E não **elefoa**.

Elo de ligação – Redundância. Elo indica sempre ligação.
Ex.: Mário é o elo de ligação entre mim e a empresa. (errado)
Mário é o elo entre mim e a empresa. (certo)

Elencar – Não existe em português. Diga **relacionar**.

Elevadiça – V. **Ponte levadiça**.

Em absoluto – V. **Absolutamente**.

Em branca nuvem – E não **em brancas nuvens**. Expressão que significa **entre alegrias, sem conhecer o sofrimento**.
Ex.: Naquele tempo, viviam em branca nuvem.

Em bronze – V. **De bronze**.

Em anexo – V. **Anexo**.

Embaixadora / Embaixatriz – Ambas corretas. A primeira é a pessoa que exerce o cargo; a segunda, a mulher do embaixador.

Embigo – V. **Umbigo**.

Embora esteja – E não **embora estando**.
Ex.: Embora estando cansado, irá ao estádio. (errado)
Embora esteja cansado, irá ao estádio. (certo)
Obs.: A conjunção **embora** pede verbo no subjuntivo. O gerúndio é usado com **mesmo**.
Ex.: Mesmo estando doente, irá ao estádio.

Em cima – E não **encima**. Já o verbo é **encimar**.

Em cores – E não **a cores**.
Ex.: Comprei um televisor em cores.
Obs.: Não se diz **televisor a preto e branco**, portanto não se pode dizer **televisor a cores**.

Em curto prazo – E não **a curto prazo**.

Em definitivo – V. **Definitivamente**.

Em dia – Expressão que significa **sem atraso**. E não **em dias**.
Ex.: Estou em dias com a mensalidade. (errado)
Estou em dia com a mensalidade. (certo)

Em domicílio – V. **A domicílio**.

Em face de – E não **face a**. Locução que significa **diante de, por causa de**.
Ex.: Face ao exposto, direi alguma coisa. (errado)
Em face do exposto, direi alguma coisa. (certo)

Em férias – V. **De férias**.

Em greve – E não **de greve**.
Ex.: Estamos (ficamos, continuamos etc.) de greve. (errado)
Estamos (ficamos, continuamos etc.) em greve. (certo)

Em longo prazo – E não **a longo prazo**.

Em mão – E não **em mãos**.
Ex.: Entreguei a carta em mãos. (errado)
Entreguei a carta em mão. (certo)

Em médio prazo – E não **a médio prazo**.

Em nível de – E não **a nível de**.
Ex.: Tudo foi acertado a nível de família. (errado)
Tudo foi acertado em nível de família. (certo)

Em princípio – V. **A princípio**.

Em redor – V. **Ao redor**.

Em rigor – V. **A rigor**.

Em segunda mão – V. **De segunda mão**.

Em suspenso – V. **Suspenso**.

Em seus respectivos – Redundância. Respectivo já quer dizer próprio, seu.
Ex.: Ficaram em seus respectivos estados. (errado)
Ficaram nos respectivos estados. (certo)

Em vez de – V. **Ao invés de**.

Em via de – E não **em vias de**. Locução que significa **prestes a**.
Ex.: Estou em vias de contratá-lo. (errado)
Estou em via de contratá-lo. (certo)

Encapuzado – E não **encapuçado**. A palavra vem de **capuz**.

Encarar de frente – Redundância. Encarar (vem de cara) só pode ser de frente.
Ex.: Ele encarou de frente o adversário. (errado)
Ele encarou o adversário. (certo)

Engajar – E não **enganjar**.

Enfim / Em fim
a) Enfim ela chegou.
Significa **finalmente**: uma só palavra.
b) Estou em fim de carreira.
Equivale a **em final**: duas palavras.

Enfisema – Palavra masculina: o enfisema.

Enrugar / Enrugar-se
a) O homem enrugou a testa. (certo)
b) Sua testa enrugou-se. (certo)
c) Sua testa enrugou. (errado)

Entorse – Palavra feminina: a entorse.

Entra e sai – Sem hífen.

a) Foi um entra e sai contínuo. (substantivo)

b) O menino entra e sai a toda hora. (dois verbos)

Entre dez e vinte – E não **entre dez a vinte**.

Ex.: Entre dez a vinte pessoas compareceram à cerimônia. (errado)

Entre dez e vinte pessoas compareceram à reunião. (certo)

Obs.: Se quiser usar a preposição **a**, comece a frase com **de**.

Ex.: De dez a vinte pessoas compareceram à cerimônia..

Entretanto / No entanto – E não **no entretanto**.

Ex.: Correu muito, entretanto não o alcançou. (certo)

Correu muito, no entanto não o alcançou. (certo)

Correu muito, no entretanto não o alcançou. (errado)

Equivale a dizer – E não **equivale dizer**.

Ex.: Isso equivale dizer que todos estão progredindo. (errado)

Isso equivale a dizer que todos estão progredindo. (certo)

Erário público – Redundância. Erário só pode ser público.

Ex.: Jamais recorri ao erário público. (errado)

Jamais recorri ao erário. (certo)

Escalada crescente – Redundância. Escalada só pode ser crescente.

Ex.: Preocupava-se com a escalada crescente da violência. (errado)

Preocupava-se com a escalada da violência. (certo)

Escaravelho – A vogal tônica tem som fechado: escaravêlho.

Escolho – A vogal tônica tem som fechado: escôlho. O plural **escolhos** tem som aberto: escólhos.

Espreguiçar / Espreguiçar-se.
Ex.: A garotinha espreguiçou os braços. (certo)
A garotinha espreguiçou-se. (certo)
A garotinha espreguiçou. (errado)

Estilhaçar / Estilhaçar-se
Ex.: Uma pedra estilhaçou a vidraça. (certo)
A vidraça estilhaçou-se. (certo)
A vidraça estilhaçou. (errado)

Estória – V. **História**.

Estragar / Estragar-se
a) O vento estragou a comida. (certo)
b) A comida estragou-se. (certo)
c) A comida estragou. (errado)

Estrambótico – E não **estrambólico**.

Exatamente dois – E não **exatos dois**.
Ex.: Estudou exatos dois dias. (errado)
Estudou exatamente dois dias. (certo)

Exceção feita de – V. **À exceção de**.

Exegeta – Pronúncia: ezegéta.

Exportar para fora – Redundância. O prefixo **ex-** significa **para fora.**
Ex.: O empresário exportava laranjas para fora do país. (errado)
    O empresário exportava laranjas. (certo)
    O empresário exportava laranjas para a Argentina. (certo)

Extorquir dinheiro – E não **extorquir alguém**.
Ex.: Ela extorquiu o empresário. (errado)
    Ela extorquiu mil reais do empresário (certo)

Extra – Redução de **extraordinário** ou **extrafino**. A vogal tônica tem som fechado: êxtra. Vai normalmente ao plural: trabalhos extras.

Exultar de alegria – Redundância. Exultar já se refere à alegria.
Ex.: O funcionário exultava de alegria. (errado)
    O funcionário exultava. (certo)

F

Face a – V. **Em face de**.

Fantasma – V. **Cassete**.

Fato verídico – Redundância. Se é fato, tem de ser verídico.
Ex.: Contra fato verídico não há argumentos. (errado)
    Contra fato não há argumentos. (certo)

Favas contadas – Expressão que significa **coisa certa**, **inevitável**
Ex.: Sua vitória eram favas contadas.

Fax – Não varia em número: o fax, os fax.

Fazer as vezes de – Expressão que significa **substituir**. Sem acento de crase.
Ex.: Não quero fazer as vezes de diretor.

Fazer conferência – E não **dar conferência**.
Ex.: O cientista deu uma conferência em Londres. (errado)
O cientista fez (ou pronunciou) uma conferência em Londres. (certo)

Fazer erro – V. **Cometer erro**.

Fazer explodir o prédio – E não **explodir o prédio**.
Ex.: O terrorista explodiu o prédio. (errado)
O terrorista fez explodir o prédio. (certo)

Fazer gato-sapato de – E não **fazer de gato e sapato**. Expressão que significa **fazer de joguete.**
Ex.: Maria fez dele gato-sapato.
Ou seja, fez dele um joguete, um brinquedo.

Fazer jus a – Locução que significa **tratar de merecer**.
Ex.: Espero que ele faça jus ao salário que recebe.

Fazer ouvidos de mercador – Expressão que significa **fingir que não ouve**.
Ex.: Fazia ouvidos de mercador, quando se sentia desprestigiado.

Fazer vista grossa a – Expressão que significa **ver e fingir que não vê**.
Ex.: Fizeram vista grossa aos seus deslizes na companhia.

Fecho – A vogal tônica do verbo fechar tem sempre timbre fechado. Pronúncia: fêcho, fêchas, fêcha, fêcham.

Feito de bronze – V. **De bronze**.

Fênix – Pronúncia: fênis.

Ferro-velho / Ferro velho
a) Consegui a peça em um ferro-velho.
Trata-se do estabelecimento. É substantivo: com hífen.
b) Minha casa tem uma porção de ferros-velhos.
Significa **trastes**. Também é substantivo: com hífen.
c) Arranje um pedaço de ferro velho.
Aqui se trata de um pedaço de ferro que é velho. São duas palavras distintas: sem hífen.

Figadal – E não **fidagal**.

Fim de semana – Sem hífen.

Fiscalização – V. **grupo de fiscais**.

Fleuma – E não **fleugma**.

Flexionar / Flexionar-se
a) É possível flexionar essa palavra. (certo)
b) Essa palavra não se flexiona. (certo)
c) Essa palavra flexiona. (errado)

Florescente – V. **Lâmpada fluorescente**.

Fluminense – V. **Carioca**.

Fluorescente – V. **Lâmpada fluorescente**.

Fora de si – Expressão que só se refere à terceira pessoa.
Ex.: Ele estava fora de si.
 Eles estavam fora de si.
Obs.: Para as outras pessoas, temos: **fora de mim, fora de ti, fora de nós, fora de vós**.
Ex.: Tu estavas fora de ti. (E não de si)

Formar-se médico – E não **formar-se em médico**. Ninguém se forma em médico, em engenheiro, em advogado etc. Mas é correto dizer também formar-se em Medicina, em Engenharia, em Direito etc.

Formicida – Palavra masculina: o formicida.

Forno – O plural **fornos** tem som aberto: fórnos.

Ferrete – A vogal tônica tem som fechado: ferrête.

Fosforescente – V. **Lâmpada fluorescente**.

Fosso – O plural **fossos** tem som aberto: fóssos.

Frustrado – E não **frustado**.

Funeral / Funerais – Ambas corretas.
Ex.: Compareci ao funeral de um colega.
 Compareci aos funerais de um colega.

G

Ganhar de graça – Redundância. Ganhar só pode ser de graça.
Ex.: Ganhaste de graça uma revista. (errado)
Ganhaste uma revista. (certo)

Garagem – E não **garage**.

Gato-sapato – V. **Fazer gato-sapato de**.

Geminadas – E não **germinadas**.
Ex.: Alugamos casas germinadas. (errado)
Alugamos casas geminadas. (certo)

Gene – E não **gen**. Plural: **genes** e não **gens**.

Gênio – Palavra masculina: o gênio (para o homem e para a mulher)

Giclê – Peça de carro. E não **giglê**. É palavra masculina: o giclê.

Ginete – A sílaba tônica tem som fechado: ginête.

Grã-fino – E não **granfino**.

Grafite – Palavra feminina: a grafite.

Grama – E não **gramo**.

Ex.: Comprei duzentos gramos de farinha. (errado)

Comprei duzentos gramas de farinha. (certo)

Obs.: A palavra é masculina com o sentido de **peso**, mas termina em **a**. Não existe **gramo**.

Gravame – Imposto, ônus. Palavra masculina: o gravame.

Grelha – A vogal tônica tem som aberto: grélha.

Gratuito – Pronúncia: gratúito.

Grosso modo – E não **a grosso modo**. Expressão que significa **aproximadamente, resumidamente**.

Ex.: Explicarei a grosso modo a situação. (errado)

Explicarei grosso modo a situação. (certo)

Grumete – A vogal tônica tem som fechado: grumête.

Grupo de fiscais – E não **fiscalização**.

Ex.: A fiscalização entrou na loja. (errado)

O grupo (ou equipe) de fiscais entrou na loja. (certo)

Obs.: Fiscalização é o ato ou efeito de fiscalizar, e não o grupo de pessoas. O mesmo ocorre com **reportagem**.

Guarda-municipal / Guarda municipal

a) O guarda-municipal ajudou a senhora.

Trata-se do indivíduo: com hífen.

b) A Guarda municipal tem muitas atribuições.

Trata-se da corporação: sem hífen.

Obs.: O mesmo se diz de **guarda-civil**, **guarda-florestal** e **guarda-noturno**.

H

Há / a – V. **A / há**.

Hábitat natural – Redundância. Hábitat só pode ser natural.

Ex.: O melhor é que ele viva em seu hábitat natural. (errado)

    O melhor é que ele viva em seu hábitat.

Há dez anos atrás – Redundância. O verbo **há** já encerra a ideia de **atrás**.

Ex.: Conheci-o há dez anos atrás. (errado)

    Conheci-o há dez anos. (certo)

Há / Havia

a) Ele chegou há muito tempo. Há muito tempo ele chegou.

Usa-se **há** quando o outro verbo está no pretérito perfeito (chegou)

b) Meu amigo estava lá havia muito tempo. (e não **há**)

Meu amigo estivera lá havia muito tempo. (e não **há**)

Usa-se **havia** quando o outro verbo está no pretérito imperfeito (estava) ou no pretérito mais-que-perfeito (estivera).

Emprega-se a forma **há** com o imperfeito, quando este equivale ao perfeito.

Ex.: Há alguns anos o homem chegava (o mesmo que chegou) à Lua.

Há – E não **tem**.

Ex.: Aqui tem muitos alunos. (errado)

    Aqui há muitos alunos. (certo)

Obs.: O verbo **ter** não pode substituir **haver** quando este significa **existir**.

Há tempo – V. **A tempo**.

Herpes – Sempre no plural. É substantivo masculino: o herpes, os herpes.

Hindu – Com **h**. Não confundir com **indiano**.

História – E não **estória**.
Ex.: Escreveu um bela história.
   Isso já pertence à história do país.

Hum mil – V. **Mil**.

I

Idem – E não **idem ao anterior**.
Obs.: É palavra do latim, com o significado de **o mesmo**, **da mesma forma**.

Ignomínia – E não **ignonímia**.

Ileso – A vogal tônica tem som aberto: iléso.

Importante – Tem valor positivo.
Ex.: Sofreu uma derrota importante. (errado)
   Sofreu uma derrota considerável. (certo)
   Foi uma vitória importante. (certo)

Imprensa – A palavra se refere a jornais, livros e revistas, ou seja, aquilo que é impresso. Evite, pois, **imprensa escrita** (redundância), **falada** e **televisionada**, embora alguns dicionários registrem. Assim, diga: **imprensa**, **rádio** e **televisão**. Se quiser referir-se a todos, diga **meios de comunicação**, ou mesmo **mídia**.

Inaugurar novo – Redundância. Só se inaugura algo novo.

Ex.: O governo inaugurou uma nova ponte. (errado)

O governo inaugurou uma ponte. (certo)

Incendiar / Incendiar-se

a) Ele incendiou o prédio. (certo)

b) O prédio incendiou-se. (certo)

c) O prédio incendiou. (errado)

Independentemente / E não **independente**.

Ex.: Ele seria aprovado, independente de seus conhecimentos políticos. (errado)

Ele seria aprovado, independentemente de seus conhecimentos políticos. (certo)

Obs.: O adjetivo **independente** (pessoa independente, trabalhos independentes) não pode substituir o advérbio **independentemente**.

Infiltrar dentro – Redundância. O prefixo *in* quer dizer **dentro**.

Ex.: Infiltrou o líquido dentro do joelho. (errado)

Infiltrou o líquido no joelho. (certo)

Inhoque – V. **nhoque**.

Iniciar / Iniciar-se

a) Meu irmão iniciou o trabalho. (certo)

b) O trabalho iniciou-se. (certo)

c) O trabalho iniciou. (errado)

Inobstante – V. **Não obstante**.

Inodoro – A vogal tônica tem som aberto: inodóro.

Inquérito instaurado – E não **inquérito instalado**.

Ex.: Foi instalado inquérito administrativo. (errado)

Foi instaurado inquérito administrativo. (certo)

Interesse – A vogal tônica do substantivo tem som fechado: o interêsse. Tratando-se do verbo, o som é aberto: que ele interésse.

Intoxicar – Pronúncia: intocsicar. Vem de **tóxico**, cuja pronúncia é tócsico.

Introduzir dentro – Redundância. Não se introduz nada fora.

Ex.: Introduziu alguém dentro de casa. (errado)

Introduziu alguém em casa. (certo).

Ioga – E não **yoga**. A vogal tônica é aberta: ióga. Palavra feminina: a ioga.

Iogue – Adepto da ioga. Palavra masculina ou feminina: o iogue, a iogue.

Irascível – Irritadiço. E não **irrascível**.

J

Jantar – E não **janta**.

Obs.: O substantivo **janta** é de uso popular. Use apenas **jantar**.

Ex.: O jantar está pronto.

Jardim de infância – Sem hífen.

Jardim de inverno – Sem hífen.

Jetom – E não **jeton**.

Jiu-jítsu – Com hífen e acento. Também é correto **jujútsu**, pouco usado.

Joanete – A vogal tônica tem som fechado: joanête.

Jogo – O plural **jogos** tem som aberto: jógos.

Judeia – Nome próprio de lugar. Não confundir com **judia**, feminino de **judeu**.

Juro – A palavra tem singular e plural: o juro, os juros.

Jus – V. **Fazer jus a**.

Justamente – E não **justo**.
Ex.: Justo agora ele viajou. (errado)
Justamente agora ele viajou. (certo)
Obs.: O adjetivo **justo** (homem justo, medida justa) não pode substituir o advérbio **justamente**.

L

Labareda – A vogal tônica tem som fechado: labarêda.

Lagartixa – E não **largatixa**.

Lágrimas de crocodilo – V. **chorar lágrimas de crocodilo**.

Lambri / Lambris – Ambas corretas: o lambri, o lambris.

Lâmpada fluorescente – E não **lâmpada florescente** ou **fosforescente**.

Lança-perfume – Palavra masculina: o lança-perfume.

Lanço de escada – E não **lance de escada**.

Laringe – Palavra masculina ou feminina: o laringe, a laringe.

Leso – Adjetivo: lesado; idiota. Vogal tônica com som aberto: léso.

Levadiça – V. **Ponte levadiça**.

Libido – Palavra feminina: a libido.

Licença especial – Sem hífen.

Licença-prêmio – Com hífen. Plural: licenças-prêmio.

Livre-arbítrio – Com hífen. Plural: livres-arbítrios.

Longínquo – E não **longíquo**.

Lorde – Com **e** no final.

Lorpa – Tolo. A vogal tônica tem som fechado: lôrpa.

Lugar-comum – Com hífen, quando significa chavão, clichê

Ex.: Essa expressão é um lugar-comum.

Quero um lugar comum para morar.

M

Macérrimo – E não **magérrimo**.

Maciço – E não **massivo**.

Má-criação – E não **malcriação**.

Madre superiora – Diretora de convento. Pode-se dizer apenas **superiora**.

Obs.: O adjetivo **superior** é invariável em gênero: homem superior, mulher superior. No caso de **superiora**, temos um substantivo, e a palavra pertence ao português culto.

Má-fé – Com hífen

Mais bem / Melhor

a) Ele está mais bem preparado.

Antecedendo particípio, diz-se **mais bem**, e não **melhor**.

b) Ele faz mais bem do que mal.

Na comparação entre **bem** e **mal**, diz-se **mais bem**, e não **melhor**.

c) Ele fala melhor do que você.

É o emprego comum da palavra **melhor**. Aqui não cabe **mais bem**.

Obs.: O mesmo se diz para **mais mal / pior**.

Mais bom / Melhor

a) O garoto é mais bom do que mau.

Na comparação das qualidades de um mesmo ser, diz-se **mais bom**, e não **melhor**.

b) O garoto é melhor do que o colega.

É o emprego comum da palavra. Aqui não se diz **mais bom**.

Obs.: O mesmo se diz para **mais mau / pior, mais grande / maior**.

Mais grande – V. **Mais bom**.

Mais mal – V. **Mais bem**.

Mais mau – V. **Mais bom**.

Mais pequeno / Menor – Ambas corretas.

Ex.: O cão é mais pequeno do que o cavalo.

O cão é menor do que o cavalo.

Malcriado / Mal criado

a) Pedro é malcriado.

É o adjetivo. Significa **grosseiro, descortês**: uma palavra só.

b) Pedro foi mal criado pelos pais.

Isto é, foi criado mal. Trata-se da voz passiva: duas palavras.

Mal-educado / Mal educado

a) Nosso vizinho é um mal-educado.

É nome composto: com hífen.

b) Nosso vizinho foi mal educado pelos pais.

Trata-se da voz passiva (foi educado mal): sem hífen.

Mal-entendido / Mal entendido

a) Houve um grande mal-entendido.

Trata-se do nome composto: com hífen.

b) O aluno foi mal entendido pelo professor.

Isto é, o aluno foi entendido mal. Trata-se da voz passiva: sem hífen.

Mal-estar – Com hífen. Plural: mal-estares

Mal-humorado – Com hífen. Plural: mal-humorados

Manicuro – E não **manicure**. Feminino: **manicura**.

Manter o mesmo – Redundância. Só se pode manter o mesmo.

Ex.: Mantive o mesmo funcionário na empresa. (errado)

Mantive o funcionário na empresa. (certo)

Marcha a ré – Sem hífen.

Matiz – Palavra masculina: o matiz.

Mau-caráter / Mau caráter

a) O mau-caráter irá conosco.

Trata-se de um nome composto: com hífen. Plural: maus-caracteres.

b) Ele é mau-caráter.

Trata-se de um adjetivo composto: com hífen. Plural: maus-caracteres.

c) Ele tem um mau caráter.

São duas palavras distintas: sem hífen. Observe que se poderia dizer **um péssimo caráter**.

Mau gosto – V. **Boa vontade**.

Mau humor – V. **Boa vontade**.

Mau senso – V. **Boa vontade**.

Maus-tratos – Com hífen.

Má vontade – V. **Boa vontade**.

Médium – Palavra masculina ou feminina: o médium, a médium.

Meio ambiente – Sem hífen.

Meio de campo – E não **meio-campo**.
Ex.: Augusto é um meio de campo habilidoso.

Melhorar mais – Redundância. Melhorar só pode ser mais.
Ex.: Você precisa melhorar mais. (errado)
Você precisa melhorar. (certo)

Metades iguais – V. **Duas metades**.

Meteorologia – E não **metereologia**.

Miolo – O plural **miolos** tem vogal de timbre aberto: miólos.

Mil – Não se usa com o numeral **um**. Também não aceita **hum**, que por sinal não existe.

Ex.: Ganhei um mil reais. (errado)

Ganhei mil reais. (certo)

Milhão – V. **Dois milhões de pessoas**.

Milhar – V. **Dois milhões de pessoas**.

Minha opinião pessoal – Redundância. Se a opinião é minha, só pode ser pessoal.

Ex.: Não interessa a minha opinião pessoal sobre isso. (errado)

Não interessa a minha opinião sobre isso. (certo)

Misse – Com **e** no final.

Moção – V. **Propor uma moção**.

Modelo – Palavra masculina: o modelo (para o homem e para a mulher). Embora haja a tendência de dizer **a modelo**, não o faça, pois se trata de uma impropriedade.

Obs.: Usada em função adjetiva, liga-se à anterior por meio de hífen e não se flexiona.

Ex.: Escola-modelo. Plural: escolas-modelo.

Monopólio exclusivo – Redundância. Monopólio já indica exclusividade.

Ex.: A empresa pretendia o monopólio exclusivo do café. (errado)

A empresa pretendia o monopólio do café. (certo)

Monstro – V. **Cassete**.

Mortadela – E não **mortandela**.

Muçulmano – E não **mulçumano**.

Muitas vezes / Muita vez – Ambas corretas.
Ex.: Muita vez eles se encontraram ali.
   Muitas vezes eles se encontraram ali.
Obs.: Prefira, em sua redação, a forma plural.

Músico – Palavra masculina: o músico (para o homem e para a mulher).

Muso – Não existe.

Musse – Palavra feminina: a musse.

N

Na entrada – V. **À entrada**.

Na falta de – V. **À falta de**.

Não há de quê / Não há por quê – Ambas corretas.

Não obstante – E não **inobstante**.

Na saída – V. **À saída**.

Nem tanto ao mar nem tanto à terra – Locução que significa **sem exageros**.

Nenhum – E não **qualquer**.

Ex.: Não disse nenhuma palavra. (certo)

Isso não é qualquer homem que entende. (certo)

Não disse qualquer palavra. (errado)

Obs.: Não se emprega a palavra **qualquer** em frases negativas, correspondendo a **nenhum**, como na terceira frase. Na segunda, equivale a **todo**, e não a **nenhum**.

Nhoque – E não **inhoque**.

Nó cego – Sem hífen.

No entanto – V. **Entretanto**.

No entretanto – V. **Entretanto**.

No frigir dos ovos – Expressão que significa **no fim de tudo**.

Ex.: No frigir dos ovos, as coisas ficarão como sempre estiveram.

No mais das vezes – Expressão que significa **geralmente**.

Ex.: No mais das vezes, procuravam chegar bem cedo.

Nós – E não **a gente**.

Ex.: Nós pintaremos a casa, ou pintaremos a casa.

Obs.: O pronome **a gente** é de uso coloquial, familiar. Deve ser evitado em uma redação.

Noz-moscada – E não **noz-noscada**.

Nucleico – O ditongo é aberto. Pronúncia: nucléico.

Nu e cru – Expressão que significa **tal qual é**.
Ex.: Esta é a verdade nua e crua.

O

Obeso – A vogal tônica tem som aberto: obéso.

Obsoleto – A vogal tônica tem som aberto: obsoléto.

Octogésimo – E não **octagésimo**.

Óculos – Tratando-se do objeto usado sobre o nariz para melhorar a visão, é sempre plural.
Ex.: Perdi meus óculos.
Tenho óculos escuros.
Os óculos são importantes para mim.

Óleo de soja – Sem hífen. Assim também: **óleo de amendoim, óleo de girassol, óleo de milho, óleo de fígado de bacalhau, óleo de linhaça** etc.

Olmo – Tipo de árvore. Pronúncia: ôlmo.

O mais absoluto silêncio – Redundância. **Absoluto** já tem a ideia de **mais**.

Ex.: Fizeram o mais absoluto silêncio. (errado)

Fizeram absoluto silêncio. (certo)

Omoplata – Palavra feminina: a omoplata.

Ou oito ou oitenta – Expressão que significa **tudo ou nada**.

Ex.: Com ele era tudo ou oito ou oitenta.

Ouvidos de mercador – V. **Fazer ouvidos de mercador**.

Oxidar / Oxidar-se

a) Isto oxidou o metal. (certo)

b) O metal oxidou-se. (certo)

c) O metal oxidou. (errado)

P

Padrão – V. **Cassete**.

Pantomima – E não **pantomina**.

Pão-duro / Pão duro

a) Ele é pão-duro. Ou seja, avarento. Trata-se de um nome composto, de emprego coloquial. Não se flexiona em gênero: o pão-duro, a pão-duro.

b) Ele gosta de pão duro. Ou seja, pão que não é fresco.

Papai Noel / Papai-noel

a) Ela sonha com Papai Noel. Ou seja, o personagem lendário que habita a cabeça das crianças na época do Natal. Grafa-se com maiúscula.

b) Ele viu o papai-noel daquela loja. Ou seja, a pessoa vestida de Papai Noel. Grafa-se com iniciais minúsculas e hífen.

Para a frente – E não **para frente**.

Para cá / Para lá – E não **para aqui / para ali**.

Ex.: Traga as ferramentas para aqui. (errado)

Traga as ferramentas para cá. (certo)

Para São Paulo – V. **A São Paulo**.

Para inglês ver – Expressão que significa **para aparentar**.

Ex.: Toda aquela preparação era para inglês ver.

Paralelepípedo – E não **paralepípedo**.

Passo a passo – Sem hífen.

Paulista / Paulistano

a) A palavra **paulista** refere-se ao estado de São Paulo.

b) A palavra **paulistano** refere-se à cidade de São Paulo.

Dessa forma, todo paulistano é paulista, mas nem todo paulista é paulistano.

Pequenos detalhes – Redundância. Detalhe só pode ser pequeno.

Ex.: Apresentei pequenos detalhes do trabalho. (errado)

Apresentei detalhes do trabalho. (certo)

Perda – E não **perca**.

Ex.: Falou-me da perca da carteira. (errado)
Falou-me da perda da carteira. (certo)

Performance – Trata-se de palavra inglesa. Evite-a. Use **desempenho.**

Perito – Palavra masculina: o perito (para o homem e para a mulher).

Pernoite – Palavra masculina: o pernoite.

Perscrutar – E não **prescutar**.

Personagem – Palavra masculina ou feminina, podendo nos dois casos referir-se tanto ao homem quanto à mulher.
Ex.: Ele é o personagem principal. (ou a personagem)
Ela é a personagem principal. (ou o personagem)

Pessoal – V. **Departamento de pessoal**.

Perturbar – E não **pertubar**.

Picles – Palavra plural: os picles. Não se diz **o picle**, nem **o picles**.

Piloto – Palavra masculina: o piloto (para o homem e para a mulher).

Pivô – Palavra masculina: o pivô (para o homem e para a mulher).

Plebiscito – E não **plesbicito**.

Poça – A vogal tônica tem som fechado: pôça. O plural **poças** mantém a vogal fechada: pôças.

Poço – O plural **poços** tem som aberto: póços.

Ponte levadiça – E não **ponte elevadiça**.

Ponto de vista – Sem hífen.

Por causa que – Não existe. Diga **porque**.
Ex.: Chorou por causa que estava triste. (errado)
    Chorou porque estava triste. (certo)
Obs.: Não se confunda com **por causa de**, locução perfeita do português.
Ex.: Chorou por causa de um tombo.

Pôr do sol – Sem hífen. Observe o acento e a inicial minúscula em **sol**. Plural: **pores do sol**.

Por isso – E não **porisso**.

Por ora / Por hora
a) Não podemos, por ora, reclamar.
Significa **por enquanto**.
b) Por aqui passam mil pessoas por hora.
Significa **por sessenta minutos**.

Porto – O plural **portos** tem som aberto: pórtos.

Por um triz – Locução que significa **por pouco**.
Ex.: Por um triz ele não foi derrubado.

Porventura – E não **por ventura**.

Por via das dúvidas – Expressão que significa **para prevenir enganos**.
Ex.: Por via das dúvidas, vou procurá-lo à noite.

Prazerosamente – E não **prazeirosamente**.

Preço alto – E não **preço caro**. O produto é que é caro (ou barato).
Ex.: Achei caro (ou barato) o preço daquele móvel. (errado)
   Achei alto (ou baixo) o preço daquele móvel. (certo)
   Achei caro (ou barato) aquele móvel. (certo)

Preestabelecer – E não **pré-estabelecer**.

Preexistir – E não **pré-existir**.

Prejulgar – E não **pré-julgar**.

Presbitério – E não **prebistério**.

Previsão do futuro – Redundância. Só se prevê o que vai acontecer.
Ex.: Fez uma bela previsão do meu futuro. (errado)
   Fez-me uma bela previsão. (certo)

Primeiro – E não **um**.
Ex.: Hoje é dia um (ou 1) de agosto. (errado)
   Hoje é dia primeiro (ou 1º) de agosto. (certo)

Primeiro filho / Primeira filha

a) Ela é meu primeiro filho.

A frase quer dizer que eu tenho, além dela, pelo menos um menino. De todos os filhos, entre meninos e meninas, foi ela que nasceu primeiro.

b) Ela é minha primeira filha.

A frase quer dizer que, dentre as meninas, ela nasceu primeiro. Ou seja, a comparação se faz só entre as meninas.

Probo – Honesto. A vogal tônica tem som aberto: próbo.

Propor uma moção – Redundância. **Moção** é uma proposta.

Ex.: O deputado propôs uma nova moção. (errado)

O deputado fez uma nova moção. (certo)

Propositadamente – E não **propositalmente**.

Obs.: Embora dicionários registrem **proposital e propositalmente**, convém evitá-las em uma redação. As formas consideradas perfeitas pelos estudiosos são **propositado** e **propositadamente**.

Prostrado – E não **prostado**.

Protagonista principal – Redundância. Protagonista é o ator principal.

Ex.: O principal protagonista só dá bons exemplos. (errado)

O protagonista só dá bons exemplos. (certo)

Proteico – O ditongo é aberto. Pronúncia: protéico.

Prova dos noves – E não **prova dos nove**.

Psique – Palavra paroxítona. Pronúncia: psíque, e não psiquê.

Púbis – Palavra masculina: o púbis.

Q

Qualquer – Plural: quaisquer. Única palavra em português que faz o plural no meio. Quanto ao emprego, veja o verbete **nenhum**.

Quantidade – E não **quantia**.
Ex.: Vi uma grande quantia de pessoas. (errado)
      Via uma grande quantidade de pessoas. (certo)
Obs.: **Quantia** só se refere a dinheiro.
Ex.: Recebeu uma grande quantia e comprou a casa.

Quarto e sala – Sem hífen.
a) Adquiri um excelente quarto e sala. (substantivo)
b) Meu apartamento tem quarto e sala. (dois substantivos distintos)

Quedo – A vogal tônica tem som fechado: quêdo.

Que horas são – E não **que horas tem**.
Ex.: Que horas tem, meu filho? (errado)
      Que horas são, meu filho? (certo)

Queijo de minas – E não **queijo minas**.

Queijo do reino – E não **queijo reino**.

Queijo prato – E não **queijo prata**.

Que nem – V. **Como**.

Quer... quer – E não **quer... ou**.
Ex.: Quer estude ou trabalhe, sempre visita os avós. (errado)
Quer estude quer trabalhe, sempre visita os avós. (certo)

Quilo – E não **Kilo**.

R

Radiopatrulha – E não **rádio-patrulha** ou **rádiopatrulha**.
Obs.: Em todos os compostos, a palavra **rádio**, quando é o primeiro elemento, não possui acento e não admite hífen.

Raios X / Raio-X
a) Não podemos ficar expostos aos raios X.
Trata-se da irradiação: plural e sem hífen.
b) Preciso tirar um raio-X do pulmão.
Trata-se da chapa: singular e com hífen.
Obs.: Nos dois casos, a letra **x** é maiúscula.

Rapsódia – Pronúncia: rapssódia.

Rebater coisas – E não **rebater pessoas**.
Ex.: Rebati o ministro por suas críticas. (errado)
  Rebati as críticas do ministro. (certo)

Receoso – E não **receioso**.

Recife – Sem artigo quando se tratar da cidade: morar em Recife.
Ex.: Ele morou em Recife durante muitos anos.
Obs.: Diz-se **o Recife** apenas quando se trata de uma certa localidade da capital pernambucana.

Recorde – Pronúncia: recórde.

Referendo – E não **referendum**.

Reivindicar – E não **reinvindicar**.

Relações-públicas / Relações públicas
a) O relações-públicas foi chamado à sala de reuniões.
Ou seja, a pessoa que exerce essa profissão: com hífen.
b) O departamento de relações públicas vai pronunciar-se.
Ou seja, a atividade, a profissão: sem hífen.
Obs.: O relações-públicas e a relações-públicas.

Repetir de novo – Redundância, a menos que já tenha havido uma repetição.
Ex.: Repita de novo a mensagem. (errado)
  Repita a mensagem. (certo)

Obs.: A primeira frase só é válida quando já se repetiu uma vez a mensagem. Logicamente, vai-se repetir mais uma vez, ou seja, vai-se falar pela terceira vez. De qualquer forma, evite em sua redação.

Reportagem – V. **grupo de fiscais**.

Restabelecer – E não **reestabelecer**.

Resultado do exame – E não **resultado do laudo**.
Ex.: Esperávamos ansiosos o resultado do laudo. (errado)
Esperávamos ansiosos o resultado do exame. (certo)
Esperávamos ansiosos o laudo. (certo)

Rogo – O plural **rogos** tem som aberto: rógos.

Rupestre – Relativo a rocha. E não **rupreste**.

S

Sangue frio – Sem hífen.

São-paulino – E não **sampaulino**.

Sair à francesa – O mesmo que **sair sem se despedir**, **sair de fininho**.
Ex.: Os jovens saíram à francesa, desagradando a todos.

Se caso – V. **Acaso**.

Samba de enredo / Samba-enredo – Ambas corretas. A primeira é preferível.

Seja... seja – E não **seja... ou**.
Ex.: Seja uma pessoa experiente ou um principiante esforçado, conseguirá o emprego. (errado)

Seja uma pessoa experiente, seja um principiante esforçado, conseguirá o emprego. (certo)

Senhor – E não **seu**.
Ex.: Seu Manuel, traga os documentos. (errado)

Senhor Manuel, traga os documentos. (certo)

Obs.: A palavra **seu**, com o sentido de **senhor**, tem emprego estritamente coloquial. Não deve ser usada em sua redação.

Sequer – Pelo menos. Só pode ser usada em frases negativas.
Ex.: Ele sequer fez um exercício. (errado)

Ele não fez sequer um exercício. (certo)

Ele sequer estudou. (errado)

Ele nem sequer estudou. (certo)

Signatário – E não **signitário**.

Silepse – Pronúncia: silépsse.

Sobrancelha – E não **sombrancelha**.

Sobressair – E não **sobressair-se**.
Ex.: Ele se sobressai em tudo que faz. (errado)

Ele sobressai em tudo que faz. (certo)

Obs.: O verbo sobressair nunca é pronominal.

Sobretudo / Sobre tudo

a) Estudou sobretudo as matérias da próxima prova.

Significa **principalmente**: uma palavra só.

b) Guardou o sobretudo.

Tipo de casaco: uma palavra só.

c) Falavam sobre tudo o que interessava.

Significa **a respeito de tudo**: duas palavras.

Socorro – O plural **socorros** tem som aberto: socórros.

Solução de continuidade – Expressão que significa **interrupção**.
Ex.: O processo sofreu solução de continuidade. Ou seja, o processo foi interrompido.

Somatório – E não **somatória**.

Soprano – O soprano para o homem, a soprano para a mulher.

Soror – O mesmo que **freira**. A vogal tônica tem som fechado: sorôr. No plural, mantém o timbre fechado: sorôres. Existe a variante prosódica **sóror**.

Sorvedouro – Redemoinho de água. E não **sorvedor**.

Sósia – O melhor emprego da palavra é como masculino: o sósia (para o homem e para a mulher). Admite-se, no entanto, a sósia.

Subscrever – E não **subescrever**.

Subsídio – Pronúncia: subssídio.

Subsistir – Pronúncia: subssistir.

Sucatar – E não **sucatear**.

Suíte – Palavra feminina: a suíte.

Suor – A vogal tônica tem som aberto: suór.

Superiora – V. **Madre superiora**.

Surpresa – V. **Cassete**.

T

Tão só / Tão somente – Sem hífen.
Ex.: Fiz tão só o que me pediram.
Pediram tão somente que ficássemos tranquilos.
Obs.: A palavra **tão** é apenas um elemento de reforço. Pode-se dizer **só** ou **somente**, sem nenhuma alteração de sentido.

Tapa – Com o sentido de **bofetada**, pode ser masculina ou feminina: o tapa, a tapa. Preferência para o masculino.

Tataraneto – V. **Bisneto**.

Tataravô – V. **Bisavô**.

Tejo – Rio da Europa. A vogal tônica tem som aberto: Téjo.

Telefonema – Palavra masculina: o telefonema.

Telex – Invariável: o telex, os telex.

Templo sagrado – Redundância. Todo templo é sagrado.
Ex.: Naquele templo sagrado sentia-se em paz. (errado)
Naquele templo sentia-se em paz. (certo)

Terça-feira – E não **3ª feira**. Não se usam algarismos para designar os dias da semana.

Terreno de marinha – Próximo de mar ou lagoa. E não **terreno da Marinha**.

Terso – Puro, correto. A vogal tônica tem som aberto: térso.

Tetraneto – V. **Bisneto**.

Tetravô – V. **Bisavô**.

Têxtil – E não **téxtil**.

Tijolo – O plural **tijolos** tem som aberto: tijólos.

Tireoide – E não **tiroide**.

Toalete – Com o sentido de **banheiro feminino**, é palavra masculina: o toalete.

Todo / Todo o
a) Todo assunto será explicado.
Isto é, cada assunto ou todos ou assuntos.
b) Todo o assunto será explicado.
Isto é, o assunto inteiro.

Todos – E não **todo o mundo**.

Ex.: Todo o mundo na sala prestou atenção. (errado)

Todos na sala prestaram atenção. (certo)

Obs.: Só se diz **todo o mundo**, quando realmente se trata de mundo, planeta Terra.

Ex.: Todo o mundo já reconheceu a independência desse país. Ou seja, o mundo inteiro.

Torácico – E não **toráxico**.

Torno – O plural **tornos** tem, de preferência, som aberto: tórnos.

Tóxico – V. **Intoxicar**.

Tragédia mata – V. **Acidente mata**.

Tredo – Traiçoeiro. A vogal tônica tem som fechado: trêdo.

Tremoço – A vogal tônica tem som fechado: tremôço. O plural **tremoços** tem som aberto: tremóços.

Tropo – Linguagem figurada. A vogal tônica tem som aberto: trópo.

Trineto – V. **Bisneto**.

Trisavô – V. **Bisavô**.

Trilhão – V. **Dois milhões de pessoas**.

Tudo que / Tudo o que – Ambas corretas.

Ex.: Tudo que pedi foi feito.

Tudo o que pedi foi feito.

U

Ultimato – E não **ultimatum**.

Ultimato final – Redundância. Ultimato é uma declaração final.
Ex.: Após o ultimato final, resolveram tomar uma decisão. (errado)
   Após o ultimato, resolveram tomar uma decisão. (certo)

Ultravioleta – Palavra invariável.
Ex.: Raios ultravioleta.

Umbigo – E não **embigo**.

Um mil – V. **Mil**.

Unanimidade geral – Redundância. Unanimidade é sempre de todos.
Ex.: Meu amigo é unanimidade geral na pesquisa. (errado)
   Meu amigo é unanimidade na pesquisa. (certo)

Useiro e vezeiro – Expressão que significa **aquele que faz a mesma coisa numerosas vezes**.
Ex.: Sou useiro e vezeiro no estudo de línguas.

Uso abusivo – Redundância. Abusivo refere-se a uso.
Ex.: O uso abusivo de álcool pode destruir um homem. (errado)
   O uso excessivo de álcool pode destruir um homem. (certo)

V

Vale – Forma substantivos compostos com hífen: vale-transporte. Plural: vales-transporte.

Valer a pena – E não **valer à pena**.
Ex.: Não vale a pena tanto sacrifício.

Valorizar / Valorizar-se
a) Sua atuação valorizou minha vitória. (certo)
b) Minhas ações valorizaram-se muito. (certo)
c) Minhas ações valorizaram muito. (errado)

Vegetomineral – Pronúncia: végeto-mineral.

Vereda – A vogal tônica tem som fechado: verêda.

Veredicto – E não **veredito**.

Via de regra – Expressão que significa **geralmente**.
Obs.: Em sua redação, dê preferência ao advérbio.

Videocassete – Sem hífen e sem acento no **i**. O mesmo para todas as palavras com o elemento **vídeo**.
Obs.: **Video game** é termo inglês.

Vinha vindo – Emprego correto. O verbo **vir** pode ser auxiliar de si mesmo.

Vir morrer / Vir a morrer

a) Ele veio morrer em sua cidade.

Significa que ele veio para morrer em sua cidade.

b) Ele veio a morrer em sua cidade.

Significa que ele morreu em sua cidade.

Obs.: **Vir a** equivale a **acontecer**.

Virtuose – A vogal tônica tem som fechado: virtuôse. Em seus textos, prefira o equivalente **virtuoso**.

Vítima fatal – Não existe em português. **Fatal** é o que causa a morte. O acidente é que é fatal.

Viúva do falecido – Redundância. É claro que a viúva só pode ser do falecido.

Ex.: A viúva do falecido chegou agora. (errado)

A viúva chegou agora. (certo)

Voltar atrás – Não é redundância, pois a expressão significa **mudar de opinião**. Perdeu-se, nela, a ideia de movimento.

Voto em branco – E não **voto branco**.

X

Xampu – Aportuguesamento da palavra inglesa.

Xerelete – Nome de um peixe. A vogal tônica tem som fechado: xerelête. Também se diz **xarelete**, com a mesma pronúncia.

Xerife – Aportuguesamento da palavra inglesa.

Xifópago – E não **xipófago**.

Z

Zangar-se – E não **zangar**.
Ex.: Ele zangou com o colega. (errado)
Ele zangou-se com o colega. (certo)

Zaratustra – E não **Zaratrusta**. É o nome do fundador do **masdeísmo**. O mesmo que **Zoroastro**.

Zero – E não **0**.
Ex.: Precisamos eliminar um 0. (errado)
Precisamos eliminar um zero. (certo)

Zero hora – V. **À zero hora**.

Zero-quilômetro – Com hífen e invariável.
Ex.: Comprei um carro zero-quilômetro.
Comprei dois carros zero-quilômetro.

Zero um (01) – Não existe em português. Jamais use o zero ao lado do algarismo.
Ex.: Tenho 01 caderno e 02 lápis. (errado)
Tenho 1 caderno e 2 lápis. (certo)

Dia 05 de abril. (errado)

Dia 5 de abril. (certo)

Ele nasceu em 04/08/98. (errado)

Ele nasceu em 4/8/98. (certo)

Obs.: Com relação ao primeiro dia do mês, queira ver o verbete **primeiro**.

Zeugma – Tipo de figura de sintaxe. Pode ser masculina ou feminina: o zeugma, a zeugma.

Zunzum – E não **zum-zum**.

Zunzunzum – E não **zum-zum-zum**.

II

ABREVIATURAS

a = are(s)
a.a. = ao ano
A. = autor
AA. = autores
abr. = abril
abs. = absoluto
a.C. ou **A.C** = antes de Cristo
adj. = adjetivo
adv. = advérbio
ag. ou **ago.** = agosto
alm. = almirante
a.m. = *ante meridiem* (antes do meio-dia)
am^o, am^a = amigo, amiga
ant. = antigo
antôn. = antônimo(s)
ap. ou **apart.** = apartamento
art. = artigo; artilheiro, artilharia
ass. = assinado
atm. = atmosfera
at^o = atento ou atencioso
aum. = aumentativo
autom. = automóvel
aux^o = auxílio
banc. = bancário
bat. = bateria
bel. = bacharel
brig. = brigadeiro
btl. = batalhão
c. = cena ou cento

c/ = com ou conta (comercialmente)
cálc. = cálculo
c.-alm. = contra-almirante
cap. = capitão ou capítulo
cap.-frag. = capitão-de-fragata
cap.-tenente = capitão-tenente
card. = cardeal ou cardinal
cat. = catálogo
cav. = cavalaria
cav^o = cavaleiro
cel. = coronel
cent. = centavo
Cia. = companhia (comercial ou militarmente)
cit. = citação; citado(a)(s)
cm = centímetro(s)
col., cols. = coluna(s)
com. = comandante; comendador
compl. = complemento
cond. = condicional; condutor
conj. = conjunção, conjuntivo
cons. = consoante
contr. = contração; contribuição
cop. = copiado
cp. = compare
dec. = decreto
dem. = demonstrativo
desc. ou **desc^o** = desconto
desp. = despesa ou desporto

devº = devotado
dez. ou **dezº** = dezembro
dic. = dicionário
dif. = diferente
dim. = diminutivo
dipl. = diploma
dit. = ditongo
div. = divisão(ões)
dm = decímetro(s)
doc. = documento
dr., **drª** = doutor, doutora
dz. = dúzia(s)
E. = editor
EE. = editores
ed. = edição
el. = elemento
eletr. = eletricista
elétr. = elétrico
equiv. = equivalente
est. = estadual; estrofe(s); estante(s)
euf. = eufemismo
ex. = exemplo(s)
exc. = exceto ou exceção
excl. = exclamação ou exclamativo
int. = internacional
interj. = interjeição ou interjetivo
intr. = intransitivo
irreg. = irregular
jan. ou **janº** = janeiro
jul. = julho
jun. = junho
jur. ou **juríd.** = jurídico
kg = quilograma(s)
km = quilômetro(s)
l = litro(s)
l. = linha(s); loja(s)
f., **fl.** ou **fol.** = folha

fls. ou **fols.** = folhas
fasc. = fascículo(s)
fem. = feminino
fev. ou **fevº** = fevereiro
fig. = figura ou figurado
flex. = flexão(ões)
for. = forense
fut. = futuro; futebol
g = grama(s)
g. ou **gr.** = grau(s)
gen. = general
ger. = gerúndio
gír. = gíria
gr. = grátis; grego; grosa; grau(s)
grs. = grosas
h = hora(s)
ha = hectare(s)
hom. = homônimo
i. é = isto é
i. e. = *id est* (isto é)
imper. = imperativo; imperial
imperf. = imperfeito
ind. = indicativo; indireto; indiano
indef. = indefinido
inf. = infinitivo; infantil; informativo; infantaria
l., **lº** ou **liv.** = livro
lat. = latitude; latim, latinismo
lig. = ligação
ling. = linguagem, linguístico
loc. = locução ou locativo
log. = logaritmo
long. = longitude
m = metro(s)
m. = masculino; mês, meses; morreu
m ou **min** = minuto(s)
mª = mesma; minha

maj. = major
máq. = máquina
maq. = maquinista
masc. = masculino
mar. = março
méd. = médico(s)
méd.-vet. = médico-veterinário
mens. = mensal
mg = miligrama(s)
ml = mililitro(s)
mm = milímetro(s)
mº = maio; mesmo
m.-q.-perf. = mais-que-perfeito
ms. = manuscrito
mss. = manuscritos
mund. = mundial
n. = nome; nasceu, nascido; número(s) (bibliografia)
nac. = nacional
neg. = negativo
neol. = neologismo
nº = número
nov. ou **novº** = novembro
núm. = número (gramática)
num. = numeral
ob. = obra(s)
obj. = objeto
obrº = obrigado
obs. = observação
opc. = opcional
oper. = operação; operário
opin. = opinião
ord. = ordinal
out. ou **outº** = outubro
p. ou **pág.** = página
pp. ou **págs** = páginas
pal. = palavra(s)

par. = parônimo
part. = particípio; partícula
pc. ou **pe.** = pacote
pç. = peça(s)
pe. = padre; pacote
peq. = pequeno
pess. = pessoa ou pessoal
p. ex. = por exemplo
pg. = pago ou pagou
pl. = plural
p. m. = *post meridiem* (depois do meio--dia); *post mortem* (depois da morte)
pop. = popular
poss. = possessivo
p.p. = próximo passado; por procuração
pred. = predicativo ou predicado
pref. = prefixo, prefixal; prefeito
prep. = preposição, prepositivo(a)
pres. = presente; presidente
prim. = primário
probl. = problema(s)
proc. = processo; procuração, procurador
prof. = professor
profª = professora
pron. = pronúncia; pronome ou pronominal
q. = que
qdo. = quando
rad. = radical; radiograma
rec. = receita
ref. = reformado; referente ou referido
reg. = registro; regional; regular; regimento
regº = registrado; regulamento
rel. = relativo
rep. = reprovado
rubr. = rubrica

s ou **seg** = segundo(s) (Física)
s. = substantivo
sarg. = sargento
sc., **scs** = saco, sacos
s.d. = sem data
séc., **sécs**. = século, séculos
seg. = seguinte
segs. ou **ss.** = seguintes
sem. = semana(s), semanal; semelhante(s); semestre(s)
sent. = sentido
sep. = separado ou separata
sér. = série(s)
set. ou **set^o** = setembro
sin. = sinônimo(s)
sing. = singular
s^o = servo
soc. = social ou socialista
sr. = senhor
sr^a = senhora
srta. = senhorita
subj. = subjuntivo
subord. = subordinada, subordinativo(a)
suc. = sucursal
suf. = sufixo ou sufixal
suj. = sujeito
sup. = superlativo; superior
super. = superioridade
superl. = superlativo
supl. = suplemento
t = tonelada; tempo (Matemática)
t. = termo; tomo(s)
tb. = também
téc. = técnico
tel. = telefone; telegrama; telegrafista
ten. = tenente
ten.-cel. = tenente-coronel

teor. = teorema
term. = terminação
test. = testemunha
test^o = testamento
tít. = título(s)
ton. = tonel, tonéis
tôn. = tônico
top. = topônimo
torp. = torpedeiro
tr. = transitivo
trad. = tradutor ou tradução
tradic. = tradicionalmente
trat. = tratamento
trop. = tropical
tur. = turismo
u.e. = uso externo
u.i. = uso interno
univ. = universidade, universal
us. = usado(a)
v. = verbo, verbal; você; vapor; *vide* (veja); verso (poemas); volume(s) (em bibliografia)
vv. = versos
v.-alm. = vice-almirante
var. = variante ou variação
vesp. = vespertino
vet. = veterinário
v.g. = *verbi gratia* (por exemplo)
v^o = verso (lado posterior)
vog. = vogal
vol., **vols.** = volume, volumes
vulg. = vulgar(es) e vulgarismo

III

SIGLAS

AABB – Associação Atlética Banco do Brasil
ABBR – Associação Brasileira Beneficente de Recuperação
ABI – Associação Brasileira de Imprensa
ABL – Academia Brasileira de Letras
ABNT – Associação Brasileira de Normas Técnicas
AC – Acre
ACM – Associação Cristã de Moços
AFA – Academia da Força Aérea
AL – Alagoas
Alca – Área de Livre Comércio das Américas
AM – Amazonas
AMAN – Academia Militar das Agulhas Negras
Anatel – Agência Nacional de Telecomunicações
Aneel – Agência Nacional de Energia Elétrica
Anvisa – Agência Nacional de Vigilância Sanitária
AP – Amapá
BA – Bahia
BACEN – Banco Central do Brasil
BB – Banco do Brasil
Bird – Banco Internacional de Reconstrução e Desenvolvimento
BNDES – Banco Nacional de Desenvolvimento Econômico e Social
Bovespa – Bolsa de Valores do Estado de São Paulo
CAN – Correio Aéreo Nacional
CBAt – Confederação Brasileira de Atletismo
CBF – Confederação Brasileira de Futebol
CE – Ceará
Centec – Centro de Tecnologia da Bahia
CEP – Código de Endereçamento Postal
Cepal – Comissão Econômica para a América Latina
Cepel – Centro de Estudos e Pesquisas em Ensino de Línguas
Cescea – Centro de Seleção de Candidatos das Escolas de Economia e Administração
Cesgranrio – Centro de Ensino Superior do Grande Rio
Cespe – Centro de Seleção e de Promoção de Eventos
CFE – Conselho Federal de Educação
CFM – Conselho Federal de Medicina
CFQ – Conselho Federal de Química
CGT – Central Geral dos Trabalhadores
CIC – Cartão de Inscrição do Contribuinte
Cice – Comissão Interna de Conservação de Energia
CLT – Consolidação das Leis Trabalhistas
CMN – Conselho Monetário Nacional
CNA – Confederação Nacional da Agricultura

CNBB – Conferência Nacional dos Bispos do Brasil
CNC – Confederação Nacional do Comércio
CND – Conselho Nacional de Desestatização
CNE – Comissão Nacional de Energia
CNEN – Comissão Nacional de Energia Nuclear
CNI – Confederação Nacional da Indústria
CNPJ – Cadastro Nacional de Pessoas Jurídicas
CNPq – Conselho Nacional de Desenvolvimento Científico e Tecnológico
Comam – Coordenadoria Geral da Marinha Mercante
Conama – Conselho Nacional do Meio Ambiente
Conar – Conselho Nacional de Autorregulamentação Publicitária
Contran – Conselho Nacional de Trânsito
Copom – Comitê de Política Monetária
CPD – Centro de Processamento de Dados
CPF – Cadastro de Pessoas Físicas
CPI – Comissão Parlamentar de Inquérito
CPMF – Contribuição Provisória sobre Movimentação Financeira
CPOR – Centro de Preparação dos Oficiais da Reserva
CRA – Conselho Regional de Administração
CREA – Conselho Regional de Engenharia, Arquitetura e Agronomia
Creci – Conselho Regional de Corretores de imóveis
CRM – Conselho Regional de Medicina
CRQ – Conselho Regional de Química
CTA – Centro Técnico Aeroespacial
CTI – Centro de Tratamento Intensivo
CTN – Código Tributário Nacional
CTPS – Carteira de Trabalho e Previdência Social
CUT – Central Única dos Trabalhadores
CVM – Comissão de Valores Mobiliários
DDC – discagem direta a cobrar
DDD – discagem direta a distância
DDG – discagem direta gratuita
DDI – discagem direta internacional
Degase – Departamento de Ações Socioeducativas
Detran – Departamento Estadual de Trânsito
Detro – Departamento de Transportes Rodoviários do estado do Rio de Janeiro
DF – Distrito Federal
Dieese – Departamento Intersindical de Estatística e Estudos Sociais
DNER – Departamento Nacional de Estradas de Rodagem
DSV – Departamento de Operações do Sistema Viário
DUT – Documento Único de Trânsito
ECT – Empresa Brasileira de Correios e Telégrafos
Eletrobras – Centrais Elétricas Brasileiras
Embraer – Empresa Brasileira de Aeronáutica S.A.
Embrapa – Empresa Brasileira de Pesquisa Agropecuária
Embratel – Empresa Brasileira de Telecomunicações
Embratur – Empresa Brasileira de Turismo
EMFA – Estado-Maior das Forças Armadas
Enap – Escola Nacional de Administração Pública
Ence – Escola Nacional de Ciências Estatísticas
Enem – Exame Nacional do Ensino Médio
ES – Espírito Santo
ESA – Escola de Sargento das Armas
ESA – Escola Superior de Advocacia
EsAEx – Escola de Administração do Exército

Esaf – Escola de Administração Fazendária
Esfao – Escola Superior de Formação e Aperfeiçoamento de Oficiais
ESG – Escola Superior de Guerra
EUA – Estados Unidos da América
FAB – Força Aérea Brasileira
FAE – Fundação de Assistência ao Estudante
Faep – Fundação de Apoio à Escola Pública
FAO – Organização das Nações Unidas para Alimentação e Agricultura (*Food and Agriculture Organization*)
FAT = Fundo de Amparo ao Trabalhador
FBCN – Fundação Brasileira para a Conservação da Natureza
FCC – Fundação Carlos Chagas
FEB – Federação Espírita Brasileira
FEB – Força Expedicionária Brasileira
Febec – Federação Brasileira dos Exportadores de Café
Febem – Fundação Estadual do Bem-Estar do Menor
Febraban – Federação Brasileira das Associações de Bancos
FEI – Faculdade de Engenharia Industrial
Fenaban – Federação Nacional dos Bancos
Fenamar – Federação Nacional das Agências de Navegação Marítima
Fenap – Federação Nacional dos Publicitários
FGTS – Fundo de Garantia do Tempo de Serviço
FGV – Fundação Getúlio Vargas
FIA – Federação Internacional de Automobilismo
Fierj – Federação das Indústrias do Rio de Janeiro
Fiesp – Federação das Indústrias do Estado de São Paulo
FIFA – Federação Internacional de Futebol Associação
Fiocruz – Fundação Instituto Oswaldo Cruz
Fipe – Fundação Instituto de Pesquisas Econômicas
FMI – Fundo Monetário Internacional
FMIS – Fundação Museu da Imagem e do Som
FND – Fundo Nacional de Desenvolvimento
FNDE – Fundo Nacional de Desenvolvimento da Educação
FNS – Fundação Nacional de Saúde
Funai – Fundação Nacional do Índio
Funarte – Fundação Nacional de Arte
Fundef – Fundo de Manutenção e Desenvolvimento do Ensino Fundamental e de Valorização do Magistério
Fundep – Fundação de Desenvolvimento da Pesquisa
GO – Goiás
IAB – Instituto dos Advogados do Brasil
IAE – Instituto de Atividades Espaciais
Ibama – Instituto Brasileiro do Meio Ambiente e dos Recursos Naturais Renováveis
IBGE – Fundação Instituto Brasileiro de Geografia e Estatística
Ibope – Instituto Brasileiro de Opinião Pública e Estatística
IBV – Índice da Bolsa de Valores
ICMS – Imposto sobre circulação de mercadorias e serviços
IME – Instituto Militar de Engenharia
IML – Instituto Médico Legal
Inamps – Instituto Nacional de Assistência Médica da Previdência Social
Inca – Instituto Nacional de Câncer
INCC – Índice Nacional da Construção Civil

Incra – Instituto Nacional de Colonização e Reforma Agrária
INL – Instituto Nacional do Livro
Inmet – Instituto Nacional de Meteorologia
Inmetro – Instituto Nacional de Metrologia, Normalização e Qualidade Industrial
INPC – Índice Nacional de Preços ao Consumidor
Inpe – Instituto Nacional de Pesquisas Espaciais
INPI – Instituto Nacional de Propriedade Industrial
INSS – Instituto Nacional do Seguro Social
IOF – Imposto sobre Operações Financeiras
IPA – Índice de Preços no Atacado
IPI – Imposto sobre Produtos Industrializados
IPTR – Imposto sobre Propriedade Territorial Rural
IPTU – Imposto Predial e Territorial Urbano
IPVA – Imposto sobre a Propriedade de Veículos Automotores
IR – Imposto de Renda
ISS – imposto sobre serviços
ITA – Instituto Tecnológico de Aeronáutica
IVA – Imposto sobre o Valor Agregado
IVV – Imposto sobre vendas a varejo de combustíveis
LBA – Fundação Legião Brasileira de Assistência
LBV – Legião da Boa Vontade
LDB – Lei de Diretrizes e Bases
MA – Maranhão
Mack – Universidade Mackenzie
MAM – Museu de Arte Moderna
Mare – Ministério da Administração e da Reforma do Estado
Masp – Museu de Arte de São Paulo
MEC – Ministério da Educação e do Desporto
MG – Minas Gerais
MS – Mato Grosso do Sul
MST – Movimento dos Trabalhadores Rurais sem Terra
MT – Mato Grosso
NGB – Nomenclatura Gramatical Brasileira
OAB – Ordem dos Advogados do Brasil
OEA – Organização dos Estados Americanos
OIT – Organização Internacional do Trabalho
OMC – Organização Mundial do Comércio
OMS – Organização Mundial da Saúde
ONG – organização não governamental
ONU – Organização das Nações Unidas
Opep – Organização dos Países Exportadores de Petróleo
Otan – Organização do Tratado do Atlântico Norte
PA – Pará
Pasep – Programa de Formação do Patrimônio do Servidor Público
PB – Paraíba
PE – Pernambuco
Petrobras – Petróleo Brasileiro S.A.
PI – Piauí
PIS – Plano de Integração Social
PNB – Produto Nacional Bruto
PND – Plano Nacional de Desenvolvimento
PR – Paraná
Procon – Procuradoria de Proteção e Defesa do Consumidor
PUC – Pontifícia Universidade Católica
Puccamp – Pontifícia Universidade Católica de Campinas
RG – Registro Geral
RGI – Registro Geral de Imóveis

RJ – Rio de Janeiro
RN – Rio Grande do Norte
RO – Rondônia
RR – Roraima
RS – Rio Grande do Sul
SC – Santa Catarina
SE – Sergipe
Sebrae – Serviço Brasileiro de Apoio às Micro e Pequenas Empresas
Senac – Serviço Nacional de Aprendizagem Comercial
Senai – Serviço Nacional de Aprendizagem Industrial
Serpro – Serviço Federal de Processamento de Dados
Sesc – Serviço Social do Comércio
Sesi – Serviço Social da Indústria
SP – São Paulo
SPC – Serviço de Proteção ao Crédito
SPTrans – São Paulo Transporte S.A.
SSP – Secretaria de Segurança Pública
STF – Supremo Tribunal Federal
STJ – Superior Tribunal de Justiça
STM – Superior Tribunal Militar
Sucam – Superintendência de Campanhas de Saúde Pública
Sudam – Superintendência do Desenvolvimento da Amazônia
Sudene – Superintendência do Desenvolvimento do Nordeste
Sunab – Superintendência Nacional de Abastecimento
TCU – Tribunal de Contas da União
TJ – Tribunal de Justiça
TO – Tocantins
TRE – Tribunal Regional Eleitoral
TRT – Tribunal Regional do Trabalho
TSE – Tribunal Superior Eleitoral
TST – Tribunal Superior do Trabalho
UBE – União Brasileira de Escritores
UE – União Europeia
UEL – Universidade Estadual de Londrina
UERJ – Universidade do Estado do Rio de Janeiro
UF – Unidade Federativa
UFF – Universidade Federal Fluminense
UFIR – Unidade Fiscal de Referência
UFRJ – Universidade Federal do Rio de Janeiro
UFRRJ – Universidade Federal Rural do Rio de Janeiro
UFU – Universidade Federal de Uberlândia
UIB – União Internacional de Bioquímica
UnB – Universidade de Brasília
UNE – União Nacional dos Estudantes
UNEB – Universidade do Estado da Bahia
Unesco – Organização Educacional, Científica e Cultural das Nações Unidas (*United Nations Educational, Scientific and Cultural Organization*)
Unesp – Universidade Estadual Paulista
Uniana – Universidade Estadual de Anápolis
Unicamp – Universidade Estadual de Campinas
Unicef – Fundo das Nações Unidas para a Infância (*United Nations International Children's Emergency Fund*)
Unicentro – Universidade Estadual do Centro-Oeste
Unitau – Universidade de Taubaté
USP – Universidade de São Paulo
UTI – Unidade de Terapia Intensiva
VOLP – Vocabulário Ortográfico da Língua Portuguesa
Vunesp – Fundação para o Vestibular da Unesp

IV
EMPREGO DAS LETRAS

Você tem, a seguir, uma relação de palavras cuja grafia pode oferecer dificuldade. São, na maioria, palavras de uso corrente. Estude bem esta relação, pois a ortografia da língua portuguesa requer bastante cuidado. Revise, antes, as regras apresentadas na primeira parte do livro, na seção ORIENTAÇÃO ORTOGRÁFICA.

■ COM S, E NÃO Z

abusar	blusão	conclusão
abuso	brasa	contusão
acusar	brasão	convés
adesão	braseiro	cortesia
adesivo	brisa	crisálida
agasalhar	burguês	crise
agasalho	burguesa	decisão
aliás	burguesia	decisivo
amnésia	camisa	demasia
analisar	camiseta	desígnio
análise	camisola	despesa
apoteose	camponês	divisa
arrasar	camponesa	dose
artesanato	casaco	duquesa
artesão	casebre	empresa
asilo	caserna	entrosar
atrás	casuística	enviesar
atrasar	casulo	esquisito
atraso	catalisar	evasão
através	catálise	evasiva
avisar	catequese	êxtase
aviso	centésimo	extravasar
baronesa	cesariana	fase
basalto	cisão	framboesa
besouro	coesão	freguesia
bis	colisão	frenesi
bisar	coliseu	frisar
bisonho	concisão	fusão
blusa	conciso	fuselagem

fusível
fuso
gás
gasolina
gasoso
gêiser
gênese
glosa
grisalho
grosa
groselha
guloseima
heresia
hesitar
hidrólise
ileso
improvisar
improviso
incisão
inclusive
infusão
intruso
invés
irresoluto
irrisório
isolar
jesuíta
jus
lapiseira
lasanha
lesão
lesar
lilás
lisonja
lisonjear
lisura
lousa
maisena
maresia
mariposa
masdeísmo

masoquismo
mausoléu
mesura
milésimo
miséria
musa
nasal
náusea
obesidade
obeso
obtuso
paisagem
paisano
paradisíaco
parafuso
paraíso
paralisar
paralisia
parmesão
parnasiano
pesadelo
pêsames
pesquisa
pesquisar
poetisa
presépio
presilha
princesa
profetisa
profusão
prosa
prosaico
prosélito
querosene
quesito
raposa
raso
rasura
represa
represália
represar

reprisar
reprise
repousar
repouso
resenha
resíduo
resumir
retesar
revés
risoto
síntese
sinusite
siso
sisudo
sopesar
sósia
teimosia
tese
tesoura
tesouro
tesouraria
tosar
transação
transe
transato
trânsito
traseira
trigésimo
turquesa
usina
usufruto
usura
usurpar
vaselina
vasilha
vesícula
vigésimo
visita
visitar

■ COM Z, E NÃO S

- abalizado
- abalizar
- aduzir
- alazão
- albatroz
- alfazema
- algazarra
- algoz
- amazona
- apaziguar
- aprazível
- aprendizado
- aprendizagem
- armazém
- armazenar
- arrazoado
- arrazoar
- assaz
- atenazar
- atriz
- atroz
- avestruz
- avizinhar
- azáfama
- azar
- azedo
- azêmola
- azeviche
- azia
- aziago
- azorrague
- baliza
- bambuzal
- batizar
- bazar
- bazófia
- bezerra
- bezerro
- bissetriz
- bizantino
- bizarro
- buzina
- búzio
- cafezal
- cafuzo
- capataz
- capaz
- capuz
- catequizar
- cicatriz
- coalizão
- comezinho
- contumaz
- copázio
- cuscuz
- deslizar
- deslize
- desmazelo
- desprezar
- desprezo
- diretriz
- dizimar
- dízimo
- eficaz
- embaixatriz
- enfezar
- escassez
- esfuziante
- esfuziar
- espezinhar
- esvaziar
- falaz
- foz
- fugaz
- gaze
- gazela
- gazeta
- gazua
- giz
- gozar
- gozo
- granizo
- gurizada
- horizonte
- indizível
- induzir
- introduzir
- jaez
- jazer
- jazida
- jazigo
- lambuzar
- lazer
- loquaz
- luzidio
- luzir
- macambúzio
- magazine
- matiz
- matizar
- matriz
- mazela
- menosprezar
- meretriz
- mordaz
- natureza
- nazareno
- nazismo
- ojeriza

orizicultura
perdiz
prazer
prazo
prejuízo
prezado
primazia
produzir
proeza
quartzo
ratazana
reduzir
regozijar
regozijo
revezar
revezamento
reza
rezar
rizotônico
rodízio
sazonar
seduzir
talvez
tez
topázio
tornozelo
traduzir
trapézio
variz
vazante
vazar
vazio
verniz
vizinho
vizir
xadrez

■ COM J, E NÃO G

ajeitar
alfanje
alforje
anjinho
berinjela
caçanje
cafajeste
canjica
cerejeira
desajeitado
enjeitar
enrijecer
gorjear
gorjeio
gorjeta
granjear
granjeiro
injeção
interjeição
intrujice
jeca
jeito
jenipapo
jequitibá
jerimum
jérsei
jesuíta
jiboia
jirau
laje
lajedo
laranjeira
lisonjear
lisonjeiro
lojinha
lojista
majestade
majestoso
manjedoura
manjericão
objeção
ojeriza
pajé
pajem
pegajento
rejeição
rejeitar
rijeza
sabujice
sarjeta
sobejidão
sujeito
traje
trejeito
ultraje
varejeira
varejista

■ COM G, E NÃO J

adágio
agenda
agendar
agiota
agiotagem
algema
algibeira
angelical
angélico
angina
apogeu
aragem
argila
auge
digerir
digestão
efígie
égide
egrégio
evangelho
exegese
falange
ferrugem
frigir
fuligem
garagem
gêiser
gengibre
gengiva
gerânio
gergelim
geringonça
gesso
gesto
gibi
gilete
gim
ginete
girafa
girândola
herege
impingir
lanugem
ligeiro
megera
miragem
monge
mugir
ogiva
rabugem
rabugento
rabugice
regurgitar
rigidez
rígido
rugido
rugir
sugerir
sugestão
sugestionar
tangente
tangível
tangerina
tigela
túrgido
vagem
vagido
vertigem
viger
vigência
vigília

■ COM X, E NÃO CH

- abacaxi
- afrouxar
- almoxarife
- atarraxar
- baixela
- bexiga
- bruxa
- bruxulear
- caixa
- caixote
- cambaxirra
- capixaba
- caxumba
- coaxar
- coxa
- coxear
- dervixe
- elixir
- encaixar
- enfaixar
- engraxar
- enxada
- enxaguar
- enxame
- enxaqueca
- enxergar
- enxertar
- enxerto
- enxofre
- enxotar
- enxoval
- enxugar
- enxurrada
- esdrúxulo
- faixa
- faxina
- faxineiro
- feixe
- frouxo
- graxa
- haxixe
- lagartixa
- laxante
- laxativo
- lixa
- lixar
- lixeiro
- lixo
- luxação
- luxo
- luxúria
- luxuriante
- macaxeira
- madeixa
- maxixe
- mexer
- mexerico
- mixórdia
- morubixaba
- muxoxo
- orixá
- oxalá
- pixaim
- praxe
- puxar
- puxão
- relaxar
- rixa
- rouxinol
- trouxa
- vexado
- vexame
- vexar
- xadrez
- xale
- xampu
- xangô
- xará
- xarope
- xavante
- xaxim
- xepa
- xereta
- xerife
- xícara
- xifópago
- xilindró
- xingar
- xodó

■ COM CH, E NÃO X

apetrecho	chumaço	fichário
archote	churrasco	flecha
azeviche	coche	flechar
bochecha	cochichar	guache
boliche	cochicho	hachurar
broche	colcha	hachuras
bucha	colchão	inchar
cachimbo	comichão	machucar
capucho	concha	mochila
chafariz	coqueluche	pachorra
charco	debochar	pecha
charque	deboche	pechincha
charquear	encharcar	quíchua
charrua	endecha	rachar
chimarrão	espichar	salsicha
chiste	estrebuchar	tacho
chuchu	fachada	tocha
chucrute	ficha	

■ COM SS, E NÃO Ç OU C

acessível	assediar	assuar
acossar	assédio	assuada
acossado	assentar	atravessar
admissão	asserção	avassalar
agressão	assessor	bissetriz
alvíssaras	assestar	bússola
alvissareiro	asséptico	carrossel
argamassa	assíduo	cassetete
arremessar	assíndeto	comissão
assacar	assobiar	compassivo
assecla	assolar	compressa

concessão
concessionário
concessiva
condessa
cossaco
crasso
demissão
demissionário
desassisado
devassa
devassidão
devasso
digressão
discussão
dissensão
dissídio
dissipar
dissuadir
dossel
dossiê
eletrocussão
emissão
endossar
endosso
escassear
escassez
escasso
excessivo
excesso
fóssil

fossilizar
fracasso
gesso
grassar
hissope
hissopo
idiossincrasia
imissão
insosso
intromissão
lassidão
massa
massame
masseter
messe
messiânico
musselina
obsessão
pêssego
pintassilgo
possíndeto
possessão
possessivo
possesso
potassa
potássio
precessão
pressagiar
presságio
pressuroso

professo
promessa
promissor
remessa
remissivo
repercussão
repressão
ressaca
ressalva
ressalvar
ressarcir
ressequir
sanguessuga
secessão
sossegar
sossego
submissão
sucessão
sucessivo
tessitura
travessão
travesso
vassalo
vassoura
verossímil
verossimilhança
vicissitude
viscondessa

■ COM Ç, E NÃO SS OU S

absorção
abstenção
acaçapar
açafate
açafrão
açaí
açambarcar
acepção
açougue
açúcar
açucena
açude
açular
adereço
adoção
afiançar
alçapão
alçar
almaço
almoço
ameaça
ameaçar
apreço
arregaçar
arruaça
asserção
assunção
babaçu
bagaço
baço
balança
balançar
balanço
buço
cabaça
caçanje

caçarola
caçoar
caçula
caiçara
calça
calção
calhamaço
camurça
caniço
cansaço
carapuça
carcaça
carniça
carroçaria
castiço
cavalariça
chalaça
choça
chouriço
chumaço
coação
cobiça
cobiçar
coerção
compunção
consecução
consunção
contorção
couraça
couraçado
dança
dançar
dentuça
descoroçoar
deserção
desfaçatez

destrinçar
distinção
distorção
dobradiça
enguiçar
enguiço
eriçar
escaramuça
espicaçar
espinhaço
estilhaço
exceção
extinção
feitiço
hortaliça
inchação
inchaço
inserção
isenção
jaça
jaçanã
linhaça
maçaneta
maçaranduba
maçarico
maçaroca
maciço
magriço
menção
miçanga
mordaça
mormaço
muçulmano
noviço
ouriço
paçoca

palhoça
paliçada
pança
peça
piaçaba
pinça
pinçar
quiçá
rebuliço

rechaçar
regaço
roça
roçar
roliço
soçobrar
suíço
sumiço
tapeçaria

terraço
torção
traça
traçar
trança
trançar
trapaça
viço
viçoso

■ COM S, E NÃO Ç OU C

agrimensão
ânsia
ansiar
ansiedade
ansioso
apreensão
apreensivo
arsênico
ascensão
aspersão
autópsia
aversão
avulso
bolsa
bolso
cansado
cansar
comparsa
compreensão
compulsão
compulsório

condensar
consenso
consentâneo
controvérsia
conversão
conversível
convulsão
corsário
corso
descensão
descenso
dimensão
dimensionar
dispersão
dispersivo
disperso
dissensão
distensão
diversão
diverso
dorsal

dorso
emersão
emerso
emulsão
ensebar
excursão
expansão
expansivo
extorsão
extorsivo
extrínseco
farsa
farsante
ganso
hirsuto
imersão
imerso
impulsionar
impulso
incursão
insípido

intrínseco
inversão
obsidiar
percurso
persa
persiana
perversão
precursor
pretensão
pretensioso
propensão
propulsão
pulsar

remanso
remorso
repreensão
repulsa
repulsão
repulsivo
sebe
sebo
seta
sigma
sílex
silo
singrar

sirena
siso
submersão
subsidiar
subsídio
suspensão
tenso
tergiversar
utensílio
valsa
valsar
versátil

■ COM X, E NÃO S

contexto
contextura
dextrina
excogitar
expectativa
expectorante
expectorar
expender
expensas
experiência
experiente
experimentar
expiação
explanar

expletivo
explicar
explícito
explorar
expoente
expor
êxtase
extasiado
extasiar
extensão
extensivo
extenso
extenuar
extirpar

extraordinário
extravagante
inexperiência
inextricável
sexta
sextanista
sextante
sexteto
sextilha
sextina
têxtil
texto
textual
textura

■ COM S, E NÃO X

- adestrar
- contestar
- destra
- destreza
- destro
- esclarecer
- esclarecimento
- escoriar
- escoriação
- escorreito
- escusa
- escusar
- esgotamento
- esgotar
- esgoto
- espairecer
- espanar
- espargir
- espirrar
- espirro
- esplanada (terreno plano)
- esplêndido
- esplendor
- espoliação
- espoliar
- espontaneidade
- espontâneo
- espraiar
- espremer
- esquisito
- estagnar
- estagnação
- estender
- estendido
- estourar
- estouro
- estrambótico
- estrangeiro
- estranhar
- estranheza
- estranho
- estratosfera
- estremeção
- estremecer
- estremecido
- estrênuo
- estrinçar
- estropiar
- esvaecer
- inesgotável
- justapor
- justaposição
- misto
- mistura
- sistino
- teste

■ COM E, E NÃO I

- acordeão
- acriano
- aldeola
- anteontem
- antevéspera
- argênteo
- arrepiado
- arrepiar
- arrepio
- bandear
- boreal
- bruxulear
- cadeado
- campeão
- campeonato
- candeeiro
- carestia
- cercear
- cerúleo
- côdea
- confete
- coreano
- corpóreo
- creolina
- cumeada
- cumeeira
- depenicar
- derrear
- descortinar
- descortino
- desenfreado
- desenxabido
- despender

dessemelhar
embutir
empecilho
empertigar
encabular
encarnação
encarnado
encarnar
encômio
encorpar
enfezar
entronizar
erupção
espaguete
falsear
granjear
hastear
herbáceo
heterogêneo
homogêneo
ígneo
indígena

irrequieto
lacrimogêneo
marmóreo
melindrar
melindre
menoridade
mexerico
mimeógrafo
miscelânea
montevideano
náusea
nomear
ombrear
palavreado
paletó
pâncreas
páreo
penteado
pentear
periquito
preferir
prevenir

quesito
rabear
rarear
recreativo
rédea
reencarnar
regatear
relancear
romancear
sanear
sapatear
sequer
seringa
seringueiro
tontear
umedecer
várzea
varzeano
veado
vídeo
vítreo

■ COM I, E NÃO E

aborígine
açoriano
acrimônia
agridoce
alumiar
artifício
artimanha
beribéri
cabriúva

calidoscópio
camoniano
casimira
cesariana
chilique
cimentar
cimento
cordial

corrimão
crânio
criação
criador
criatura
crioulo
dândi
dentifrício

digladiar
dilapidar
discricionário
disforme
disparate
dispêndio
displicência
displicente
distinguir
distorção
distorcido
erisipela
escárnio
esquisito
estria
estripulia
feminino
filisteu
frigir
frontispício

herbário
idiossincrasia
ignomínia
imbuia
imbuir
imiscuir-se
incinerar
inclinar
incomodar
incorporar
inculcar
incrustar
infestar
ingurgitar
intitular
intoxicar
intumescer
invés
invólucro
irrupção

júri
lampião
machadiano
meritíssimo
pátio
pontiagudo
perônio
presenciar
privilégio
ravióli
remediar
requisito
réstia
silvícola
terebintina
tilintar
umbilical
virgiliano
xilindró

■ COM O, E NÃO U

abolição
abolir
agrícola
amêndoa
amontoar
aroeira
atordoar
azêmola
boate
bobina
bodega

bolacha
boletim
borbulhar
boteco
botequim
bússola
caçoada
caçoar
cobrir
cochicho
cortiça

coruja
costume
embolia
êmbolo
encobrir
engazopar
engolir
epístola
esgoelar
esmolambado
explodir

femoral
focinho
girândola
goela
gôndola
gorgomilos
íncola
lombriga
mágoa
magoar
marajoara
mocambo
mochila

moela
mojica
molambo
moleque
montoeira
moringa
mosquito
nódoa
óbolo
orangotango
parvoíce
polenta
poleiro

polir
ratoeira
rebotalho
romeno
sapoti
silvícola
sotaque
toalete
toalha
tostão
vinícola
zoada
zoar

■ COM U, E NÃO O

abiu
acudir
anágua
assuada
bueiro
bugalho
bulício
buliçoso
bulir
burburinho
camundongo
chuviscar
chuvisco
cúpula
curtir
curtume
cutucar
elucubração
entabular
entupir

esbugalhar
escapulir
estripulia
fístula
frágua
íngua
ingurgitar
jabuti
jabuticaba
juazeiro
jucundo
légua
lóbulo
lucubração
lumbago
lúpulo
míngua
minguar
muamba
mucama

mutuca
pérgula
pirulito
puir
rebuliço
régua
regurgitar
sinusite
supetão
tábua
tabuada
tábula
tabuleiro
tabuleta
tonitruante
trégua
urticária
urtiga
usufruto
vírgula

■ COM H INICIAL

hachura
hagiografia
hagiologia
halo
haltere
hangar
harpa
harpejar
harpia
haste
haurir
hausto
haxixe
hebdomadário
hebreu
hectare
hediondo
hedonismo
hélice
hematoma
hemisfério
hemorragia
hemorroidas
hepático
herança
herbáceo

herbário
herbívoro
herdar
herege
hermenêutica
hermético
hérnia
hesitar
heureca
hibernal
hibernar
híbrido
hidra
hidrato
hiena
hierarquia
hilaridade
himeneu
hindu
hipérbole
hipismo
hipocondria
hipocrisia
hipódromo
hipófise
hipopótamo

hipoteca
hipotenusa
hipótese
hirsuto
hissope
hissopo
histologia
histrião
hitita
hodierno
holofote
hombridade
homeopatia
homologar
hóquei
horda
horta
hortênsia
horto
hosana
hóstia
hostil
hotentote
hulha
húmus

OBSERVAÇÕES

a) Cuidado especial com as seguintes palavras:
- estender – extensão
- tórax – torácico
- catequese – catequizar
- rijo, rijeza – rígido, rigidez
- viagem (substantivo) – viajem (verbo)
- maisena (o amido) – Maizena (a marca registrada: com maiúscula e **z**)

b) Nomes próprios seguem regras ortográficas. Veja a grafia correta de alguns:
Neusa, Creusa, Sousa, Luís, Luísa, Luzia, Filipe, Manuel, Denise, Susana, César, Teresa, Rute, Elisabete, Vágner, Válter, Aírton, Sueli, Miriam.

V
MASCULINOS E FEMININOS

abade – abadessa
abegão – abegã, abegoa
afegão – afegã
alazão – alazã
alcaide – alcaidessa, alcaidina
aldeão – aldeã, aldeoa
alfaiate – alfaiata
anfitrião – anfitriã, anfitrioa
aprendiz – aprendiza
ateu – ateia
ator – atriz
bacharel – bacharela
barão – baronesa
bispo – episcopisa
búfalo – búfala
burro – burra, besta
cananeu – cananeia
capiau – capioa
capitão – capitã
cavaleiro – amazona
cavalheiro – dama
charlatão – charlatã, charlatona
cidadão – cidadã
comandante – comandanta
conde – condessa
cônego – canonisa
confrade – confreira
cônsul – consulesa (esposa)
cônsul – cônsul (funcionária)
corujão – coruja
cupim – arará

czar – czarina
deus – deusa, deia, diva
diabo – diaba, diáboa, diabra
diácono – diaconisa
doge – dogesa, dogaresa
druida – druidesa
duque – duquesa
elefante – elefanta
embaixador – embaixatriz (esposa)
embaixador – embaixadora (funcionária)
ermitão – ermitoa, ermitã
faisão – faisoa, faisã
faquir – faquiresa
fariseu – fariseia
felá – felaína
filisteu – filisteia
folião – foliona
formigão – formiga
frade – freira
frei – sóror
garçom – garçonete
gigante – gigante, giganta
glutão – glutona
governante – governante, governanta
grou – grua
guri – guria
hebreu – hebreia
herói – heroína
hortelão – horteloa
hóspede – hóspede, hóspeda
ilhéu – ilhoa

imperador – imperatriz
infante – infante, infanta
jabuti – jabota
javali – javalina, gironda
jogral – jogralesa
judeu – judia
ladrão – ladra
lebrão – lebre
leitão – leitoa
maestro – maestrina
mandarim – mandarina
marajá – marani
melro – mélroa, melra
mestre – mestra
ministro – ministra
moleque – moleca
monge – monja
oficial – oficiala
papagaio – papagaio, papagaia
pardal – pardoca, pardaloca, pardaleja
parente – parente, parenta
parvo – párvoa
patriarca – matriarca
pavão – pavoa
peão – peona, peoa
perdigão – perdiz
peru – perua

pierrô – pierrete
pigmeu – pigmeia
píton – pitonisa
plebeu – plebeia
poeta – poetisa
presidente – presidente, presidenta
príncipe – princesa
prior – priora, prioresa
pulgo – pulga
profeta – profetisa
rajá – rani
rapaz – rapariga
réu – ré
rico-homem – rica-dona
rinoceronte – abada
sacerdote – sacerdotisa
sandeu – sandia
sapo – sapa
sultão – sultana
tabaréu – tabaroa
tabelião – tabeliã
tecelão – tecelã, teceloa
temporão – temporã
vilão – vilã, viloa
visconde – viscondessa
zangão – abelha

OBSERVAÇÕES

a) A lista apresenta somente palavras que poderiam causar dúvidas.

b) O feminino de **elefante** é **elefanta**. **Elefoa** não existe. **Aliá** é apenas uma espécie de elefantas.

c) **Pulgo** é o masculino de **pulga**, e não **pulgão**, como muitos pensam.

d) Pode-se empregar, como femininos, indiferentemente: **parente** ou **parenta**, **presidente** ou **presidenta**, **hóspede** ou **hóspeda**, **gigante** ou **giganta**, **oficial** ou **oficiala**. Assim, por exemplo, para a mulher, se diz **a presidente** ou **a presidenta**, **a parente** ou **a parenta**.

VI

SUPERLATIVOS ABSOLUTOS SINTÉTICOS

acre – acérrimo
afável – afabilíssimo
ágil – agílimo
agradável – agradabilíssimo
agudo – acutíssimo
amargo – amaríssimo
amigo – amicíssimo
antigo – antiquíssimo
áspero – aspérrimo
atroz – atrocíssimo
audaz – audacíssimo
bélico – belacíssimo
benéfico – beneficentíssimo
benévolo – benevolentíssimo
bom – boníssimo
capaz – capacíssimo
célebre – celebérrimo
célere – celérrimo
chão – chaníssimo
comum – comuníssimo
contumaz – contumacíssimo
cristão – cristianíssimo
crível – credibilíssimo
cru – cruíssimo
cruel – crudelíssimo
dessemelhante – dissimílimo
difícil – dificílimo
doce – dulcíssimo

dócil – docílimo
dúctil – ductílimo
eficaz – eficacíssimo
fácil – facílimo
falaz – falacíssimo
feio – feiíssimo
feliz – felicíssimo
feroz – ferocíssimo
fiel – fidelíssimo
frágil – fragílimo
frio – frigidíssimo
geral – generalíssimo
grácil – gracílimo
honorífico – honorificentíssimo
horrível – horribilíssimo
humilde – humílimo
incrível – incredibilíssimo
indelével – indelebilíssimo
infame – infamérrimo
inimigo – inimicíssimo
íntegro – integérrimo
jovem – juveníssimo
livre – libérrimo
loquaz – loquacíssimo
macio – maciíssimo
magnífico – magnificentíssimo
magro – macérrimo
maléfico – maleficentíssimo

malévolo – malevolentíssimo
manso – mansuetíssimo
mau – malíssimo
mendaz – mendacíssimo
minaz – minacíssimo
mirífico – mirificentíssimo
miserável – miserabilíssimo
mísero – misérrimo
miúdo – minutíssimo
módico – modicíssimo
móvel – mobilíssimo
munífico – munificentíssimo
negro – nigérrimo
nobre – nobilíssimo
notável – notabilíssimo
núpero – nupérrimo
pagão – paganíssimo
parco – parcíssimo
perspicaz – perspicacíssimo
pertinaz – pertinacíssimo
pessoal – personalíssimo
pio – pientíssimo
pobre – paupérrimo
preguiçoso – pigérrimo
procaz – procacíssimo
pródigo – prodigalíssimo
próprio – propiíssimo
próspero – prospérrimo
provável – probabilíssimo
público – publicíssimo
pudico – pudicíssimo

pugnaz – pugnacíssimo
pulcro – pulquérrimo
rústico – rusticíssimo
sábio – sapientíssimo
sagaz – sagacíssimo
sagrado – sacratíssimo
salaz – salacíssimo
salubre – salubérrimo
são – saníssimo
semelhante – simílimo
senil – senílimo
sensível – sensibilíssimo
sério – seriíssimo
simpático – simpaticíssimo
simples – simplicíssimo
soberbo – superbíssimo
solaz – solacíssimo
tenaz – tenacíssimo
tenro – teneríssimo
terrível – terribilíssimo
tétrico – tetérrimo
úbere – ubérrimo
vadio – vadiíssimo
vão – vaníssimo
veloz – velocíssimo
visível – visibilíssimo
vivaz – vivacíssimo
voraz – voracíssimo
vulnerável – vulnerabilíssimo

OBSERVAÇÕES

a) A lista apresenta os superlativos eruditos, preferíveis aos populares, que algumas gramáticas já aceitam.

b) O superlativo absoluto sintético de **magro** é **macérrimo**. **Magérrimo** não existe na língua culta.

VII

COLETIVOS

academia – de sábios, de literatos
alcateia – de lobos, de hienas, de panteras
armada – de navios de guerra
armento – de gado grande
arquipélago – de ilhas
assembleia – de deputados, de professores
atilho – de espigas
banca – de examinadores
banda – de músicos
bando – de aves, de ciganos, de malfeitores etc.
biblioteca – de livros
cacho – de bananas, de uvas etc.
cáfila – de camelos
cambada – de malandros, de chaves, de caranguejos
caravana – de viajantes, de peregrinos, de estudantes etc.
cardume – de peixes
choldra – de assassinos, de malandros, de malfeitores
chusma – de pessoas, de criados
constelação – de estrelas
cordilheira – de montanhas
corja – de vadios, de tratantes, de ladrões
coro – de cantores, de anjos
correição – de formigas em fila
discoteca – de discos
elenco – de atores
esquadra – de navios de guerra
esquadrilha – de aviões
falange – de soldados, de espíritos, de anjos
farândola – de bêbados, de maltrapilhos
fato – de cabras
fauna – de animais de uma região
feixe – de lenha, de capim
flora – de plantas de uma região
frota – de navios mercantes, de ônibus
gavela – de espigas
girândola – de foguetes
hemeroteca – de jornais, de revistas
horda – de povos selvagens nômades, de desordeiros, de invasores, de bandidos, de aventureiros
iconoteca – de quadros, de imagens
junta – de bois, de médicos, de examinadores
legião – de soldados, de demônios
magote – de pessoas, de coisas
malta – de desordeiros
manada – de bois, de búfalos, de elefantes
mapoteca – de cartas geográficas
matilha – de cães de caça
matula – de vadios, de desordeiros
mó – de gente
molho – de chaves, de verduras
multidão – de pessoas
ninhada – de pintos
penca – de bananas, de chaves
plêiade – de poetas, de artistas
quadrilha – de ladrões, de bandidos
pinacoteca – de quadros

ramalhete – de flores
rebanho – de ovelhas
récua – de bestas de carga
réstia – de cebolas, de alhos
roda – de pessoas
romanceiro – de poesias narrativas
súcia – de desonestos
talha – de lenha
tropa – de soldados, de animais
turma – de estudantes, de trabalhadores, de médicos
vara – de porcos

VIII

ADJETIVOS E LOCUÇÕES ADJETIVAS

abacial – de abade ou abadia
abdominal – do abdome
abismal – do abismo
abissal – do abismo
acicular – de agulha
acipitrino – de ave de rapina
acrídeo – de gafanhoto
adamantino – de diamante
aéreo – de ar
agnelino – de cordeiro
agreste – do campo
alectório – de galo
aliáceo – de alho
alumínico – de alumínio
alvino – do baixo-ventre
ambárico – de âmbar
amiláceo – de amido
angelical – de anjo
anímico – da alma
anserino – de pato ou ganso
anual – do ano
apícola – de abelha
aquático – de água
aquilino – de águia
aracnídeo – de aranha
arbóreo – de árvore
arenáceo – de areia
argênteo – de prata
argiláceo – de argila
argírico – de prata
arietino – de carneiro
arquiepiscopal – do arcebispo
arterial – da artéria
arundináceo – de cana
asinino – de asno
auditivo – do ouvido
áureo – de ouro
auricular – da orelha
austral – do sul
avícola – de ave
avicular – de ave
avuncular – do tio, da tia

barracento – de barro
barrento – de barro
batracoide – de rã
bélico – da guerra
boreal – do norte
bovino – de boi
braçal – do braço
braquial – do braço
brônquico – dos brônquios
brônzeo – de bronze
bubalino – de búfalo
bucal – da boca
bufalino – de búfalo
camelino – de camelo
campesino – do campo
campestre – do campo
canino – de cão
canonical – de cônego
capilar – do cabelo
caprino – de cabra
cardíaco – do coração
cardinalício – de cardeal
carolíngio – de Carlos Magno
cartesiano – de Descartes
caseoso – de queijo
cavalar – de cavalo
cefálico – da cabeça
celeste – do céu
celíaco – do intestino
cerebral – do cérebro
céreo – de cera
cerúleo – do céu
cérulo – do céu
cerval – de veado, cervo
cervical – do pescoço
ciático – dos quadris
ciconídeo – de cegonha
ciliar – dos cílios
cinéreo – de cinza
circense – de circo

circular – de círculo
cístico – da bexiga ou da vesícula biliar
citadino – da cidade
ciurídeo – de esquilo
colubrino – de cobra
columbino – de pombo
coralino – de coral
cordial – do coração
coriáceo – de couro
corpóreo – do corpo
costeiro – da costa
craniano – do crânio
crepuscular – da tarde
cristalino – de cristal
crural – da coxa
cucurbitáceo – de abóbora
cunicular – de coelho
cúprico – de cobre
cutâneo – da pele
dental – do dente
diamantino – de diamante
diário – do dia
diafragmático – do diafragma
dietético – de dieta
digital – do dedo
discente – do aluno
docente – do professor
dorsal – do dorso, das costas
ebóreo – de marfim
ebúrneo – de marfim
eclesiástico – de igreja
elafiano – de veado, cervo
elefantino – de elefante
êneo – de bronze
entérico – do intestino
entômico – de inseto
eólio – do vento
epidérmico – da epiderme
episcopal – do bispo
equestre – de cavaleiro

equino – de cavalo
equóreo – do alto mar
escolar – de escola
esmeraldino – de esmeralda
esofágico – do esôfago
espacial – de espaço
espectral – de fantasma
especular – de espelho
espinal – da espinha
espiritual – do espírito
esplâncnico – das vísceras
esplênico – do baço
esponsal – dos esposos
estelar – de estrela
estival – do estio, verão
estomacal – do estômago
estrigídeo – de coruja
etário – de idade
etéreo – do éter
fabril – de fábrica
facial – da face
falconídeo – de falcão
farináceo – de farinha
febril – de febre
fecal – de fezes
felino – de gato
femoral – do fêmur
ferino – de fera
férreo – de ferro
festivo – de festa
filatélico – de selo
filial – de filho
fluvial – de rio
foliáceo – de folha
floral – de flor
flóreo – de flor
florestal – da floresta
formicário – de formiga
formicular – de formiga
fraternal – de irmão

fraterno – de irmão
frontal – da fronte
frumentáceo – de cereal
frumentício – de cereal
fulgural – do relâmpago
furfuráceo – de farelo
furfúreo – de farelo
galináceo – de galinha
gástrico – do estômago
gengival – da gengiva
genicular – do joelho
germinal – de germe
gípseo – de gesso
glacial – de gelo
glandular – da glândula
glúteo – das nádegas
gutural – da garganta
hemático – do sangue
hepático – do fígado
heráldico – de brasão
herbáceo – de erva
herbático – de erva
herbóreo – de erva
hialino – de vidro
hibernal – do inverno
hidrargírico – de mercúrio
hídrico – de água
hípico – de cavalo
hircino – de bode
hirundino – de andorinha
humano – de homem (a espécie)
ictíico – de peixe
ígneo – de fogo
infantil – de criança
inguinal – da virilha
insular – de ilha
junino – de junho
jurídico – do Direito
juvenil – de jovem
labial – do lábio

lacrimal – de lágrima
lácteo – de leite
lactúceo – de alface
lacustre – de lago
lamacento – de lama
lamoso – de lama
lanoso – de lã
laríngeo – da laringe
lateral – de lado
laterário – de tijolo
lemural – de fantasma
leonino – de leão
leporino – de lebre
letal – da morte
lígneo – de madeira
limacídeo – de lesma
linear – de linha
lingual – da língua
lodacento – de lodo
lodoso – de lodo
lunar – da Lua
lupino – de lobo
magistral – de mestre
mandibular – da mandíbula
manual – da mão
marciano – de Marte
marginal – da margem
marinho – do mar
marítimo – do mar
marmóreo – de mármore
másculo – de macho
maternal – de mãe
materno – de mãe
matinal – da manhã
matutino – da manhã
medieval – da Idade Média
medular – da medula
mensal – do mês
meridional – do sul
monacal – de monge

monetário – de moeda
mortal – da morte
mosaico – de Moisés
murídeo – de rato
murino – de rato
muscular – do músculo
nasal – do nariz
nemoral – do bosque
nival – de neve
níveo – de neve
noturno – da noite
novercal – da madrasta
nucular – da noz
occipital – da nuca
ocular – do olho
ofídico – de serpente
oftálmico – do olho
olivar – de azeitona
onírico – de sonho
óptico – do olho
oral – da boca
ósseo – do osso
ótico – do ouvido
outonal – do outono
ovino – de ovelha
palatal – do palato
palustre – de pântano
pancreático – do pâncreas
papal – do papa
papilionáceo – da borboleta
paradisíaco – do paraíso
parietal – da parede
pascal – da Páscoa
passional – de paixão
patelar – da rótula, patela
paternal – de pai
paterno – de pai
pectoral – do peito
pecuniário – de dinheiro
pélvico – da bacia

pétreo – de pedra
písceo – de peixe
platônico – de Platão
plúmbeo – de chumbo
pluvial – de chuva
pratense – do prado
primaveril – de primavera
principesco – de príncipe
prosaico – de prosa
proteico – de proteína
pueril – de criança
pulmonar – do pulmão
purulento – do pus
raquiano – da espinha dorsal
real – de rei
régio – de rei
renal – do rim
róseo – da rosa
rotular – da rótula
rupestre – de rocha
rural – de campo
sacarino – de açúcar
sacerdotal – de sacerdote
salival – da saliva
salivar – da saliva
secular – de século
selênico – da Lua
senil – de velho
sérico – de seda
setentrional – do norte
sideral – de astro
sidéreo – de astro
sidérico – de astro; de ferro
silvestre – de selva
simiesco – de macaco
socrático – de Sócrates
solar – do Sol
somático – do corpo
suíno – de porco
sulfúrico – de enxofre

superciliar – dos supercílios
táureo – de touro
taurino – de touro
teatral – de teatro
telúrico – da Terra, do solo
tenebroso – de treva
terráqueo – da Terra
terreno – da Terra, ou da terra
terrestre – da Terra, ou da terra
têxtil – de tecido
tibial – da tíbia
tigrino – de tigre
tonsilar – das amídalas
torácico – do tórax
tritíceo – de trigo
tritícola – de trigo
tumular – do túmulo
turturino – de rola
umbilical – do umbigo
ungueal – de unha
urbano – da cidade
ursino – de urso
uvular – da úvula
uxoriano – de esposa
vacum – de vaca
venoso – da veia
venusiano – de Vênus
vesperal – da tarde
vespertino – da tarde
víneo – de vinho
viperino – de víbora
virginal – de virgem
viril – de homem
vital – da vida
vítreo – de vidro
vocal – da voz
volitivo – da vontade
vulpino – de raposa
vulturino – de abutre
zigomático – da maçã do rosto (zigoma)

IX

HOMÔNIMOS E PARÔNIMOS

abril – mês
abriu – flexão de abrir

absolver – inocentar
absorver – esgotar, consumir

acender – pôr fogo a
ascender – elevar-se

acento – inflexão da voz; sinal gráfico
assento – lugar onde de senta

acerto – ajuste
asserto – proposição afirmativa

acessório – que não é fundamental
assessório – relativo ao assessor

acidente – acontecimento casual; desgraça
incidente – episódio; acontecimento desagradável

aço – ferro temperado
asso – flexão de assar

açodar – instigar
açudar – represar no açude

afear – tornar feio
afiar – aguçar, amolar

aferir – conferir
auferir – obter

afetivo – relativo ao afeto; delicado
efetivo – permanente; real

alisar – tornar liso
alizar – régua para proteção de parede

amoral – sem o senso da moral
imoral – contrário à moral

apóstrofe – interpelação
apóstrofo – tipo de sinal gráfico

apreçar – pôr preço, avaliar
apressar – tornar rápido

aprender – tomar conhecimento de
apreender – segurar; assimilar

área – superfície
ária – cantiga

arpar – ferrar com arpão
harpar – tocar harpa

arrear – pôr arreios
arriar – abaixar

arrolhar – pôr rolha
arrulhar – cantar como os pombos

ás – carta de jogar; pessoa exímia
az – esquadrão

asado – com asas, alado
azado – propício, oportuno

ascético – místico, devoto
acético – relativo ao vinagre
asséptico – isento de germes patogênicos

assoar – limpar o nariz
assuar – vaiar

assolar – arrasar, devastar
açular – provocar, incitar

astral – dos astros, sideral
austral – que fica no sul

atuar – exercer atividade
autuar – processar

augusto – majestoso, magnífico
angusto – apertado, estreito

avícola – relativo a aves
avícula – ave pequena

balça – matagal
balsa – barco, jangada

bloquear – cercar, sitiar
broquear – furar com broca

boba – tola
bouba – tipo de doença

boça – cabo de navio
bossa – aptidão; corcova

bocal – embocadura; abertura de vaso
bucal – relativo à boca

bolhento – que forma bolhas
bulhento – briguento, arruaceiro

brisa – aragem, vento suave
briza – tipo de planta

brocha – tipo de prego
broxa – tipo de pincel

bucho – estômago
buxo – arbusto

cabide – suporte para roupas e chapéus
cabido – assembleia de cônegos

caçar – perseguir
cassar – anular

cacique – chefe indígena
cassique – espécie de pássaro

cadafalso – patíbulo
catafalco – estrado onde se põe o féretro

calção – peça do vestuário
caução – documento de penhor, cautela, garantia

canonisa – feminino de cônego
canoniza – flexão de canonizar

cardeal – prelado; principal
cardial – relativo à cárdia

cavaleiro – que anda a cavalo
cavalheiro – educado

cédula – documento
sédula – cuidadosa

cegar – tornar cego
segar – ceifar

cela – cubículo
sela – arreio

celerado – criminoso
acelerado – com a velocidade aumentada

celeiro – depósito de provisões
seleiro – fabricante de selas

cem – numeral
sem – preposição

cenatório – referente à ceia
senatório – relativo ao senado

censo – recenseamento
senso – juízo, raciocínio

céptico (ou cético) – que duvida
séptico – que causa infecção

cerração – nevoeiro
serração – ato de serrar

cerrar – fechar
serrar – cortar com serra

cervo – veado
servo – criado; escravo

cessão – ato de ceder
sessão – tempo que dura uma reunião
seção – departamento, divisão

cessar – parar
sessar – peneirar

cesto – pequena cesta, balaio
sexto – ordinal de seis

chá – tipo de bebida
xá – soberano do Irã

chácara – propriedade rural
xácara – narrativa popular em versos

cheque – ordem de pagamento
xeque – lance do jogo de xadrez

cidra – tipo de fruta
sidra – vinho de maçãs

cinto – peça do vestuário
sinto – flexão de sentir

círio – vela de cera
sírio – relativo à Síria

cocha – gamela
coxa – parte da perna

cocho – tabuleiro
coxo – que manca

comprimento – extensão
cumprimento – saudação; ato de cumprir

concerto – harmonia; sessão musical
conserto – reparo

conjetura – hipótese
conjuntura – situação

contrição – arrependimento
constrição – aperto, compressão

coringa – pequena vela de embarcações
curinga – tipo de carta

corço – veado; antílope
corso – da Córsega

corveta – espécie de navio
curveta – pequena curva; pirueta

coser – costurar
cozer – cozinhar

costear – navegar junto à costa
custear – arcar com as despesas de

cotícula – pedra de toque do ouro e da prata
cutícula – película; pele da unha
cutícola – que vive na pele

decente – decoroso
descente – que desce

decompor – separar os elementos; estragar
descompor – afrontar, injuriar

deferir – conceder, atender
diferir – ser diferente; adiar

degredar – desterrar
degradar – rebaixar, aviltar

delatar – denunciar
dilatar – alargar

demarcar – traçar; delimitar
desmarcar – desfazer; tirar as marcas

descrição – ato de descrever
discrição – qualidade de discreto

descriminar – inocentar
discriminar – separar

deserto – desabitado
diserto – eloquente, elegante, claro

desfear – desfigurar, afear
desfiar – esfiapar, esgarçar

despensa – lugar onde se guardam alimentos
dispensa – ato de dispensar, licença

despercebido – sem ser notado
desapercebido – desprevenido

dessecar – secar completamente, enxugar
dissecar – analisar minuciosamente

destinto – desbotado
distinto – que sobressai; diferente

destratar – insultar
distratar – desfazer

disfagia – dificuldade de comer, de engolir
disfasia – perturbação da fala

divagar – fantasiar; sair do assunto
devagar – sem pressa, lento

docente – professor; relativo ao professor
discente – estudante; relativo ao estudante

elevar – levantar, aumentar, exaltar
enlevar – encantar, extasiar

elidir – eliminar
ilidir – refutar

emergir – vir à tona, sair
imergir – mergulhar

emérito – insigne
imérito – não merecido

emigrar – sair de um país
imigrar – entrar em um país

eminente – importante, destacado
iminente – prestes a ocorrer

emitir – pôr em circulação
imitir – fazer entrar; investir em

empenar – entortar
empinar – erguer, alçar

empossar – dar posse
empoçar – formar poça

encetar – principiar
incitar – provocar, instigar

esbaforido – ofegante
espavorido – apavorado

espectador – que observa, assistente
expectador – que tem expectativa, que espera

esperto – inteligente, vivo
experto – perito

espiar – olhar, espreitar
expiar – sofrer castigo

esplanada – terreno plano
explanada – explicada, esclarecida

estada – permanência de alguém
estadia – permanência de veículo

estância – fazenda de criação; lugar de repouso; estrofe
instância – insistência; jurisdição

estático – firme, parado
extático – absorto, em êxtase

esterno – osso do peito
externo – que está fora

estirpe – linhagem
extirpe – flexão de extirpar

estofar – cobrir de estofo
estufar – inchar; pôr em estufa

estrato – camada; tipo de nuvem
extrato – que se extraiu

estrear – usar pela primeira vez
estriar – fazer estrias em

estreme – genuíno, puro
extremo – distante

estripar – desventrar, eviscerar
extirpar – arrancar, cortar

estropear – fazer tropel
estropiar – deformar

evocar – lembrar
avocar – chamar, atrair

facundo – eloquente
fecundo – fértil; inventivo, criador

finesa – finlandesa
fineza – delicadeza

flagrante – evidente
fragrante – aromático

florescente – que floresce; próspero
fluorescente – que tem fluorescência (espécie de iluminação)

fluir – correr; manar
fruir – desfrutar

fusível – peça de eletricidade
fuzil – espingarda; relâmpago

glosa – comentário
grosa – doze dúzias

graça – favor
grassa – flexão de grassar

horta – terreno onde se cultivam hortaliças
aorta – artéria principal

impudência – descaramento; despudor
imprudência – qualidade de imprudente; inconveniência

incerto – duvidoso
inserto – inserido

incipiente – que está no início
insipiente – que não sabe, ignorante

incontinente – imoderado, descontrolado
incontinenti (latim) – imediatamente, sem demora

indefeso – sem defesa, desarmado
indefesso – incansável, laborioso

inerme – desarmado
inerte – parado

inflação – desvalorização do dinheiro
infração – transgressão

infligir – aplicar pena ou castigo
infringir – transgredir, violar

intemerato – puro
intimorato – corajoso

intenção – propósito
intensão – intensidade, força

intercessão – ato de interceder
interseção – ato de cortar

laço – tipo de nó
lasso – cansado

lactante – que amamenta
lactente – que mama

lenimento – suavização
linimento – remédio de fricção

lista – relação
listra – linha, risco

locador – proprietário
locatário – inquilino

loção – líquido perfumado para o corpo
loução – elegante, gracioso

lustre – candelabro
lustro – cinco anos; brilho

maça – clava, pilão
massa – pasta, substância mole

mandado – ordem judicial
mandato – procuração; tempo em que alguém ocupa um cargo

meado – meio; que chegou ao meio
miado – voz do gato

mesinha – mesa pequena
mezinha – remédio caseiro

moleta – pedra de mármore com que se moem tintas
muleta – bastão para apoio

moral – relativo aos bons costumes
mural – relativo a muro

mugir – dar mugidos, berrar
mungir – ordenhar, espremer

noção – ideia, conhecimento
nução – assentimento, anuência

nós – pronome pessoal
noz – fruto da nogueira

oblação – oferenda
ablação – ação de cortar uma parte do corpo
ablução – lavagem, banho

óleo – líquido combustível
ólio – espécie de aranha

óptico – relativo ao olho
ótico – relativo ao ouvido

ordenar – determinar; pôr em ordem
ordenhar – espremer a teta do animal para tirar leite

paço – palácio imperial
passo – marcha

paz – sossego
pás – plural de pá
pais – plural de pai

peão – que anda a pé; peça de xadrez
pião – tipo de brinquedo

pequenez – qualidade de pequeno
pequinês – de Pequim; raça de cães

percussor – o que percute (bate, toca)
precursor – que precede; que tem as primeiras ideias

perfilar – traçar o perfil; pôr em linha
perfilhar – adotar, aderir

plaga – região
praga – maldição

pleito – disputa
preito – homenagem

posar – fazer pose
pousar – pôr; assentar; estabelecer-se por um período

preceder – vir antes
proceder – agir; originar-se

preeminente – nobre, distinto
proeminente – saliente

prescrever – receitar; expirar (prazo)
proscrever – afastar, expulsar

previdência – qualidade de quem prevê
providência – o que se faz para conseguir algo

presar – aprisionar
prezar – estimar

protestar – fazer protesto, manifestar-se contra
pretextar – dar ou tomar como desculpa

racha – fenda
raxa – pano

raptar – arrebatar, sequestrar
reptar – provocar, desafiar; acusar

ratificar – confirmar
retificar – corrigir

reboliço – que tem forma de rebolo (tipo de pedra)
rebuliço – balbúrdia, agitação

recrear – divertir, alegrar
recriar – criar de novo

refogar – fazer ferver em gordura
refugar – rejeitar como inútil

reincidir – tornar a cair, cometer de novo um erro
rescindir – tornar sem efeito, dissolver

remição – resgate
remissão – perdão

retaliar – revidar, exercer represália
retalhar – cortar em pedaços

roído – flexão de roer
ruído – rumor

rossio – praça larga
rocio – orvalho

ruço – pardacento
russo – da Rússia

rufar – tocar, dando rufos
ruflar – agitar as asas para alçar voo

saciedade – estado de quem se saciou
sociedade – reunião de pessoas que vivem sob leis comuns

sanção – aprovação de uma lei
sansão – tipo de guindaste; homem muito forte

seda – tipo de tecido
ceda – flexão de ceder

sesta – hora de descanso
sexta – abreviação de sexta-feira
cesta – objeto que serve para guardar ou transportar coisas

sínico – relativo à China
cínico – desavergonhado

soar – produzir som
suar – transpirar

sobrescrever – endereçar; escrever sobre
subscrever – assinar; escrever embaixo de

solver – resolver; dissolver; quitar
sorver – haurir ou beber, aspirando; absorver

sortir – abastecer
surtir – resultar

subentender – entender o que não estava expresso
subtender – estender por baixo

subvenção – ajuda, contribuição
subversão – revolta, insubordinação

sustar – suspender
suster – sustentar

tacha – tipo de prego
taxa – imposto

tachar – censurar
taxar – determinar a taxa de

tacho – utensílio de barro ou metal
taxo – flexão de taxar

tensão – estado do que é tenso; esticamento
tenção – intento

terço – numeral fracionário de três
terso – puro, limpo

terçol – tumor na pálpebra
tersol – tipo de toalha

tês – plural de tê (letra)
tez – epiderme do rosto

tráfego – movimento, trânsito
tráfico – comércio

treplicar – responder a uma réplica
triplicar – multiplicar por três

trocar – permutar, dar uma coisa por outra
trucar – enganar, iludir

usuário – aquele que usa
usurário – avaro; agiota

vês – flexão de ver
vez – ocasião

vestuário – trajo, veste
vestiário – local onde se troca de roupa

viagem – jornada
viajem – flexão de viajar

voz – som produzido na laringe
vós – pronome pessoal

vultoso – grande, volumoso
vultuoso – atacado de vultuosidade (vermelho e inchado)

zumbido – som de insetos que voam
zunido – som do vento

OBSERVAÇÕES

a) É importante não fazer confusão entre palavras parecidas. Há muitos problemas de troca de palavras, tanto na língua escrita, quanto na falada. Grave as palavras dessa lista, pelo menos a maioria. E tenha cuidado ao usá-las.

b) Atenção especial para: apóstrofe / apóstrofo, despercebido / desapercebido, estada / estadia, mandado / mandato, vultoso / vultuoso. São parônimos frequentemente mal empregados.

X

RADICAIS E PREFIXOS GREGOS

Forma	Sentido	Exemplos
a-, an–	privação, negação	acéfalo, analfabeto
acro	alto	acrópole, acrofobia
aer, aero	ar	aéreo, aeronave
agogo	o que conduz	pedagogo, demagogo
agon	luta	agonia, protagonista
agorá	praça	agorafobia, ágora
agro	campo	agronomia, agromancia
algia	dor	nevralgia, mialgia,
alo	outro	alomorfe, alofone
ana–	inversão, repetição	anagrama, anadiplose
andro	homem, macho	andrógino, androfobia
anemo	vento	anemômetro, anemófilo
anfi–	duplicidade, ao redor	anfíbio, anfiteatro
anti–	oposição	antiaéreo, antibiótico
anto	flor	antófago, perianto
antropo	homem	antropologia, filantropia
apó-, af–	separação, afastamento	apogeu, afélio
arqueo	antigo	arqueologia, arqueografia
arqui-, arce–	posição superior; excesso	arquiduque, arcebispo
arquia	governo	monarquia, anarquia
astenia	debilidade	neurastenia, psicastenia
aster, astro	estrela	asteroide, astrologia
atmo	gás, vapor	atmosfera, atmólise
baro	pressão; grave	barítono, barômetro
bata	que anda	acrobata, dendrobata

biblio	livro	biblioteca, bibliografia
bio	vida	micróbio, biologia
bleno	muco, catarro	blenorragia, blenenterite
botane	planta	botânica, botanomancia
bronto	trovão	brontômetro, brontossauro
bule	vontade	abulia, abúlico
caco	mau	cacografia, cacófato
calo	belo	caligrafia, calidoscópio
cardio	coração	pericárdio, cardiologia
carpo	fruto	carpófago, pericarpo
catá–	movimento para baixo; ordem	catacumba, catálogo
cefalo	cabeça	acéfalo, microcéfalo
ciano	azul	cianose, cianocarpo
ciclo	círculo, roda	bicicleta, triciclo
cine	movimento	cinética, cinema
cino	cão	cinofilia, cinofobia
cir, quiro	mão	cirurgia, quiromancia
cisto	bexiga	cistite, cistalgia
cito	célula	citologia, leucócito
clasto	que quebra	iconoclasta, clastomania
clepto	furto	cleptomania, cleptofobia
cloro	verde	clorofila, clorose
coreo	dança	coreografia, coreofilia
cosmo	mundo, universo	cosmologia, cosmogênese
cracia	governo	democracia, plutocracia
crasia	temperamento	discrasia, idiossincrasia
creo	carne	creófilo, creofagia
crio	gelo	criogenia, crioscopia
cripto	oculto	criptograma, criptografia
criso	ouro	crisólito, crisântemo
cromo, cromato	cor	cromoterapia, cromático
crono	tempo	cronologia, cronômetro
datilo	dedo	datilografia, pterodátilo
deca	dez	décuplo, década

demo	povo	demográfico, democrático
dendro	árvore	dendrófilo, dendroclasta
derma, dermato	pele	epiderme, dermatologia
diá–	através de	diáfano, diagnose
dinamo	força, potência	dinamômetro, dinâmico
dodeca	doze	dodecassílabo, dodecágono
dolico	longo	dolicocéfalo, dolicópode
doxo	opinião	paradoxo, ortodoxo
dromo	corrida, lugar de corrida	dromoterapia, hipódromo
di–	duas vezes	diedro, dígrafo
dica	em dois	dicotomia, dicogenia
dipsa	sede	dipsomania, dipsético
dis–	mau funcionamento	disenteria, dislalia
e-, em-, en-, endo–	posição interna; direção para dentro	encéfalo, endoscopia
eco	casa, hábitat	economia, ecologia
ecto	situação exterior	ectoderme, ectoplasma
edafo	solo	edafologia, edáfico
edro	face, base	icosaedro, poliedro
enea	nove	eneágono, eneassílabo
eno	vinho	enólogo, enófilo
entero	intestino	entérico, disenteria
entomo	inseto	entomólogo, entomofagia
epi–	posição superior; posterioridade	epiderme, epílogo
eremo	deserto	eremita, eremofobia
ergo, urg	trabalho	energia, metalurgia
eritro	vermelho	eritrospermo, eritróptero
ero, eroto	amor	erótico, erotofobia
esclero	duro	esclerose, esclerótica
esperma, espermato	semente	endospermo, espermatozoide
espleno	baço	esplênico, esplenalgia
esquizo	fenda, separação	esquizofrenia, esquizólito

esteno	estreito; breve	estenose, estenografia
estese	sensação	anestesia, sinestesia
estoma, estomato	boca	estomatite, crisóstomo
estrabo	vesgo	estrabometria, estrábico
estrato	exército, armada	estratégia, estratocracia
etio, etimo	origem, causa	etiologia, etimologia
etno	raça, nação	etnografia, étnico
eto	moral, costume	ética, cacoete
eu-, ev–	bom, bem	eufonia, evangelho
ex-, ec-, exo-, ecto–	movimento para fora; posição exterior	êxodo, ectoplasma
fagia	ato de comer	antropofagia, antofagia
fago	que come	antropófago, antófago
farmaco	medicamento	farmacologia, farmacopeia
fasia	fala	disfasia, califasia
filo	amigo	filósofo, dendrófilo
filo	folha	filófago, xantofila
fisio	natureza	fisiologia, física
fito	vegetal, planta	zoófito, fitografia
flebo	veia, artéria	flebite, flebografia
fobia	aversão, medo	acrofobia, xenofobia
fobo	que tem medo, aversão	acrófobo, xenófobo
fono	som, voz	fonema, telefone
foro	que produz, que conduz	euforia, semáforo
fos, foto	luz	fósforo, fotografia
freno	mente, inteligência	oligofrenia, frenopatia
freno	diafragma	frenoplegia, frênico
gala, galacto	leite	galactose, galactômetro
gamo	união, casamento	endogamia, gamologia
gastro	estômago, ventre	gastrite, gastrônomo
gene	origem	etnogenia, geogenia
genio	queixo	genioglosso, genioplastia
geo	Terra, terra	geografia, geofagia
gero, geronto	velho	geriatria, gerontocracia
gimno	nu	gimnofobia, gimnodonte

gino, gineco	mulher	misógino, ginecologia
glauco	verde	glauconita, glaucoma
glico	doce, açúcar	glicemia, glicógene
glipto, glifo	gravar, esculpir	hieróglifo, xilóglifo
glipto	gravado em relevo; relevo	gliptologia, gliptogênese
glosso, gloto	língua	glossalgia, poliglota
gnose	conhecimento	diagnóstico, agnosia
gono	ângulo	polígono, pentágono
gono	geração	cosmogonia, antropogonia
grafo	escrita, descrição	caligrafia, ortografia
grama, gramato	letra, escrito	telegrama, gramatologia
hagio	santo	hagiografia, hagiólogo
halo	sal	halófilo, halimetria
haplo	simples	haplologia, haplotomia
hapto	segurar	haptogêneo, haptotropismo
hebdoma	número de sete	hebdomadário, hebdomático
hecto, hecato	cem	hectare, hecatombe
hedono	prazer	hedonismo, hedonista
helco	úlcera	helcose, helcologia
helio	sol	heliófugo, heliografia
hemi–	metade	hemisfério, hemiciclo
hemo, hemato	sangue	hemorragia, hematofobia
hemero	dia	efêmero, hemeroteca
hendeca	onze	hendecassílabo, hendecágono
hepato	fígado	hepático, hepatite
hepta	sete	heptateuco, heptassílabo
herpeto	réptil	herpetiforme, herpetografia
hidato, hidro	água	hidatologia, hidróbio
hidrargiro	mercúrio	hidrargírico, hidrargirose
hiero	sagrado	hierografia, hieróglifo
hieto	chuva	hietometria, hietologia
higro	úmido, umidade	higrômetro, higrófilo
himen	membrana	himeneu, hímen
hiper–	posição superior; excesso	hiperacidez, hipertensão

hipno	sono	hipnotismo, hipnógeno
hipo–	posição inferior	hipoderme, hipótese
hipo	cavalo	hipódromo, hipocampo
hipso	altura	hipsografia, hipsofobia
histero	útero	histeróclise, histerólito
histo	tecido	histologia, histonomia
hodo	caminho	hodômetro, êxodo
holo	inteiro	holocausto, holofote
homalo	plano, normal	homalocéfalo, anômalo
homo	semelhante, igual	homógrafo, homogêneo
hetero	outro	heterogêneo, heterônimo
hexa	seis	hexassílabo, hexaciclo
hialo	vidro	hialino, hialurgia
iatria	tratamento	pediatria, psiquiatria
iatro	médico	pediatra, psiquiatra
icno	sinal, rastro	icnografia, icnograma
icono	imagem	iconoclasta, iconólatra
icos	vinte	icoságono, icosaedro
ictero	amarelo	icterícia, icterópode
ictio	peixe	ictiofagia, ictiologia
idio	próprio	idioma, idiotismo
iso	igual	isósceles, isotérmico
lago	lebre	lagocéfalo, lagóstomo
lalo	fala	laloplegia, dislalia
lampa, lampado	luz	pirilampo, lampadomancia
lampro	luminoso	lamprofonia, lamprôptero
laparo	flanco	laparotomia, laparocele
latria	adoração	idolatria, ofiolatria
lemo	peste	lemografia, lemogênese
lepto	estreito, tênue	leptodátilo, leptodonte
letmo	precipício	letmofobia, letmomania
leuco	branco	leucócito, leuconíquia
lexico	palavra	lexical, lexicógrafo
lico	lobo	licantropia, licorexia

licno	lâmpada	licnóbio, licnuco
limno	lago	limnografia, limnômetro
lipo	gordura	lipólise, lipemia
lisis	dissolução	hidrólise, análise
lito	pedra	aerólito, litoide
logia	ciência	biologia, odontologia
logo	que estuda	biólogo, odontólogo
logo	palavra, discurso	logomaquia, logorreia
macro	grande, longo	macropsia, macróbio
mancia	adivinhação	cartomancia, quiromancia
mania	mania, loucura	megalomania, manicômio
maqui	combate	tauromaquia, máquina
masto	mama	mastite, mastoide
mega, megalo	grande, grandeza	megacéfalo, megalomania
melano	negro	melanorreia, melancolia
melo	música, canto	melodia, melomania
meno	mênstruo	menopausa, menorragia
mero	parte, porção	isômero, homômero
meso	meio	mesóclise, Mesopotâmia
metá–	através de; mudança	metacronismo, metamorfose
metro	que mede	termômetro, hidrometria
metro	útero	metrite, metralgia
metro	mãe	metrópole, metropolitano
mico, miceto	cogumelo, fungo	micose, micetologia
micro	pequeno	microcéfalo, micróbio
mio	músculo	miite, miocárdio
mielo	medula	poliomielite, mielalgia
mimeo, mimo	que imita por gestos	mimeografia, mímica
miria	dez mil	miriâmetro, miríade
miso	aversão, ódio	misantropo, misogamia
mito	fábula, mentira	mitologia, mitomania
mito	filamento	mitocôndria, mitocentro
mnes, mnemo	memória	amnésia, mnemônico
mono	um só	monarquia, monólogo
morfo	forma	morfologia, metamorfose

narco	entorpecimento	narcótico, narcotizar
nau	navio	nauscópio, náuseas
necro	morto	necrópole, necrotério
nefelo	nuvem	nefeloide, nefelibata
nefro	rim	nefrite, nefrólito
neo	novo	neologismo, neofobia
neso	ilha	nesografia, Polinésia
neuro, nevro	nervo	neurite, nevralgia
nicto	noite	nictófilo, nictúria
nomo	conhecedor, lei	agrônomo, autônomo
noso	doença	nosocômio, nosomania
nosto	regresso	nostalgia, nostomania
oclo	multidão	oclofobia, oclocracia
ocro	amarelo	ocrocéfalo, ocrocarpo
octa, octo	oito	octaedro, octogésimo
odino	dor	odinólise, odinofobia
odonto	dente	odontologia, odontalgia
ofio	serpente	ofídico, ofiofagia
oftalmo	olho	oftalmologia, oftalmia
oligo	pouco	oligarquia, oligofrenia
omo	cru, prematuro	omófago, omotocia
omo	ombro	omalgia, omoplata
onco	tumor	oncologia, oncômetro
onfalo	umbigo	onfalite, sarcônfalo
onico	unha	leuconíquia, onicofagia
onimo	nome	anônimo, pseudônimo
onoma, onomato	nome	onomástico, onomatopeia
oniro	sonho	onírico, oniromancia
onto	ente, ser	ontologia, ontogênese
oo	ovo	oócito, oologia
op, ops	vista	miopia, autópsia
orama	visão, espetáculo	panorama, cosmorama
orex	fome	anorexia, cinorexia
orizo	arroz	orizóideo, orizófago
ornito	pássaro	ornitologia, ornítico

oro	montanha	orografia, orognosia
orro	soro	orrologia, orroterapia
orto	direito, certo	ortopedia, ortodontia
osmo	impulso, corrente	endosmose, exosmose
osteo	osso	osteologia, osteófago
oto	ouvido	otalgia, otite
ox	ácido, agudo	oxigênio, oxiopia
paleo	antigo	paleontologia, paleografia
palin	de novo	palingenia, palimpsesto
pan	tudo, todos	panaceia, panorama
paquis	espesso, grosso	paquiderme, paquímetro
pará–	proximidade; oposição	paralelo, paradoxo
parteno	virgem	partenogênese, partenologia
patia	doença; sentimento	patologia, apatia
pede	criança; educação	pedagogo, enciclopédia
peia	ato de fazer	melopeia, onomatopeia
penta	cinco	pentacampeão, pentassílabo
peps, pept	digestão	dispepsia, péptico
peri–	em torno de	perímetro, periscópio
petra	pedra	petrologia, petromancia
pio	pus	piorreia, piemia
piretos	febre	antipirético, piretoterapia
piro	fogo, febre	pirotecnia, antipirina
piteco	macaco	pitecoide, pitecantropo
platis	largo; chato	platirrino, platirrostro
plege	paralisia	paraplégico, hemiplegia
pluto	riqueza	plutocracia, plutomania
pnein	respirar	dispneia, macropneia
pneumato	sopro, ar; espírito	pneumático, pneumatologia
pneumon	pulmão	pneumonia, pneumoplegia
podo	pé	antípoda, ápode
poli–	muito	politeísmo, poligamia
polis, pole	cidade	Petrópolis, metrópole
porno	prostituta; obscenidade	pornocracia, pornografia
potamo	rio	potamografia, Mesopotâmia

presbis	velho	presbitismo, presbítero
pro–	anterioridade	prólogo, próclise
prosopo	rosto	prosopopeia, prosopografia
proto	primeiro, principal	protótipo, protagonista
psamo	areia	psamófilo, psamófito
pseudo	falso	pseudônimo, pseudocientista
psico	alma	psicologia, psicografia
psicro	frio	psicroterapia, psicrofobia
psilo	pulga	psilógino, psilocarpo
psitaco	papagaio	psitacismo, psitacídeo
ptero	asa	áptero, díptero
quilo	mil	quilômetro, quilograma
quilo	lábio	quilofagia, macroquilia
quiro	mão	quiromancia, quiróptero
ragia	derramamento	hemorragia, blenorragia
rapsodo	cantor	rapsódia, rapsodomante
raqui	coluna vertebral	raquítico, raquicentese
rino	nariz, focinho	rinite, rinoceronte
rizo	raiz	rizófago, rizotônico
rodo	rosa	rododátilo, rodóstomo
sarco	carne	sarcoma, sarcófago
sauro	lagarto	dinossauro, saurologia
scafo	barco	escafandro, batiscafo
sclero	duro	esclerose, esclerótica
scolio	sinuoso, oblíquo	escoliose, escoliometria
scopio	que faz ver	telescópio, microscópio
seleno	Lua	selenita, selenografia
semo	sinal	semáforo, semiótica
septo	podre	septometria, antisséptico
sico	figo	sicofagia, sicomante
sidero	ferro	siderurgia, siderografia
sin-, sim–	simultaneidade; reunião	sincronia, simpatia
sismo	abalo de terra	sísmico, sismógrafo
sito	trigo, alimentação	sitometria, sitófago
sofo	sábio, sabedoria	filósofo, sofomania

somo, somato	corpo	somático, somatoscopia
stico	verso; linha	dístico, macróstico
stolo	ato de enviar	apóstolo, epístola
tafo	túmulo	epitáfio, cenotáfio
talamo	leito nupcial; casamento	tálamo, epitalâmio
talasso	mar	talassômetro, talassoterapia
tamno	arbusto	tamnófilo, tamnocarpo
tanas, tanato	morte	eutanásia, tanatofobia
taqui	rápido	taquigrafia, taquicardia
taumato	milagre	taumaturgo, taumatógrafo
tauro	touro	tauromaquia, tauródromo
tauto	mesmo	tautologia, tautofonia
taxi, taxe	arranjo, ordem, classificação	taxidermia, sintaxe
tea	espetáculo	teatro, politeama
teca	lugar onde se guarda	biblioteca, discoteca
tecno	arte, ofício	tecnologia, pirotecnia
tefro	cinza	tefromancia, tefrófilo
tele	ao longe	telepatia, telefone
telo	mamilo	telite, telorragia
teno	tendão	tenografia, tenotomia
teo	deus	teologia, politeísmo
terapia	cura	hidroterapia, terapeuta
terato	monstro	teratoide, teratografia
termo	calor, temperatura	térmico, termostato
tetra	quatro	tetracampeão, tetragrama
tiflo	cego	tiflofilia, tiflose
timo	honra, riqueza	timocracia, timopsiquia
tio	enxofre	tiógeno, tiociânico
tipo, tipi	marca, modelo	tipografia, protótipo, tipificar
tipo, tipto	bater, marcar batendo	tipofonia, tiptologia
tiro	queijo	tirólito, tiromancia
toco	parto	tocotecnia, toconomia
tomo	corte	átomo, tomóptero
tono	tensão, tom	hipertonia, tônico

topo	lugar	topônimo, topografia
toxo	arco	toxodonte, toxocarpo
traquelo	pescoço	traquelocele, traquelópode
traqui	áspero, difícil	traquifonia, traquilito
traumato	ferimento	traumático, traumatologia
tri	três	trilogia, tríade
trico	pelo, cabelo	tricocéfalo, tricoide
troco	roda	trococardia, trococéfalo
tropo	desvio, mudança	tropismo, tropo
urá	cauda	melanuro, uromorfo
uro	urina	urologia, uremia
xanto	amarelo	xantocarpo, xantofosia
xeno	estranho, estrangeiro	xenofilia, xenomania
xero	seco, secura	xeroftalmia, filoxera
xifo	espada, apêndice	xifoide, xifópago
xilo	madeira	xilogravura, xilófago
zigo	par	zigoto, zigoma
zimo	fermento	enzima, zimótico
zoo	animal	zoologia, epizootia

OBSERVAÇÕES

a) Não houve preocupação com a forma precisa, inclusive acentuação, dos radicais e prefixos relacionados. O importante é a forma que eles tomam na palavra do português. Por exemplo, quando se diz radical **fobia**, na realidade a terminação **ia** é um sufixo, o radical seria apenas **fob**.

b) Os radicais de origem grega formam, geralmente, palavras da ciência. Por isso, aparecem algumas complicadas, estranhas.

c) Convém saber muitos radicais gregos (bem como os latinos, a seguir), pois o nosso vocabulário se enriquece.

d) Grave aqueles que você achar mais interessantes. Use a relação como um bom manual de consulta. Seu vocabulário crescerá gradativamente. Não tenha pressa.

XI

RADICAIS E PREFIXOS LATINOS

a-, ad–	aproximação	avizinhar, advérbio
ab-, abs–	afastamento	abuso, abstrair
acer, acri	azedo	acerbo, acrimônia
agri	campo	agricultura, agrícola
algeo	ter frio	álgido, algor
alius	outro	alienar, alienígena
alter, altri	outro	alterar, altruísmo
ambi–	duplicidade	ambivalência, ambidestro
ambulo	caminhar	sonâmbulo, ambulante
ango	apertar	angina, angústia
animi	alma; ânimo	anímico, exânime
ante–	anterioridade	antediluviano, antedatar
apis	abelha	apícola, apicultor
arbori	árvore	arboricultura, arboriforme
argenti	prata	argênteo, argentino
audio	ouvir	audível, audição
auri	ouro	áureo, aurífero
avi	ave	avicultor, avifauna
beli	guerra	beligerância, bélico
bene-, bem-, ben–	bem	benévolo, bem-estar
bi-, bis–	repetição, duas vezes	bilíngue, bisavô
bore	norte	boreal, hiperbóreo
cado	cair	cadente, decadente
caleo	esquentar	acalentar, caldo
calori	calor	caloria, calorífero
canus	branco	encanecer, candura
capiti	cabeça	decapitar, capital

casei	queijo	caseiforme, caseificar
celum	céu	celeste, célico
cida	que mata	vermicida, inseticida
circum-, circun-	em volta de	circumpolar, circunferência
cis-	posição aquém	cisalpino, cisplatino
cola	que habita, que cultiva	arborícola, agrícola
cole, colo	pescoço	colar, colarinho
color	cor, coloração	colorir, quadricolor
com-, con-, co-	companhia; concomitância	compatriota, contemporâneo
contra-	oposição; inferioridade	contradizer, contra-almirante
cordi	coração	cordial, cordiforme
corni	chifre, antena	córneo, cornudo
credo	crer	crédito, credencial
crimino	crime	criminoso, criminologia
cruci	cruz	cruciforme, crucificar
cultura	ato de cultivar	agricultura, caprinocultura
cupri	cobre	cúprico, cuprífero
cura	cuidado	curador, pedicuro
de-	para baixo; para fora	declive, deportar
deci	décimo	decigrama, decímetro
des-	negação; ação contrária	desleal, desmascarar
digiti	dedo	digital, digitar
dis-	negação; separação	dissonante, dissociar
disco	aprender	discente, discípulo
doceo	ensinar	docente, indócil
duo	dois	dúvida, duelo
edi	casa	edifício, edil
ego	eu	egoísmo, egocêntrico
en-, em-	movimento para dentro; oposição	engarrafar, embate
equi	igual	equidade, equivalência
estrati	camada	estrato, estratosfera
evo	idade	longevidade, medievo
ex-, es-, e-	movimento para fora; que não é mais	expatriar, ex-presidente
extra-	posição exterior; superioridade	extraterreno, extrafino

falo	enganar	falir, falsário
fero	que contém, que produz	aurífero, mamífero
fico	que faz, que produz	benéfico, frigorífico
fide	fé	fidelidade, fidedigno
fili	filho	filial, filiação
flama	chama	flamejante, inflamar
fluvius	rio	fluvial, eflúvio
forme	que tem forma de	cuneiforme, biforme
frango	quebrar	frágil, naufrágio
frater	irmão	fraterno, fraternidade
frigi	frio	frigidez, frigidíssimo
fugo	que foge, que faz fugir	centrífugo, vermífugo
fulmini	raio	fulminar, fulmíneo
genito	relativo a geração	genitor, primogênito
gero	que contém, que produz	armígero, belígero
gradu	grau; passo	centígrado, graduar
herbi	erva	herbicida, herbário
homini	homem	homicídio, hominal
igni	fogo	ígneo, ignição
in-, im-, i-	negação; movimento para dentro	inativo, importar
infra-	posição abaixo	infravermelho, infra-assinado
inter-, entre-	posição intermediária; reciprocidade	interpor, entrelaçar
intra-, intro-	posição interior; movimento para dentro	intracraniano, introduzir
jus, juri	direito	justiça, jurídico
justa-	ao lado de	justapor, justafluvial
labori	trabalho	colaborar, laboratório
lacti	leite	lácteo, laticínio
lapidi	pedra	lápide, dilapidar
lati	amplo, largo	latifólio, latifúndio
lego	ler	legível, florilégio
leni	brando, ameno	lenitivo, lenimento
litera	letra	literal, literatura
loquo	que fala	loquaz, eloquente

luci	luz	elucidar, translúcido
ludi	jogo, divertimento	lúdico, prelúdio
lupi	lobo	lupino, lobisomem
magni	grande	magnitude, magnífico
male-, mal-	mal	maledicente, malcriado
mani	mão	bímano, manual
mater, matri	mãe, principal	materno, matriz
mini	muito pequeno	mínimo, miniatura
miser	infeliz	miséria, comiseração
multi-	muitos	multinacional, multissecular
muri	rato	murino, muricida
muto	mudar	mutação, imutável
nidi	ninho	nidificar, nidófugo
nubo	casar	nubente, conúbio
nuci	noz	nucular, nucívoro
ob-, o-	oposição	obstar, opor
oculi	olho	ocular, óculos
odori	odor	odorífero, desodorante
oni-	tudo, todo	onipresente, oniforme
opu, operi	obra, trabalho	opúsculo, operário
pani	pão	panificar, panificadora
pari	igual	paridade, paritário
paro	que produz	ovíparo, multíparo
pater, patri	pai	paterno, patrocínio
paveo	ter medo	pavor, impávido
pede	pé	pedestre, bípede
pelo	afastar	repelir, expelir
pene-, pen-	quase	peneplanície, penumbra
per-	através de; intensidade	percorrer, perdurar
petri	pedra	petrificar, pétreo
pisci	peixe	piscívoro, piscicultura
placeo	agradar	complacência, plácido
plani	plano	planície, planisfério
plebi	povo	plebeu, plebiscito
plenu	cheio	plenilúnio, plenitude
pluma	pena	plumagem, implume
plumbi	chumbo	plúmbeo, plumbífero

pluri–	muitos	pluricelular, plural
pluvi	chuva	pluvial, pluviômetro
populo	povo	popular, populismo
post-, pos–	posição posterior	póstumo, posposto
pre–	anterioridade; superioridade	predizer, predominar
preter–	além	preterir, pretérito
primi	primeiro	primogênito, primícias
pro–	para frente; em favor de; anterioridade	prosseguir, pró-islamismo, prólogo
pueri	menino	pueril, puerícia
quadri, quadru	quatro	quadrigêmeos, quadrúpede
radici	raiz	radical, radiciação
re–	repetição; para trás; negação	reler, regredir, rejeitar
regi	rei	régio, real
res, rei	coisa	república, reivindicar
reti	reto, direito	retificar, retilíneo
reti	rede	reticulado, retículo
retro–	movimento para trás	retrocesso, retroagir
rupi	rocha	rupestre, rupícola
rus, ruri	campo	rústico, rural
sabati	sábado	sabatismo, sabatina
saponi	sabão	saponificar, saponáceo
semi–	quase; metade	seminu, semicírculo
seni	velho	senil, senado
sesqui–	um e meio	sesquipedal, sesquicentenário
sideri	astro	sideral, sidéreo
signum	sinal	signo, consignar
silva	selva	silvícola, silvicultura
simili	parecido	similar, verossímil
sob-, so–	abaixo de	sobestar, soterrar
sono	som, ruído	sônico, sonoplastia
stringo	apertar	restringir, adstringir
sub–	posição inferior; de baixo para cima	subsolo, subir
sudori	suor	sudorese, sudorífero

sulfuri	enxofre	sulfuroso, sulfúreo
super-, supra-	posição superior; sobre; intensidade	supercílio, supracitado
tauri	touro	taurino, tauriforme
teluri	terra, solo	telúrico, telurismo
trans-, tras-, tra-	através de; além de; mudança	transatlântico, trasmontano, traduzir
tri-	três	triângulo, tricolor
triti	trigo	triticultura, tritícola
ultra-	além de; excesso	ultramar, ultrarromântico
umbra	sombra	penumbra, umbroso
uni	um	uníssono, unidade
uxori	esposa	uxoricida, uxório
vaga	errante	vagabundo, noctívago
vanu	vazio, sem sentido	vaníloquo, vangloriar-se
veloci	veloz	velocidade, velocímetro
verbi	palavra	verbal, provérbio
vetus	velho	vetusto, veterano
via	caminho	viável, desvio
vice-, vis-	posição abaixo de; substituição	vice-diretor, visconde
video	ver	vidente, evidência
vini	vinho	vinicultura, vinícola
vitri	vidro	vítreo, vitrina
volo	que quer	benévolo, malévolo
vomo	que expele	fumívomo, ignívomo
voro	que come	carnívoro, piscívoro
vulgus	povo	vulgar, divulgar

OBSERVAÇÕES

a) Também com os radicais latinos, não houve preocupação com a forma precisa, realmente latina. Nossa preocupação é a didática.

b) **Tauri** é a forma latina para **touro** (tauriforme); **tauro** é radical grego (tauródromo). Há outros radicais que aparecem entre os gregos e os latinos.

XII

PALAVRAS COM O RADICAL GREGO FOBIA

acrofobia – medo de altura, de lugares elevados. O mesmo que hipsofobia
aerofobia – horror ao ar
agorafobia – medo de lugares públicos e grandes espaços descobertos
algofobia – horror à dores. O mesmo que odinofobia
amaxofobia – medo na presença de veículos
androfobia – horror ao sexo masculino
anemofobia – medo patológico de vento
anglofobia – aversão a tudo que é da Inglaterra
antropofobia – aversão à sociedade, aos homens
apifobia – medo mórbido de abelhas e seus ferrões
aracnofobia – medo de aranhas
astrofobia – medo de astros, do espaço celeste; de trovões e relâmpagos
autofobia – medo patológico de si mesmo e de solidão
basifobia, basiofobia ou basofobia – medo mórbido de cair, ao andar
belonofobia – medo mórbido de tocar em agulhas e em alfinetes
bibliofobia – aversão pelos livros
biofobia – horror mórbido à vida
brontofobia – horror ao trovão. O mesmo que tonitrofobia
cenofobia – medo de grandes espaços abertos
cenofobia ou cenotofobia – aversão a coisas novas. O mesmo que neofobia
ceraunofobia – medo mórbido de raios
cinofobia – aversão pelos cães
cipridofobia – medo de contrair doenças venéreas
claustrofobia – medo de lugares fechados
cleptofobia – medo mórbido de ser roubado, de cometer furto ou estar em débito
coitofobia – medo patológico do ato sexual. O mesmo que erotofobia
cremnofobia – medo mórbido de precipícios

crimofobia – impossibilidade de aclimatação em regiões frias
crisofobia – horror ao ouro, à riqueza
cristalofobia – medo de objetos de cristal ou vidro ou de seus fragmentos
dendrofobia – horror às árvores
dismorfofobia – medo mórbido de deformidade corporal, presente ou futura
eclesiofobia – aversão à Igreja ou às igrejas
ecmofobia – medo mórbido de agulhas e outros objetos que possam picar
electrofobia – horror à eletricidade
eremofobia – horror à solidão. O mesmo que monofobia
ereutofobia – medo de enrubescer na presença de outrem. O mesmo que eritrofobia
ergofobia – horror ao trabalho
eritrofobia – medo de enrubescer; aversão patológica à cor vermelha
erotofobia – o mesmo que coitofobia
escopofobia – receio mórbido de ser visto
estasiofobia – medo mórbido de ser pôr de pé
fobofobia – medo mórbido de ter medo, dos seus próprios medos
fonofobia – horror aos sons
fotofobia – horror à luz
francofobia – aversão por tudo que é da França (galofobia)
galofobia – o mesmo que francofobia
gatofobia – aversão pelos gatos
germanofobia – aversão a tudo que é da Alemanha
ginofobia ou ginecofobia – horror pelas mulheres
gminofobia – aversão pelo nu
grafofobia – medo patológico de escrever
hafefobia – medo de ser apalpado por outrem
heliofobia – aversão ao sol
helmintofobia – medo exagerado de ter vermes no intestino
hematofobia, hemafobia ou hemofobia – aversão pelo sangue
herpetofobia – medo patológico de répteis
hialofobia – medo patológico de vidro
hidrofobia – horror à água
hidrofobofobia – medo de contrair raiva (lissofobia)
higrofobia – aversão pela umidade
hipnofobia – medo de dormir
hipsofobia – medo de altura, de lugares elevados. O mesmo que acrofobia
hispanofobia – aversão por tudo que é da Espanha

italianofobia – aversão por tudo que é da Itália
lalofobia – medo de falar, às vezes decorrente de gagueira (logofobia)
lemofobia – horror à peste ou a qualquer doença altamente contagiosa
leprofobia – medo de contrair lepra
letmofobia – horror aos lugares profundos, aos abismos
lissofobia – o mesmo que hidrofobofobia
logofobia – o mesmo que lalofobia
melofobia – horror à música. O mesmo que musicofobia
metalofobia – aversão mórbida a metais
militofobia – aversão à vida militar, ou aos militares
mirmecofobia – horror às formigas
misofobia – medo dos contatos, por receio de contaminação
mitofobia – aversão pelas fábulas, pelos mitos
monofobia – horror mórbido à solidão. O mesmo que eremofobia
musicofobia – o mesmo que melofobia
necrofobia – horror à morte ou aos cadáveres
neofobia – aversão pelas inovações
neologofobia – aversão pelos neologismos ou pelos neólogos
nictofobia – medo doentio da noite, da escuridão
nosofobia – medo de adoecer
oclofobia – aversão pela multidão, pela plebe
odinofobia – o mesmo que algofobia
ofidiofobia – horror às serpentes
ombrofobia – medo mórbido de chuvas, temporais e tempestades
paleofobia – aversão por coisas antigas
pantofobia, panfobia ou panofobia – medo de tudo
patofobia – horror a qualquer doença
pedofobia – aversão às crianças
pirofobia – horror ao fogo
potamofobia – aversão pelos rios
pseudofobia – medo de algo que não causa dor nem molesta, mas desgosta
psicrofobia – medo mórbido de frio
querofobia – medo patológico de jovialidade, alegria
quimofobia – medo mórbido de tempestades
siderodromofobia – medo mórbido de viajar de trem
sifilofobia – medo de ter sífilis; ilusão de estar com sífilis
sitofobia ou sitiofobia – medo patológico de alimentar-se

suinofobia – horror à carne de porco
tafofobia – medo doentio de ser sepultado vivo
talassofobia – medo patológico de mar
tanatofobia – medo excessivo da morte
taurofobia – medo patológico de touros
teofobia – temor patológico a Deus ou deuses
teratofobia – medo de monstros; medo de dar à luz um monstro
termofobia – horror ao calor
tisiofobia – pavor mórbido de estar ou ficar tísico, tuberculoso
tonitrofobia – o mesmo que brontofobia
toxicofobia – medo patológico de veneno
topofobia – medo mórbido de determinados lugares
tricofobia – repugnância em tocar estofos como veludo ou seda; medo de algumas mulheres de que lhes apareçam pelos na face
uiofobia – mania que consiste na aversão aos próprios filhos
xenofobia – aversão pelas pessoas e coisas estrangeiras
zoofobia – aversão pelos animais

XIII

CONJUGAÇÃO DE VERBOS IRREGULARES

■ SER

Pres. ind.: sou, és, é, somos, sois, são
Perf.: fui, foste, foi, fomos, fostes, foram
Imperf.: era, eras, era, éramos, éreis, eram
Mais-que-perf.: fora, foras, fora, fôramos, fôreis, foram
Fut. pres.: serei, serás, será, seremos, sereis, serão
Fut. pret.: seria, serias, seria, seríamos, seríeis, seriam
Pres. subj.: seja, sejas, seja, sejamos, sejais, sejam
Imperf. subj.: fosse, fosses, fosse, fôssemos, fôsseis, fossem
Fut. subj.: for, fores, for, formos, fordes, forem
Imper. afirm.: sê, seja, sejamos, sede, sejam
Imper. neg.: não sejas, não seja, não sejamos, não sejais, não sejam
Inf. impess.: ser
Inf. pess.: ser, seres, ser, sermos, serdes, serem
ger.: sendo
part.: sido

■ ESTAR

Pres. ind.: estou, estás, está, estamos, estais, estão

Perf.: estive, estiveste, esteve, estivemos, estivestes, estiveram

Imperf.: estava, estavas, estava, estávamos, estáveis, estavam

Mais-que-perf.: estivera, estiveras, estivera, estivéramos, estivéreis, estiveram

Fut. pres.: estarei, estarás, estará, estaremos, estareis, estarão

Fut. pret.: estaria, estarias, estaria, estaríamos, estaríeis, estariam

Pres. subj.: esteja, estejas, esteja, estejamos, estejais, estejam

Imperf. subj.: estivesse, estivesses, estivesse, estivéssemos, estivésseis, estivessem

Fut. subj.: estiver, estiveres, estiver, estivermos, estiverdes, estiverem

Imper. afirm.: está, esteja, estejamos, estai, estejam

Imper. neg.: não estejas, não esteja, não estejamos, não estejais, não estejam

Inf. impess.: estar

Inf. pess.: estar, estares, estar, estarmos, estardes, estarem

Ger.: estando

Part.: estado

■ TER

Pres. ind.: tenho, tens, tem, temos, tendes, têm

Perf.: tive, tiveste, teve, tivemos, tivestes, tiveram

Imperf.: tinha, tinhas, tinha, tínhamos, tínheis, tinham

Mais-que-perf.: tivera, tiveras, tivera, tivéramos, tivéreis, tiveram

Fut. pres.: terei, terás, terá, teremos, tereis, terão

Fut. pret.: teria, terias, teria, teríamos, teríeis, teriam

Pres. subj.: tenha, tenhas, tenha, tenhamos, tenhais, tenham

Imperf. subj.: tivesse, tivesses, tivesse, tivéssemos, tivésseis, tivessem

Fut. subj.: tiver, tiveres, tiver, tivermos, tiverdes, tiverem

Imper. afirm.: tem, tenha, tenhamos, tende, tenham

Imper. neg.: não tenhas, não tenha, não tenhamos, não tenhais, não tenham

Inf. impess.: ter

Inf. pess.: ter, teres, ter, termos, terdes, terem

Ger.: tendo

part.: tido

■ **HAVER**

Pres. ind.: hei, hás, há, havemos, haveis, hão

Perf.: houve, houveste, houve, houvemos, houvestes, houveram

Imperf.: havia, havias, havia, havíamos, havíeis, haviam

Mais-que-perf.: houvera, houveras, houvera, houvéramos, houvéreis, houveram

Fut. pres.: haverei, haverás, haverá, haveremos, havereis, haverão

Fut. pret.: haveria, haverias, haveria, haveríamos, haveríeis, haveriam

Pres. subj.: haja, hajas, haja, hajamos, hajais, hajam

Imperf. subj.: houvesse, houvesses, houvesse, houvéssemos, houvésseis, houvessem

Fut. subj.: houver, houveres, houver, houvermos, houverdes, houverem

Imper. afirm.: há, haja, hajamos, havei, hajam

Imper. neg.: não hajas, não haja, não hajamos, não hajais, não hajam

Inf. impess.: haver

Inf. pess.: haver, haveres, haver, havermos, haverdes, haverem

Ger.: havendo

Part.: havido

■ VER

Pres. ind.: vejo, vês, vê, vemos, vedes, veem

Perf.: vi, viste, viu, vimos, vistes, viram

Imperf.: via, vias, via, víamos, víeis, viam

Mais-que-perf.: vira, viras, vira, víramos, víreis, viram

Fut. pres.: verei, verás, verá, veremos, vereis, verão

Fut. pret.: veria, verias, veria, veríamos, veríeis, veriam

Pres. subj.: veja, vejas, veja, vejamos, vejais, vejam

Imperf. subj.: visse, visses, visse, víssemos, vísseis, vissem

Fut. subj.: vir, vires, vir, virmos, virdes, virem

Imper. afirm.: vê, veja, vejamos, vede, vejam

Imper. neg.: não vejas, não veja, não vejamos, não vejais, não vejam

Inf. impess.: ver

Inf. pess.: ver, veres, ver, vermos, verdes, verem

Ger.: vendo

Part.: visto

■ VIR

Pres. ind.: venho, vens, vem, vimos, vindes, vêm

Perf.: vim, vieste, veio, viemos, viestes, vieram

Imperf.: vinha, vinhas, vinha, vínhamos, vínheis, vinham

Mais-que-perf.: viera, vieras, viera, viéramos, viéreis, vieram

Fut. pres.: virei, virás, virá, viremos, vireis, virão

Fut. pret.: viria, virias, viria, viríamos, viríeis, viriam

Pres. subj.: venha, venhas, venha, venhamos, venhais, venham

Imperf. subj.: viesse, viesses, viesse, viéssemos, viésseis, viessem

Fut. subj.: vier, vieres, vier, viermos, vierdes, vierem

Imper. afirm.: vem, venha, venhamos, vinde, venham

Imper. neg.: não venhas, não venha, não venhamos, não venhais, não venham

Inf. impess.: vir

Inf. pess.: vir, vires, vir, virmos, virdes, virem

Ger.: vindo

Part.: vindo

■ PÔR

Pres. ind.: ponho, pões, põe, pomos, pondes, põem

Perf.: pus, puseste, pôs, pusemos, pusestes, puseram

Imperf.: punha, punhas, punha, púnhamos, púnheis, punham

Mais-que-perf.: pusera, puseras, pusera, puséramos, puséreis, puseram

Fut. pres.: porei, porás, porá, poremos, poreis, porão

Fut. pret.: poria, porias, poria, poríamos, poríeis, poriam

Pres. subj.: ponha, ponhas, ponha, ponhamos, ponhais, ponham

Imperf. subj.: pusesse, pusesses, pusesse, puséssemos, pusésseis, pusessem

Fut. subj.: puser, puseres, puser, pusermos, puserdes, puserem

Imper. afirm.: põe, ponha, ponhamos, ponde, ponham

Imper. neg.: não ponhas, não ponha, não ponhamos, não ponhais, não ponham

Inf. impess.: pôr

Inf. pess.: pôr, pores, pôr, pormos, pordes, porem

Ger.: pondo

part.: posto

IR

Pres. ind.: vou, vais, vai, vamos, ides, vão
Perf.: fui, foste, foi, fomos, fostes, foram
Imperf.: ia, ias, ia, íamos, íeis, iam
Mais-que-perf.: fora, foras, fora, fôramos, fôreis, foram
Fut. pres.: irei, irás, irá, iremos, ireis, irão
Fut. pret.: iria, irias, iria, iríamos, iríeis, iriam
Pres. subj.: vá, vás, vá, vamos, vades, vão
Imperf. subj.: fosse, fosses, fosse, fôssemos, fôsseis, fossem
Fut. subj.: for, fores, for, formos, fordes, forem
Imper. afirm.: vai, vá, vamos, ide, vão
Imper. neg.: não vás, não vá, não vamos, não vades, não vão
Inf. impess.: ir
Inf. pess.: ir, ires, ir, irmos, irdes, irem
Ger.: indo
Part.: ido

XIV

TEXTOS PARA LEITURA

Os textos que seguem foram cuidadosamente selecionados para dar a você um especial prazer, que é o da boa leitura. Mas não é esse o único objetivo. Aproveite para observar atentamente a maneira como diferentes escritores utilizam a língua portuguesa. Faça um resumo de cada texto, com suas próprias palavras, e você estará treinando redação.

Em alguns, você encontrará uma linguagem um pouco mais descontraída, com certos elementos do coloquial. É comum tal coisa nas crônicas, que se prestam a mostrar, de maneira leve, os acontecimentos do dia a dia. No entanto, ao fazer a sua redação, utilize sempre a norma culta da língua. É mais seguro, acredite.

■ OS TUMULTOS DA PAZ

O amor ao próximo está longe de representar um devaneio beato e piedoso, conto da carochinha para enganar crianças, desavisados e inquilinos de sacristia. Trata-se de uma essencial exigência pessoal e política, sem cujo atendimento não nos poremos a serviço, nem de nós mesmos, nem de ninguém. Amar ao Próximo como a si mesmo é, por excelência, a regra de ouro, cânon fundador da única prática pela qual poderemos chegar a um pleno amor por nós próprios. Sou o primeiro e mais íntimo Próximo de mim, e esta relação de mim para comigo passa, inevitavelmente, pela existência do Outro. Este é o termo terceiro, a referência transcendente por cuja mediação passo a construir a minha autoestima.

Eis aí o modelo da paz.

(Hélio Pellegrino, in *A Burrice do Demônio*)

■ GRRWOL

Você pode controlar a maioria dos ruídos do seu corpo (o espirro, o arroto, você os conhece) mesmo que isto custe um esforço ou um suplício. Mas existe um ruído absolutamente incontrolável que nada reprime ou disfarça. É aquele barulho que faz a barriga quando menos os que estão à sua volta e você esperam. Geralmente – é fatal – no momento de maior silêncio no recinto. Isto já lhe aconteceu, claro. Você está, digamos, numa sala de espera, naquele convívio forçado e constrangedor de uma sala de espera lotada, e de repente sua barriga faz "Grrwol", "Grl, grl, grl". E logo depois: "Brliadobm". E, quando tudo parece terminado, vem um *post scriptum*: "Piauim..."

Você olha em volta sem mexer a cabeça. Será que alguém ouviu? Claro que ouviram. Na rua devem ter ouvido. O que fazer? Você pode ficar impassível, olhando para um ponto no infinito. Não foi a sua e, mesmo que tenha sido, o que que tem? Pode acontecer com qualquer um. Você não tem que dar satisfações a ninguém. Só esperar que o fato se perca no esquecimento. Mas sua barriga repete a sequência.

"Grrwol". Depois "Grl, grl, grl". Depois "Brldbm".

Silêncio. Suspense. Finalmente:

"Piauim..."

Você pode sorrir para todos e sacudir a cabeça, resignado, como quem desistiu de disciplinar uma criança rebelde. "Essas barrigas..." Os outros certamente aceitarão seu convite para uma confraternização bem-humorada em torno do que é, afinal, um incidente gástrico e, portanto, comum e profundamente humano. A desvantagem desse procedimento é que só dará certo uma vez. Se sua barriga voltar a se manifestar, você não contará mais com a boa vontade unânime. Alguns farão cara de "Foi divertido, mas agora chega". E não há nada que você possa fazer.

Um terceiro caminho é, no momento do barulho, olhar para a pessoa ao seu lado com um misto de surpresa e indignação. É uma tática calhorda, mas você transferirá as suspeitas. Isso só não funciona se você e a outra pessoa forem as únicas duas na sala. Aí, você só tem uma saída: assumir a barriga e o seu repertório.

(Luís Fernando Veríssimo, in *Zoeira*)

■ DE CABEÇA PENSADA

Tinha 30 anos quando decidiu: a partir de hoje, nunca mais lavarei a cabeça. Passou o pente devagar nos cabelos, pela última vez molhados. E começou a construir sua maturidade.

Tinha 50, e o marido já não pedia, os filhos haviam deixado de suplicar.

Asseada, limpa, perfumada, só a cabeça preservada, intacta com seus humores, seus humanos óleos. Nem jamais se deixou tentar por penteados novos ou anúncios de xampu. Preso na nuca, o cabelo crescia quase intocado, sem que nada além do volume do coque acusasse o constante brotar.

Aos 80, a velhice a deixou entregue a uma enfermeira. A qual, a bem da higiene, levou-a um dia para debaixo do chuveiro, abrindo o jato sobre a cabeça branca.

E tudo o que ela mais havia temido aconteceu.

Levadas pela água, escorrendo liquefeitas ao longo dos fios para perderem-se no ralo sem que nada pudesse retê-las, lá se foram, uma a uma, as suas lembranças.

(Marina Colasanti, in Contos de Amor Rasgados)

■ POESIA

Gastei uma hora pensando um verso
que a pena não quer escrever.
No entanto ele está cá dentro
inquieto, vivo.
Ele está cá dentro
e não quer sair.
Mas a poesia deste momento
inunda minha vida inteira.

(Carlos Drummond de Andrade, in Reunião)

■ OS BONS LADRÕES

Morando sozinha e indo à cidade em um dia de festa, uma senhora de Ipanema teve a sua bolsa roubada, com todas as suas joias dentro. No dia seguinte, desesperada de qualquer eficiência policial, recebeu um telefonema:

– É a senhora de quem roubaram a bolsa ontem?

– Sim.

– Aqui é o ladrão, minha senhora.

– Mas como o... senhor descobriu o meu número?

– Pela carteira de identidade e pela lista.

– Ah, é verdade. E quanto quer para devolver meus objetos?

– Não quero nada, madame. O caso é que sou um homem casado.

– Pelo fato de ser casado, não precisa andar roubando. Onde estão as minhas joias, seu sujeito ordinário?

– Vamos com calma, madame. Quero dizer que só ontem, por um descuido meu, minha mulher descobriu quem eu sou realmente. A senhora não imagina o meu drama.

– Escute uma coisa, eu não estou para ouvir graçolas de um ladrão muito descarado...

– Não é graçola, madame. O caso é que adoro minha mulher.

– E por que o senhor está me contando isso? O que me interessa são as joias e a carteira de identidade (dá um trabalho danado tirar outra), e não tenho nada com a sua vida particular. Quero o que é meu.

– Claro, madame, claro. Estou lhe telefonando por isso. Imagine a senhora que minha mulher falou que me deixa imediatamente se eu não regenerar...

– Coitada! Ir numa conversa dessas.

– Pois eu prometi nunca mais roubar em minha vida.

– E ela bancou a pateta de acreditar?

– Acho que não. Mas o que eu prometo, cumpro; sou um homem de palavra.

– Um ladrão de palavra, essa é fina. As minhas joias naturalmente o senhor já vendeu.

– Absolutamente, estão em meu poder.

– E quanto quer por elas, diga logo?

– Não vendo, madame, quero devolvê-las. Infelizmente, minha mulher disse que só acreditaria em minha regeneração se eu lhe devolvesse as joias. Depois ela vai lhe telefonar para checar.

— Pois fique sabendo que estou gostando muito de sua senhora. Pena uma pessoa de tanto caráter casada com um... homem fora da lei.

— É também o que eu acho. Mas gosto tanto dela que estou disposto a qualquer sacrifício.

— Meus parabéns. O senhor vai trazer-me as joias aqui?

— Isso nunca. A senhora podia fazer uma *suja*.

— Uma o quê?

— A senhora, com o perdão da palavra, podia chamar a polícia.

— Prometo que não chamo, não por sua causa, por causa de sua senhora.

— Vai me desculpar, madame, mas nessa eu não vou.

— Também sou uma mulher de palavra.

— O caso, madame, é que nós, os desonestos, não acreditamos na palavra dos honestos.

— Tá. Mas como o senhor pretende fazer, então?

— Estou bolando um jeito de lhe mandar as joias sem perigo para mim e sem que outro ladrão possa roubá-las. A senhora não tem uma ideia?

— O senhor entende mais disso do que eu.

— É verdade. Tenho um plano: eu lhe mando umas flores com as joias dentro dum pequeno embrulho.

— Não seria melhor eu encontrá-lo numa esquina?

— Negativo! Tenho o meu pudor, madame.

— Mas não há perigo de mandar coisa de tanto valor por uma casa de flores?

— Não. Vou seguir o entregador a uma certa distância.

— Então, fico esperando. Não se esqueça da carteira.

— Dentro de vinte minutos está tudo aí.

— Sendo assim, muito agradecida e lembranças para a sua senhora.

Dentro do prazo marcado, um menino confirmava que, em certas ocasiões, até os ladrões mandam flores e joias.

(Paulo Mendes Campos, in Para Gostar de Ler)

■ UM CÃO APENAS

Subidos, de ânimo leve e descansado passo, os quarenta degraus do jardim – plantas em flor, de cada lado; borboletas incertas; salpicos de luz no granito –, eis-me no patamar. E a meus pés, no áspero capacho de coco, à frescura da cal do pórtico, um cãozinho triste interrompe o seu sono, levanta a cabeça e fita-me. É um triste cãozinho doente, com todo o corpo ferido; gastas, as mechas brancas do pelo; o olhar dorido e profundo, com esse lustro de lágrima que há nos olhos das pessoas muito idosas. Com um grande esforço acaba de levantar-se. Eu não lhe digo nada; não faço nenhum gesto. Envergonha-me haver interrompido o seu sono. Se ele estava feliz ali, eu não devia ter chegado. Já que lhe faltavam tantas coisas, que ao menos dormisse: também os animais devem esquecer, enquanto dormem...

Ele, porém, levantava-se e olhava-me. Levantava-se com a dificuldade dos enfermos graves: acomodando as patas da frente, o resto do corpo, sempre com os olhos em mim, como à espera de uma palavra ou de um gesto. Mas eu não o queria vexar nem oprimir. Gostaria de ocupar-me dele: chamar alguém, pedir-lhe que o examinasse, que receitasse, encaminhá-lo para um tratamento... Mas tudo é longe, meu Deus, tudo é tão longe. E era preciso passar. E ele estava na minha frente inábil, como envergonhado de se achar tão sujo e doente, com o envelhecido olhar numa espécie de súplica.

Até o fim da vida guardarei seu olhar no meu coração. Até o fim da vida sentirei esta humana infelicidade de nem sempre poder socorrer, neste complexo mundo dos homens.

Então, o triste cãozinho reuniu todas as suas forças, atravessou o patamar, sem nenhuma dúvida sobre o caminho, como se fosse um visitante habitual, e começou a descer as escadas e as suas rampas, com as plantas em flor de cada lado, as borboletas incertas, salpicos de luz no granito, até o limiar da entrada. Passou por entre as grades do portão, prosseguiu para o lado esquerdo, desapareceu.

Ele ia descendo como um velhinho andrajoso, esfarrapado, de cabeça baixa, sem firmeza e sem destino. Era, no entanto, uma forma de vida. Uma criatura deste mundo de criaturas inumeráveis. Esteve ao meu alcance; talvez tivesse fome e sede: e eu nada fiz por ele; amei-o, apenas, com uma caridade inútil, sem qualquer expressão concreta. Deixei-o partir, assim humilhado, e tão digno, no entanto: como alguém que respeitosamente pede desculpas de ter ocupado um lugar que não era seu.

Depois pensei que nós todos somos, um dia, esse cãozinho triste, à sombra de uma porta. E há o dono da casa, e a escada que descemos, e a dignidade final da solidão.

(Cecília Meireles, in *Inéditos*)

■ AMINIMIGOS

Era muito lindo. Quando soube que tinha inimigos, foi ouvir o sábio das montanhas porque era horrível ter inimigos.

– Você tem inimigos porque é bonito. Os seus amigos não perdoam a natureza que lhe fez assim. E, como natureza é coisa abstrata, ficam com raiva de você (que é concreto) e ficam inimigos.

O homem, então, tomou um banho de vitríolo e ficou deformado e feio.

Mas era inteligente e soube que tinha inimigos ainda. O velho das montanhas disse:

– Agora, que você é feio, eles não perdoam um homem feio e inteligente.

Ficou em silêncio para que não notassem sua inteligência. Os inimigos continuaram, porque era rico (foi o que disse o velho das montanhas). E ficou pobre (o que foi muito fácil). Mas, ainda tinha inimigos.

– Você era bonito, inteligente e rico, e não é mais. Mas eles não perdoam quem é tudo isto e devolve. Eles são muitos.

Mudou-se para as montanhas. Mas, tinha inimigos. O velho disse que eles ficaram aborrecidos, porque não tinham mais de quem pudessem ser inimigos. Ficou, então, inteligente outra vez e, quando ficou rico, tratou da feiura e ficou bonito outra vez e viveu feliz, cercado de inimigos.

(Marcos de Vasconcellos, in Trinta Contos Redondos)

■ O PADEIRO

Levanto cedo, faço minhas abluções, ponho a chaleira no fogo para fazer café e abro a porta do apartamento – mas não encontro o pão costumeiro. No mesmo instante me lembro de ter lido alguma coisa nos jornais da véspera sobre a "greve do pão dormido". De resto não é bem uma greve, é um *lock-out*, greve dos patrões, que suspenderam o trabalho noturno; acham que obrigando o povo a tomar seu café da manhã com pão dormido conseguirão não sei bem o que do governo.

Está bem. Tomo o meu café com pão dormido, que não é tão ruim assim. E enquanto tomo café vou me lembrando de um homem modesto que conheci antigamente. Quando vinha deixar o pão à porta do apartamento ele apertava a campainha, mas, para não incomodar os moradores, avisava gritando:

– Não é ninguém, é o padeiro!

Interroguei-o uma vez: como tivera a ideia de gritar aquilo?

"Então você não é ninguém?"

Ele abriu um sorriso largo. Explicou que aprendera aquilo de ouvido. Muitas vezes lhe acontecera bater a campainha de uma casa e ser atendido por uma empregada ou outra pessoa qualquer, e ouvir uma voz que vinha lá de dentro perguntando quem era; e ouvir a pessoa que o atendera dizer para dentro: "não é ninguém, não senhora, é o padeiro". Assim, ficou sabendo que não era ninguém...

Ele me contou isso sem mágoa nenhuma, e se despediu ainda sorrindo. Eu não quis detê-lo para explicar que estava falando com um colega, ainda que menos importante. Naquele tempo eu também, como os padeiros, fazia o trabalho noturno. Era pela madrugada que deixava a redação do jornal, quase sempre depois de uma passagem pela oficina – e muitas vezes saía já levando nas mãos um dos primeiros exemplares rodados, o jornal ainda quentinho da máquina, como pão saído do forno.

Ah, eu era rapaz, eu era rapaz naquele tempo! E às vezes me julgava importante porque no jornal que levava para casa, além de reportagens ou notas que eu escrevera sem assinar, ia uma crônica ou artigo com o meu nome. O jornal e o pão estariam cedinho na porta de cada lar; e dentro do meu coração eu recebi a lição de humildade daquele homem entre todos útil e entre todos alegre; "não é ninguém, é o padeiro!"

E assobiava pelas escadas.

(Rubem Braga, in Ai de Ti, Copacabana)

■ GOLS DE COCURUTO

O melhor momento do futebol para um tático é o minuto de silêncio. É quando os times ficam perfilados, cada jogador com as mãos nas costas e mais ou menos no lugar que lhes foi designado no esquema – e parados. Então o tático pode olhar o campo como se fosse um quadro-negro e pensar no futebol como alguma coisa lógica e diagramável. Mas aí começa o jogo e tudo desanda. Os jogadores se movimentam e o futebol passa a ser regido pelo imponderável, esse inimigo mortal de qualquer estrategista. O futebol brasileiro já teve grandes estrategistas cruelmente traídos pela dinâmica do jogo. O Tim, por exemplo. Tático exemplar, planejava todo o jogo numa mesa de botão. Da entrada em campo até a troca de camisetas, incluindo o minuto de silêncio. Foi um técnico de sucesso mas nunca conseguiu uma reputação no campo à altura da sua reputação de vestiário. Falava um jogo e o time jogava outro. O problema do Tim, diziam todos, era que seus botões eram mais inteligentes do que seus jogadores.

(Luís Fernando Veríssimo, in O Estado de São Paulo, 23/8/93)

■ O SENÃO DO LIVRO

Começo a arrepender-me deste livro. Não que ele me canse; eu não tenho que fazer; e, realmente, expedir alguns magros capítulos para esse mundo sempre é tarefa que distrai um pouco da eternidade. Mas o livro é enfadonho, cheira a sepulcro, traz certa contração cadavérica; vício grave, e aliás ínfimo, porque o maior defeito deste livro és tu, leitor. Tu tens pressa de envelhecer, e o livro anda devagar; tu amas a narração direta e nutrida, o estilo regular e fluente, e este livro e o meu estilo são como os ébrios, guinam à direita e à esquerda, andam e param, resmungam, urram, gargalham, ameaçam o céu, escorregam e caem... E caem! – Folhas misérrimass do meu cipreste, heis de cair, como quaisquer outras belas e vistosas; e, se eu tivesse olhos, dar-vos-ia uma lágrima de saudade. Esta é a grande vantagem da morte, que, se não deixa boca para rir, também não deixa olhos para chorar... Heis de cair.

(Machado de Assis, in Memórias Póstumas de Brás Cubas)

■ CRUZ

Quase todos carregamos a nossa cruz; alguns, porém, além da própria, carregam a cruz dos outros. Carregar duas ou três cruzes não é empresa superior às forças do homem. Veem-se ombros frágeis, quase de vidro, suportando enormes madeiros. Parece que há mesmo certo prazer nisso. E orgulho. O ar de sombria felicidade com que o homem costuma gemer, num encontro de rua: "Pois é isso, lá vou eu carregando a minha cruz." Olha-se para ele, não transporta coisa nenhuma, ou simplesmente segura entre dois dedos um pacote minúsculo, leve e até gracioso presente para a amada. Entretanto, ele garante que sim, é até uma cruz bem pesada, não há cruzes leves. Temos de acreditar em sua boa-fé, como aliás na de todos os presidentes, ministros, governadores e prefeitos, que, infalível e confessadamente, portam cruzes, e cruzes que eles disputaram, cruzes que queriam esquivar-se-lhes, mas que eles perseguiram tenazmente até alcançá-las e botá-las ao ombro. O extraordinário, mesmo, o raro, o inconcebível é não se carregar cruz nenhuma.

Vejam esse homem. É cearense. Vale dizer que nasceu com a cruz ao lado, não precisou requerê-la. Mudou-se de sua terra, e isso significa reforçar o peso da cruz, como fazem os exilados. Escolheu uma cidade de São Paulo: Itatiba. Fez-se comerciante. A cruz pesou-lhe menos. Há, é certo, os impostos, fregueses impontuais, competição, porém não resta dúvida que sua cruz se tornou mais confortável. Era uma cruz urbana, matriculada na Junta Comercial, sem seca e mandacaru, enfim, uma cruz como tantas que carregamos sem perceber. Não ficou, porém, satisfeito. E ei-lo que manda fabricar outra cruz, ampla e bem vistosa, e resolve literalmente carregá-la, não apenas de sua casa à igreja de Itatiba, mas até São Paulo; até o Rio; até o Vaticano.

Esse homem vai a Roma de cruz às costas. Já recebeu a bênção do vigário e será alvo de manifestações nas cidades por onde for passando. Porque vai a pé, à boa maneira dos peregrinos, senão à Itália, pelo menos à Guanabara. Aqui tomará o navio, mas a cruz será sua companheira a bordo, e com ela se apresentará ao Papa.

Cruz de alumínio, direis vós que lestes o telegrama de São Paulo. Pesando três quilos, e não três arrobas. Sim, não é de cabiúna ou de ferro, mas é uma cruz pública, real, escandalosa. Cruz de protesto contra as explosões nucleares. O cearense assumiu este pecado do mundo e procura resgatá-lo deixando seus negócios, sua pacatez itatibana, para afrontar estirões pedestres, fadigas, incompreensões, remoques, homenagens, fotógrafos, caminhões, chuva, calor, vistorias, múltiplas e menores cruzes suplementares. A culpa dos grandes pesa muito mais de mil vezes três quilos, e não é de alumínio, é de elementos infernais, da ferocidade à velhacaria, mas este cearense a resume numa peça maneira, de leve metal, e com isto pode suportar todo o peso da iniquidade. É um louco, um exibicionista, um fanático, um apóstolo, um mistificador, um provocador, um propagandista de artigos de alumínio? É um homem e expõe a seu modo a miséria de nosso tempo.

(Carlos Drummond de Andrade, in Quadrante 2)

■ TOLICES ADMIRÁVEIS

A vida tem surpresas alucinantes. Surpresas e lições de estarrecer.

Há certos fatos, porém, que não nos causam nenhuma admiração, não porque não sejam em si admiráveis, mas porque nos deixam simplesmente tão bestificados que nos tiram até a capacidade de raciocinar.

É verdade que a faculdade de abrir mais ou menos a boca, movida pelo espanto, varia de indivíduo para indivíduo. Uns esbugalham os olhos diante do fenômeno mais natural, ao passo que os outros acham mais que natural o fenômeno mais esbugalhante.

Os que se julgam espertos acham que a admiração é um alarmante sintoma de ignorância e, por isso, afirmam que só os tolos se admiram. Os que se maravilham de qualquer coisa, por sua vez, se surpreendem também da impassibilidade dos sabidos, aos quais consideram lamentáveis cegos e inconscientes.

O ladino se admira do tolo e não pode compreender como este se possa admirar de uma bobagem. O tolo, por seu turno, se admira de que o ladino não se admire de coisa alguma, quando ele acha tudo admirável.

O tolo se admira de tudo, porque vê em tudo uma verdade para admirar. O tolo, então, raciocina e tira uma conclusão. E, portanto, não é tolo.

O inteligente vê o fenômeno e não se admira, porque não vê nada de admirável no que vê. Mas o homem que não chega a ver o que até os tolos veem não pode ser um homem inteligente.

De tudo isto só se pode concluir que o tolo, afinal, é um inteligente e que o inteligente é um tolo.

É ou não é admirável?

(Barão de Itararé, in *Máximas e Mínimas do Barão de Itararé*)

■ DIREITO E AVESSO

Conheci uma moça que escondia como um crime certa feia cicatriz de queimadura que tinha no corpo. De pequena a mãe lhe ensinara a ocultar aquela marca de fogo e nem sei que impulso de desabafo levou-a a me falar nela; e creio que logo se arrependeu, pois me obrigou a jurar que jamais repetiria a alguém o seu segredo. Se agora o conto é porque a moça é morta e a sua cicatriz já estará em nada, levada com o resto pelas águas de março, que levam tudo.

Lembrou-me isso ao escutar outra moça, também vaidosa e bonita, que discorria perante várias pessoas a respeito de uma deformação congênita que ela, moça, tem no coração. Falava daquilo com maldisfarçado orgulho, como se ter coração defeituoso fosse uma distinção aristocrática que se ganha de nascença e não está ao alcance de qualquer um.

E aí saí pensando em como as pessoas são estranhas. Qualquer deformação, por mais mínima, sendo em parte visível do nosso corpo, a gente a combate, a disfarça, oculta como um vício feio. Este senhor, por exemplo, que nos explica, abundantemente, ser vítima de divertículos (excrescências em forma de apêndice que apareceram no seu duodeno), teria o mesmo gosto em gabar-se da anomalia se em lugar dos divertículos tivesse lobinhos pendurados no nariz? Nunca vi ninguém expor com orgulho a sua mão de seis dedos, a sua orelha malformada; mas a má--formação interna é marca de originalidade, que se descreve aos outros com evidente orgulho.

Doença interna só se esconde por medo da morte – isto é, por medo de que, a notícia se espalhando, chegue a morte mais depressa. Não sendo por isso, quem tem um sopro no coração se gaba dele como de falar japonês.

Parece que o principal impedimento é o estético. Pois se todos gostam de se distinguir da multidão, nem que seja por uma anomalia, fazem ao mesmo tempo questão de que essa anomalia não seja visivelmente deformante. Ter o coração do lado direito é uma glória, mas um braço menor que o outro é uma tragédia. Alguém com os dois olhos límpidos pode gostar de *épater* uma roda de conversa, explicando que não enxerga coisíssima nenhuma por um daqueles límpidos olhos, e permitirá mesmo que os circunstantes curiosos lhe examinem o olho cego e constatem de perto que realmente não se nota diferença nenhuma com o olho são. Mas tivesse aquela pessoa o olho que não enxerga coalhado pela gota-serena, jamais se referiria ao defeito em público; e, caso o fizesse, por excentricidade de temperamento sarcástico ou masoquista, os circunstantes bem--educados se sentiriam na obrigação de desviar a vista e mudar de assunto.

Mulheres discutem com prazer seus casos ginecológicos; uma diz abertamente que já não tem um ovário, outra, que o médico lhe diagnosticou um útero infantil. Mas, se ela tivesse um pé infantil, ou seios senis, será que os declararia com a mesma complacência?

Antigamente havia as doenças secretas, que só se nomeavam em segredo ou sob pseudônimo. De um tísico, por exemplo, se dizia que estava "fraco do peito"; e talvez tal reserva nascesse do medo do contágio, que todo mundo tinha. Mas dos malucos também se dizia que "estavam nervosos" e do câncer ainda hoje se faz mistério – e nem câncer e nem doidice pegam.

Não somos todos mesmo muito estranhos? Gostamos de ser diferentes – contanto que a diferença não se veja. O bastante para chamar atenção, mas não tanto que pareça feio.

(Rachel de Queiroz, in O Melhor da Crônica Brasileira)

■ POR QUE POESIA?

Por que poesia nos dias de hoje, num mundo muito insensível? Por que poesia, quando os homens estão preocupados com a guerra, com o domínio? Por que poesia num mundo dominado pela tecnologia?

Acredito que, nos dias de hoje, algo nebulosos, incertos, a poesia, a arte, aliada à educação, é a única possibilidade de fazer desfazer a terra, de descobrir as razões da ventania. A arte tem hoje o seu momento de aceno para a verdade, desvelando a mentira cada vez mais crescente e assustadora. Conscientizado pela arte, o homem tem condições de mais certeza num mundo de incerteza, tornando-se capaz, portanto, de afastar a nuvem de ódio, de arrogância e prepotência que paira sobre nossas cabeças.

Nesse sentido, Marx foi injusto com o pensador, achando que ele não deveria apenas interpretar o mundo, mas transformá-lo. O pensador, o poeta, não tem o poder de modificar, mas de conscientizar o homem da necessidade de transformação, de preparar o terreno para um novo passo, para a conquista de dias melhores.

A arte é a possibilidade única de fazer acordar a humanidade. Mais do que nunca é importante fazer cantar o canto do poeta. Cada poeta exterioriza o seu canto, sua maneira de ver o mundo.

(José Maria de Souza Dantas, in A Consciência Poética de uma Viagem sem Fim)

■ NO EGITO ANTIGO

Os egípcios de 3000 a.C. já usavam temperos como alho, salsa e cebola. A cebola era apreciada também como alimento e, diziam, mantinha os espíritos maus bem longe (será que é por causa do hálito que deixam?). Plantavam cevada, cultivavam trigo e uvas, e faziam pão, vinho, hidromel e um tipo de cerveja. Mil anos depois, eles comiam carne de caça, aves, peixes, ostras e ovos. Em sua mesa havia também leguminosas como ervilhas, favas e lentilhas, e frutas: azeitonas, figos e tâmaras, maçãs, romãs, abricós e amêndoas.

Nos banquetes dos faraós, sempre acompanhados de jogos, música e danças, costumava haver trufas, um cogumelo subterrâneo ainda hoje disputadíssimo.

(Marcelo Duarte, in O Guia dos Curiosos)

■ O PANTANAL

Aconteça o que acontecer, o Pantanal não permanecerá como está. Estou convencido de que a sua riqueza ecológica será preservada para as gerações futuras num parque nacional do qual o Brasil possa orgulhar-se e que será uma fonte de felicidade para muitos.

Considero-me privilegiado por ter vivido tantos anos no Pantanal. Onde quer que eu esteja, guardarei a lembrança desse lugar tão amado, imaginando se as grandes árvores solenes ainda lá estão, junto ao nosso acampamento no rio Paraguaizinho, e se ainda se ouve o rugido das onças, à noite.

Meu encontro com o Pantanal foi uma experiência extraordinária. Deu-me também uma convicção firme. Nada é mais belo que a nossa Terra e nada é mais importante que o amor do homem por ela. E o amor de uns pelos outros.

(Arne Sucksdorff, in Pantanal, um Paraíso Perdido?)

MOTIVO

Eu canto porque o instante existe
e a minha vida está completa.
Não sou alegre nem sou triste:
sou poeta.

Irmão das coisas fugidias,
não sinto gozo nem tormento.
Atravesso noites e dias
no vento.

Se desmorono ou se edifico,
se permaneço ou me desfaço,
— não sei, não sei. Não sei se fico
ou passo.

Sei que canto. E a canção é tudo.
Tem sangue eterno a asa ritmada.
E um dia sei que estarei mudo:
— mais nada.

(Cecília Meireles, in Flor de Poemas)

■ SEGREDO

Há muitas coisas que a psicologia não nos explica. Suponhamos que você esteja em um 12.º andar, em companhia de amigos, e, debruçando-se à janela, distinga lá embaixo, inesperada naquele momento, a figura de seu pai, procurando atravessar a rua ou descansando em um banco diante do mar. Só isso. Por que, então, todo esse alvoroço que visita a sua alma de repente, essa animação provocada pela presença distante de uma pessoa da sua intimidade?

Você chamará os amigos para mostrar-lhes o vulto de traços fisionômicos invisíveis: "Aquele ali é papai". E os amigos também hão de sorrir, quase enternecidos, participando um pouco de sua glória, pois é inexplicavelmente tocante ser amigo de alguém cujo pai se encontra longe, fora do alcance do seu chamado.

Outro exemplo: você ama e sofre por causa de uma pessoa e com ela se encontra todos os dias. Por que, então, quando esta pessoa aparece a distância, em hora desconhecida aos seus encontros, em uma praça, em uma praia, voando na janela de um carro, por que essa ternura violenta dentro de você, e essa admirável compaixão?

Por que motivo reconhecer uma pessoa ao longe sempre nos induz a um movimento interior de doçura e piedade?

Às vezes, trata-se de um simples conhecido. Você o reconhece de longe em um circo, um teatro, um campo de futebol, e é impossível não infantilizar-se diante da visão.

Até para com os nossos inimigos, para com as pessoas que nos são antipáticas, a distância, em relação ao desafeto, atua sempre em sentido inverso. Ver um inimigo ao longe é perdoá-lo bastante.

Mais um caso: dois amigos íntimos se veem inesperadamente de duas janelas. Um deles está, digamos, no consultório do dentista, o outro visita o escritório de um advogado no centro da cidade. Cinco horas da tarde; lá embaixo, o tráfego estridula; ambos olham distraídos e cansados quando se descobrem mutuamente. Mesmo que ambos, uma hora antes, estivessem juntos, naquele encontro súbito e de longe é como se não se vissem há muito tempo; com todas as graças da alma despertas, eles começam a acenar-se, a dar gritos, a perguntar por gestos o que o outro faz do outro lado. Como se tudo isso fosse um mistério.

E é um mistério.

(Paulo Mendes Campos, in Para Gostar de Ler, volume 4)

■ DECLARAÇÃO DE AMOR

Esta é uma confissão de amor: amo a língua portuguesa. Ela não é fácil. Não é maleável. E, como não foi profundamente trabalhada pelo pensamento, a sua tendência é a de ter sutilezas e de reagir às vezes com um verdadeiro pontapé contra os que temerariamente ousam transformá-la numa linguagem de sentimento e de alerteza. E de amor. A língua portuguesa é um verdadeiro desafio para quem escreve. Sobretudo para quem escreve tirando das coisas e das pessoas a primeira capa de superficialismo.

Às vezes ela reage diante de um pensamento mais complicado. Às vezes se assusta com o imprevisível de uma frase. Eu gosto de manejá-la – como gostava de estar montada num cavalo e guiá-lo pelas rédeas, às vezes lentamente, às vezes a galope.

Eu queria que a língua portuguesa chegasse ao máximo nas minhas mãos. E este desejo todos os que escrevem têm. Um Camões e outros iguais não bastaram para nos dar para sempre uma herança de língua já feita. Todos nós que escrevemos estamos fazendo do *túmulo do pensamento* alguma coisa que lhe dê vida.

Essas dificuldades, nós as temos. Mas não falei do encantamento de lidar com uma língua que não foi aprofundada. O que recebi de herança não me chega.

Se eu fosse muda, e também não pudesse escrever, e me perguntassem a que língua eu queria pertencer, eu diria: inglês, que é preciso e belo. Mas como não nasci muda e pude escrever, tornou-se absolutamente claro para mim que eu queria mesmo era escrever em português. Eu até queria não ter aprendido outras línguas: só para que a minha abordagem do português fosse virgem e límpida.

(Clarice Lispector, in A Descoberta do Mundo)

■ UM HOMEM LEAL

Apaguemos a lanterna de Diógenes: achei um homem! Não é príncipe, nem eclesiástico, nem filósofo, não pintou uma grande tela, não escreveu um belo livro, não descobriu nenhuma lei científica. Não, o homem que achei não é nada disso. É um barbeiro, mas tal barbeiro que, sendo barbeiro, não é exatamente barbeiro. Perdoai esta logomaquia; o estilo ressente-se da exaltação da minha alma. Achei um homem!

Se aquele cínico Diógenes pode ouvir, do lugar onde está, as vozes cá de cima, deve cobrir-se de vergonha e de tristeza: achei um homem! E importa notar que não andei atrás dele. Estava em casa muito sossegado, com os olhos nos jornais e o pensamento nas estrelas, quando um pequenino anúncio me deu rebate ao pensamento, e este desceu mais rápido que o raio até o papel. Então li isto: "Vende-se uma casa de barbeiro fora da cidade, o ponto é bom e o capital diminuto; o dono vende por não entender".

Eis aí o homem! Não lhe ponho o nome, por não vir no anúncio, mas a própria falta dele faz crescer a pessoa. O ato sobra. Essa nobre confissão de ignorância é um modelo único de lealdade, de veracidade, de humanidade.

"Não penseis que vendo a loja (parece dizer naquelas poucas palavras do anúncio) por estar rico, para ir passear à Europa ou por qualquer outro motivo que à vista se dirá, como é uso escrever em convites destes. Não, senhor; vendo a minha loja de barbeiro por não entender do ofício. Parecia-me fácil a princípio: sabão, uma navalha, uma cara; cuidei que não era preciso mais escola que o uso, e foi a minha ilusão, a minha grande ilusão. Vivi nela barbeando os homens. Pela sua parte, os homens vieram vindo, ajudando o meu erro; entravam mansos e saíam pacíficos. Agora, porém, reconheço que não sou absolutamente barbeiro, e a vista do sangue que derramei faz-me enfim recuar. Basta, Carvalho (este nome é necessário à prosopopeia), basta, Carvalho! É tempo de abandonar o que não sabes. Que outros mais capazes tomem a tua freguesia..."

A grandeza deste homem (escusado é dizê-lo) está em ser único. Se outros barbeiros vendessem as lojas por falta de vocação, o merecimento seria pouco ou nenhum. Assim os dentistas. Assim os farmacêuticos. Assim toda casta de oficiais deste mundo, que preferem ir cavando as caras, as bocas, as covas, a vir dizer chãmente que não entendem do ofício. Este ato seria a retificação da sociedade. Um mau barbeiro pode dar um bom guarda-livros, um excelente piloto, um banqueiro, um magistrado, um químico, um teólogo. Cada homem seria, assim, devolvido ao lugar próprio e determinado.

(Machado de Assis, in A Semana)

■ BEIJOS

Esforçava-se para ser um homem moderno, mas tinha dificuldade com o protocolo. Não sabia, por exemplo, a quem beijar. Quando via aproximar-se uma conhecida do casal, perguntava para a mulher, apreensivo, com o canto da boca:

– Essa eu beijo?

Nunca se lembrava. Para simplificar, começou a beijar todas. Conhecidas ou não. Quando lhe apresentavam uma mulher, em vez do aperto de mão, lhe aplicava dois beijos. "Muito prazer!"

A quantidade era outro problema. Já tinha dominado os dois beijos, estava confortável com os dois beijos, quando a moda passou a ser três. A mulher, uma vez, observou:

– Não sabia que você era tão amigo da Leonor.

– Beijo todas.

– Mas quatro beijos!

– Me passei na conta.

Era difícil. Às vezes ele partia para o terceiro beijo e a beijada não esperava. Ou então ela esperava e ele não dava, e quando ele voltava para o terceiro ela já recuara. O problema da vida, pensava, é que a vida não é coreografada.

Aí os homens começaram a se beijar. Tudo bem. Seu lema passou a ser: se me beijarem eu beijo, mas não tomo a iniciativa. Sua vida social complicou-se. Quando chegavam numa reunião, fazia um rápido levantamento. Essa eu beijo duas vezes, essa três, esse me beija, esse não me beija, aquele já está me beijando três vezes... Quando, no seu grupo, as pessoas começavam a se cumprimentar com beijos na boca, ele se desesperou.

Naquela noite, na volta de uma festa de casamento, a mulher comentou:

– Você enlouqueceu?

– Me descontrolei, pronto.

– Você beijou todo mundo.

– Todo mundo estava beijando todo mundo.

– Você beijou homem na boca.

– Espera aí. Foi por engano. E foi um homem só.

– Mas logo o padre!

Tomado por uma espécie de frenesi, depois de beijar uma fileira de conhecidos e desconhecidos, ele dobrara o padre pela cintura e o beijara longamente, como no cinema antigo.

(Luís Fernando Veríssimo, in A Mulher do Silva)

TÍTULO I
DOS PRINCÍPIOS FUNDAMENTAIS

Art. 1º. A República Federativa do Brasil, formada pela união indissolúvel dos Estados e Municípios e do Distrito Federal, constitui-se em Estado Democrático de Direito e tem como fundamentos:

I – a soberania;

II – a cidadania;

III – a dignidade da pessoa humana;

IV – os valores sociais do trabalho e da livre iniciativa;

V – o pluralismo político.

Parágrafo único. Todo o poder emana do povo, que o exerce por meio de representantes eleitos ou diretamente, nos termos desta Constituição.

Art. 2º. São Poderes da União, independentes e harmônicos entre si, o Legislativo, o Executivo e o Judiciário.

Art. 3º. Constituem objetivos fundamentais da República Federativa do Brasil:

I – construir uma sociedade livre, justa e solidária;

II – garantir o desenvolvimento nacional;

III – erradicar a pobreza e a marginalização e reduzir as desigualdades sociais e regionais;

IV – promover o bem de todos, sem preconceitos de origem, raça, sexo, cor, idade e quaisquer outras formas de discriminação.

Art. 4º. A República Federativa do Brasil rege-se nas sua relações internacionais pelos seguintes princípios:

I – independência nacional;

II – prevalência dos direitos humanos;

III – autodeterminação dos povos;

IV – não intervenção;

V – igualdade entre os Estados;

VI – defesa da paz;

VII – solução pacífica dos conflitos;

VIII – repúdio ao terrorismo e ao racismo;

IX – cooperação entre os povos para o progresso da humanidade;

X – concessão de asilo político.

Parágrafo único. A República Federativa do Brasil buscará a integração econômica, política, social e cultural dos povos da América Latina, visando à formação de uma comunidade latino-americana de nações.

(Constituição da República Federativa do Brasil, de 5/10/88)

■ ENTREVISTA DE TELEVISÃO

– Boa noite, Doutor Alarico Pessoa Ventura de Abreu, Diretor do Departamento de Fiscalização Interna do Controle Administrativo do IAPETELEC.

– Boa Noite.

– Mais alto, Doutor Ventura.

– Boa Noite!

– Perguntas da equipe do nosso programa. O Departamento de Fiscalização Interno do Controle Administrativo do IAPETELEC tem por função fiscalizar e controlar. Dizem que o senhor vem aumentando seus recursos pessoais à medida que os recursos do Departamento diminuem. Doutor Ventura... O senhor fiscaliza mesmo ou está precisando de ser fiscalizado?

– Bem... Desde que assumi o cargo de Diretor...

– Em poucas palavras, Doutor Ventura.

– Creio que esta pergunta... Trata-se de uma...

– O senhor é proprietário de um apartamento e de um automóvel. Sua prosperidade já vinha de antes... ou depois de ser diretor, Doutor Ventura?

– O que o senhor chama de prosperidade...

– Doutor Ventura... Foi uma ventura para a sua vida ter sido nomeado?

– Devo preliminarmente esclarecer aos senhores telespectadores que minha nomeação...

– Em poucas palavras, Doutor Ventura.

– A circunstância de haver sido nomeado...

– O senhor prestou declaração de bens antes de ter sido nomeado?

– Bem... como eu dizia, devo minha nomeação exclusivamente...

– Prestou ou não prestou, Doutor Ventura?

– Creio que a esta pergunta eu poderia responder afirmando...

– O senhor é tido como um homem simples, honesto, trabalhador, bom pai de família, cidadão respeitável.

– Muito obrigado.

– Esta fama lhe custa muito dinheiro? Doutor Ventura... Quanto o senhor despende por mês para comprar o silêncio dos que o apresentam como homem de bem?

– Acho simplesmente que esta fama...

– Ou o senhor simplesmente ganhou fama e deitou-se na cama? Hein? Responda, Doutor Ventura. Mas, por favor, em poucas palavras.

– Se o ilustre entrevistador me permitisse...

– E por falar em cama: o senhor pode nos dizer se tem dormido bem ultimamente?

– Não entendo o que o senhor quer insinuar.

– O programa é sem censura, Doutor Ventura. Outra pergunta da nossa equipe. O seu nome todo é Alarico Pessoa Ventura de Abreu. Doutor Ventura... É verdade que o senhor adotou esse nome todo, mas na realidade nunca chegou a saber como se chamava o seu próprio pai?

– Sou oriundo de uma família...

– De uma família, Doutor Ventura? O senhor chama a isso de família? Última pergunta: com quantos paus se faz uma canoa?

–?

– Muito obrigado, Doutor Alarico Pessoa Ventura de Abreu, Diretor do Departamento de Fiscalização Interna do Controle Administrativo do IAPETELEC. Esta TV teve o máximo prazer em tê-lo em nosso programa.

(Fernando Sabino, in Quadrante 2)

■ O ANEL

Ao apanhar o filho à porta da escola, a advogada Naná viu as lágrimas escorrerem dos olhos jabuticaba da babá de um menino. Indagou-lhe a razão e soube que Lanncarly, 9 anos, sobrinha da pobre mulher, tinha câncer na perna. Trazida de Coronel Fabriciano para Belo Horizonte, os médicos cogitaram amputar o membro para evitar metástase.

Naná visitou a menina na Santa Casa. Lanncarly sofria dores atrozes na perninha inchada. Para salvar a menina, os médicos decidiram sacrificar a perna, cortada na altura da bacia.

Dia seguinte, Naná foi ver Lanncarly, por quem se afeiçoara por uma dessas Cristoincidências da vida. Pensava em consolá-la, mas encontrou a menina com um sorriso nos lábios, alegre por não mais sentir dor.

Como imaginar uma criança sem perna? Naná deu tratos à bola e procurou o que há de melhor. Encontrou a perna mecânica fabricada em Belo Horizonte por um alemão. Resistente e flexível à altura do joelho, o membro artificial desdobra-se para acompanhar o crescimento da criança. Contudo, o aparelho custava caro.

Naná juntou todas as joias de ouro que ganhara ao longo da vida, mandou fundi-las e transformar o metal num anel. Porém, o valor do anel não cobria o da perna mecânica. Persistente na solidariedade, Naná promoveu a rifa do anel entre parentes e amigos, amealhando recursos. Muitos talões foram comprados pelo irmão de Naná, o jornalista Chico Pinheiro.

Lanncarly recebeu a perna artificial, tão bem ajustada ao seu corpo que, agora, ela calçou os pés com um belo par de tênis e voltou a dançar ao ritmo da moda.

Há meses, Chico Pinheiro ganhou o anel na rifa e guardou-o como quem se gaba de seu troféu. Na noite de Natal, em casa de Esther e Antônio Pinheiro, presenciei a solidariedade de Naná coroada, durante a celebração familiar, pelo gesto magnânimo de Chico, que deu de presente à irmã o anel que recebera como prêmio.

Solidariedade é assim: só quem ousa mergulhar no escuro encontra a luz e é recompensado quem aceita perder para que o outro seja beneficiado. Generosidade calculada é barganha. De que valem as joias tão bem guardadas dos olhos cobiçosos dos ladrões se tamanho valor sonega a felicidade de tantos que deixariam de sofrer se contassem com uns poucos recursos?

(Frei Betto, in Estado de Minas, 25/1/01)

■ BELO HORIZONTE

O que me seduz e aflige em Belo Horizonte é mais de foro emotivo que realidade explicável. Aí nasci, aí me criei. Não posso precisar até onde andei pondo na curiosidade que me vem de fora as imaginações que respiram dentro de mim. Um coração atribulado.

Certamente, alguma coisa a razão percebe e distingue e relaciona; mas não me satisfazem os informes da História e da Sociologia. Gostaria de saber coisas que não pesam na balança dos estudiosos.

O azul de Belo Horizonte, por exemplo. Que significação tem o azul da minha montanha?

À maioria, minha preocupação parecerá frívola ou pretensiosa. A outros, entendedores dos truques da prosa, parecerá um jeito desastrado de tentar elevar liricamente este meu discurso. Assim, se contar com meia dúzia de pessoas solidárias comigo na indagação desse azul-celeste, não me sentirei sozinho. Sete pessoas procuram compreender o azul do céu de uma cidade, tarefa inútil ou ridiculamente preciosa aos olhos dos outros, mas verdadeira e emocionante para elas.

Que transformações singulares ele traz para os habitantes da cidade? Que tonalidade de sentimentos insinua nos espíritos? Que linguagem é o azul?

Por mais que respeite a erudição dos homens concretos, no plano social me oriente por ela, qualquer inquirição sobre o temperamento mineiro será incompleta para mim, caso não admita a influência do azul no povo de Minas.

Em mim, dado a comparações livrescas, o azul de Belo Horizonte é puro azul de Mallarmé. Azul malarmaico não define, antes amplia o segredo, enriquecendo-o de nuanças emocionais, tão mais abstratas quão mais real o seu vigor encantatório.

Assinalai do mestre francês todas as passagens referentes ao azul, e chegareis a um estranho conhecimento da aridez, do fracasso, do terror da experiência absoluta. Conquistareis para sempre um susto novo, um medo inédito. Mais do que isso, roçareis a sabedoria divinatória do azul, o que é mais completo, indizível e perfeito.

Coisas de poeta, dirão; coisas de poeta, repetirei com tristeza. Porque a minha dor e o meu despeito é não ser bastante poeta para contar com estilo de homem a verdade do azul e de outros mistérios.

(Paulo Mendes Campos, in Quadrante 2)

■ OS JOVENS E ZEUS

Jovem é uma palavra derivada do latim. E em latim se formou a partir de Jove (Júpiter), o mais poderoso dos deuses, aquele que os gregos chamavam de Zeus. A juventude, assim, estaria ligada à proteção divina.

A qual juventude se refere essa ação protetora? À condição do jovem de pouca idade ou à condição daquele que, independentemente da idade, mantém o espírito jovem?

O jovem (de pouca idade) tem à sua frente uma riqueza maior de possibilidades, mas carece de mais experiência, de maturidade, de um quadro de referências mais rico e mais bem trabalhado. Com frequência, é mais afoito. Nelson Rodrigues se irritava com os jovens e lhes dava o conselho irônico: "Jovens, envelheçam!"

Outros escritores, entretanto, percebem que, para se manter jovem independentemente da idade, o espírito precisa do entusiasmo, da rebeldia, da irreverência dos moços.

Jean Cocteau observava: "Assim como há pessoas que morrem jovens, há pessoas que nascem velhas." Nascer velho significa estar condenado a nunca ter o espírito jovem. Oscar Wilde fingia deplorar o espírito jovem dos jovens, para na verdade ridicularizar a hipocrisia de alguns velhos; reclamava, zombeteiramente: "Esses jovens de hoje não respeitam mais os cabelos tingidos!"

De certo modo, o espírito da juventude nos mais velhos depende sempre da juventude real, das manifestações do espírito jovem entre os jovens.

As sociedades estão sempre se modificando, historicamente. E as mudanças só se concretizam, de fato, quando os jovens as assumem, fazendo suas escolhas. As escolhas determinam o que as novas gerações decidem que deve mudar e o que deve continuar.

É em função dessas escolhas dos jovens que os educadores trabalham. Os educadores tratam de lhes transmitir os conhecimentos e as convicções que adquiriram. Com espírito jovem, contudo, devem alimentar a suspeita de que talvez as novas condições históricas venham a exigir novos critérios; e devem imaginar que talvez os jovens venham a questionar de maneira um tanto imprevisível o legado da experiência das gerações anteriores.

Às vezes, os jovens se impacientam, fazem e dizem bobagens. Mas às vezes, também, os representantes da experiência das gerações anteriores agem como perfeitos idiotas. Em alguns casos, se assustam; em outros, se mostram intolerantes. Assumem atitudes repressivas ou demagógicas; ameaçam os jovens ou tentam seduzi-los. (Não devemos esquecer que o hino dos fascistas na Itália era intitulado "Giovinezza", isto é, "Juventude".)

O diálogo é o único caminho razoável, mas é, por sua própria natureza, um caminho difícil. E ultimamente está ficando ainda mais difícil.

As mudanças na nossa vida têm se acelerado vertiginosamente nas últimas décadas. A facilitação das viagens e das comunicações, a televisão, os computadores e a internet transformaram antigos hábitos. O fim da União Soviética, a crise do socialismo, a afirmação dos Estados Unidos como única potência mundial, a Aids, os transplantes de órgãos, tudo se modifica à nossa volta.

Nesse quadro complexo e instável, os jovens, mal entram na arena das batalhas políticas e culturais, são desafiados a tomar decisões que só eles podem tomar. Os educadores precisam ajudá-los, levando-lhes conhecimentos adquiridos, mas também ouvindo-os, atentos aos protegidos de Jove (ou Júpiter).

Se essa relação deteriorar, se os educadores fracassarem e os jovens tomarem decisões equivocadas – Zeus nos proteja!

(Leandro Konder, in O Globo, 23/1/01)

■ ILUSÕES DA VIDA

Quem passou pela vida em branca nuvem,
e em plácido repouso adormeceu,
quem não sentiu o frio da desgraça,
quem passou pela vida e não sofreu,
foi espectro de homem, não foi homem,
só passou pela vida, não viveu!

(Francisco Otaviano, in Francisco Otaviano, de Xavier Pinheiro)

■ A ORIGEM DA PALAVRA NEGÓCIO

O trabalho nobilita o homem. Mas o diabo é que, depois que fica nobre, o homem não quer mais trabalhar. Assim, compreende-se por que a antiga aristocracia romana era a quintessência da malandragem. De fato, para ser nobre, naquela época, era preciso, antes de mais nada, viver de pernas cruzadas. O trabalho era um castigo próprio para escravos. Por isso, o nobre que prezava a sua estirpe e zelava pela sua linhagem não fazia absolutamente nada. O ócio era o prêmio dos deuses para os seus eleitos e deveria ser gozado com dignidade (*otium cum dignitate*).

É claro que essa vida parasitária e contemplativa, para ser mantida, exigia um exército de fâmulos e servos, enquanto para tratar dos penosos serviços de administração de seus bens os nobres empregavam procuradores, que, por via de regra, procuravam também para si. Não era de admirar, portanto, que algumas casas aristocráticas entrassem em crise ou mesmo se arruinassem. Neste caso, por força das circunstâncias, os nobres eram obrigados a fazer transações comerciais como os plebeus. Mas essas transações, de qualquer forma, eram consideradas, pela aristocracia, humilhantes e vergonhosas, pois representavam a negação do ócio, isto é, o "nec otium".

Eis aí a história secreta da palavra "negócio", pela qual, aliás, os nobres de hoje têm uma invisível predileção.

(Barão de Itararé, in Máximas e Mínimas do Barão de Itararé)

■ ELOQUÊNCIA SINGULAR

Mal iniciara seu discurso, o deputado embatucou:

– Senhor Presidente: não sou daqueles que...

O verbo ia para o singular ou para o plural? Tudo indicava o plural. No entanto, podia perfeitamente ser o singular:

– Não sou daqueles que...

Não sou daqueles que recusam... No plural soava melhor. Mas era preciso precaver-se contra essas armadilhas da linguagem – que recusa? – ele que tão facilmente caía nelas, e era logo massacrado com um aparte. Não sou daqueles que... Resolveu ganhar tempo:

–... embora perfeitamente cônscio das minhas altas responsabilidades,
como representante do povo nesta Casa, não sou...

Daqueles que recusa, evidentemente. Como é que podia ter pensado em plural? Era um desses casos que os gramáticos registram nas suas questiúnculas de português: ia para o singular, não tinha dúvida. Idiotismo de linguagem, devia ser.

–... daqueles que, em momentos de extrema gravidade, como este que o Brasil atravessa...

Safara-se porque nem se lembrava do verbo que pretendia usar:

– Não sou daqueles que...

Daqueles que o quê? Qualquer coisa, contanto que atravessasse de uma vez essa traiçoeira pinguela gramatical em que sua oratória lamentavelmente se havia metido logo de saída. Mas a concordância? Qualquer verbo servia, desde que conjugado corretamente, no singular. Ou no plural:

– Não sou daqueles que, dizia eu – e é bom que se repita sempre, senhor Presidente, para que possamos ser dignos da confiança em nós depositada...

Intercalava orações e mais orações, voltando sempre ao ponto de partida, incapaz de se definir por esta ou aquela concordância. Ambas com aparência castiça. Ambas legítimas. Ambas gramaticalmente lídimas, segundo o vernáculo:

– Neste momento tão grave para os destinos da nossa nacionalidade.

Ambas legítimas? Não, não podia ser. Sabia bem que a expressão "daqueles que" era coisa já estudada e decidida por tudo quanto é gramaticoide por aí, qualquer um sabia que levava sempre o verbo ao plural:

–... não sou daqueles que, conforme afirmava...

Ou ao singular? Há exceções, e aquela bem podia ser uma delas. Daqueles que. Não sou UM daqueles que. Um que recusa, daqueles que recusam. Ah! o verbo era recusar:

– Senhor Presidente. Meus nobres colegas.

A concordância que fosse para o diabo. Intercalou mais uma oração e foi em frente com bravura, disposto a tudo, afirmando não ser daqueles que...

– Como?

Acolheu a interrupção com um suspiro de alívio:

– Não ouvi bem o aparte do nobre deputado.

Silêncio. Ninguém dera aparte nenhum.

– Vossa Excelência, por obséquio, queira falar mais alto, que não ouvi bem – e apontava, agoniado, um dos deputados mais próximos.

– Eu? Mas eu não disse nada...

– Terei o maior prazer em responder ao aparte do nobre colega. Qualquer aparte.

O silêncio continuava. Interessados, os demais deputados se agrupavam em torno do orador, aguardando o desfecho daquela agonia, que agora já era, como no verso de Bilac, a agonia do herói e a agonia da tarde.

– Que é que você acha? – cochichou um.

– Acho que vai para o singular.

– Pois eu não: para o plural, é lógico.

O orador prosseguia na sua luta:

– Como afirmava no começo de meu discurso, senhor Presidente...

Tirou o lenço do bolso e enxugou o suor da testa. Vontade de aproveitar-se do gesto e pedir ajuda ao próprio Presidente da mesa: por favor, apura aí pra mim como é que é, me tira desta...

– Quero comunicar ao nobre orador que o seu tempo se acha esgotado.

– Apenas algumas palavras, senhor Presidente, para terminar o meu discurso: e antes de terminar, quero deixar bem claro que, a esta altura de minha existência, depois de mais de vinte anos de vida pública...

E entrava por novos desvios:

– Muito embora... sabendo perfeitamente... os imperativos de minha consciência cívica... senhor Presidente... e o declaro peremptoriamente... não sou daqueles que...

O Presidente voltou a adverti-lo de que seu tempo se esgotara. Não havia mais por onde fugir:

– Senhor Presidente, meus nobres colegas!

Resolveu arrematar de qualquer maneira. Encheu o peito e desfechou:

– Em suma: não sou daqueles. Tenho dito.

Houve um suspiro de alívio em todo o plenário, as palmas romperam. Muito bem! Muito bem! O orador foi vivamente cumprimentado.

(Fernando Sabino, *in* Para Gostar de Ler)

APÊNDICE

TERMOS DA ORAÇÃO

■ TERMOS ESSENCIAIS

1) **Sujeito**: termo do qual se declara alguma coisa.
2) **Predicado**: aquilo que se declara do sujeito. É o verbo e seus complementos, adjuntos ou predicativos.
   Ex.: O estudante pesquisou coisas interessantes.
   Quem pesquisou? O estudante, sujeito da oração. O restante (pesquisou coisas interessantes) é o predicado.

CLASSIFICAÇÃO DO SUJEITO

1) **Simples**: um só núcleo
   Ex.: O médico chegou cedo.
   Apareceu o ônibus.
   Alguém pediu ajuda. (O pronome é indefinido, mas o sujeito se diz simples.)
   Fiz minha parte. (Eu, sujeito simples, que está subentendido ou oculto.)
   A pessoa que entrou está nervosa. (O **que** é sujeito do verbo **entrou**; está substituindo a palavra **pessoa**: a pessoa entrou.)

2) **Composto**: mais de um núcleo.
   Ex.: Paulo e José são jornalistas.
   Eu e tu precisamos conversar.

3) **Indeterminado**: Existe, mas não se pode determinar; ocorre em dois casos:
a) Com o índice (ou símbolo) de indeterminação do sujeito (se).
   Ex.: Precisa-se de apoio. (com verbo transitivo indireto)
   Morre-se de fome. (com verbo intransitivo)
   Ficava-se alegre. (com verbo de ligação)
   Puxou-se da espada. (com verbo transitivo direto e objeto direto preposicionado)
   Obs.: Com verbo transitivo direto (sem objeto direto preposicionado) o sujeito é simples ou composto, e o **se**, partícula apassivadora (ou pronome apassivador).
   Ex.: Analisou-se a proposta. (sujeito simples: a proposta)
   Compraram-se a casa e o carro. (sujeito composto: a casa e o carro)

4) **Oração sem sujeito** (ou sujeito inexistente). Principais situações:
a) Com o verbo **haver** significando **existir** ou **indicando tempo**.
   Ex.: Houve muitas dificuldades.
   Há dias que não durmo. (A primeira oração não tem sujeito.)
b) Com o verbo **fazer** indicando tempo decorrido ou meteorológico.
   Ex.: Faz quatro anos que não viajo. (A primeira oração não tem sujeito.)
   Ontem fez vinte graus.
c) Com verbos de fenômenos da natureza.
   Ex.: Aqui chove muito.
   Ventou bastante pela manhã.
   Neva naquela cidade.
d) Com os verbos **ser**, **estar** e **ir** (este com a preposição **para**) indicando tempo.
   Ex.: Hoje são dez de junho.
   Está frio agora.
   Já vai para dois anos que não nos encontramos.

CLASSIFICAÇÃO DO PREDICADO

1) **Nominal**: com verbo de ligação e predicativo; o núcleo é o predicativo.
   Ex.: Minha avó está **tranquila**.
   ↓
   núcleo

   Obs.: Verbo de ligação é aquele que indica estado ou mudança de estado: ser, estar, parecer, ficar, continuar, permanecer, andar, tornar-se etc. Sem predicativo, são verbos intransitivos.
   Ex.: Júlia ficou admirada. (ficou: verbo de ligação)
   Júlia ficou no colégio. (ficou: verbo intransitivo)

2) **Verbal**: com verbo transitivo ou intransitivo, que é o núcleo.
   Ex.: Minha avó **leu** o livro.
   ↓
   núcleo

   Minha avó **viajou** ontem.
   ↓
   núcleo

3) **Verbo-nominal**: com verbo transitivo ou intransitivo mais predicativo do sujeito ou do objeto; tem dois núcleos.
   Ex.: Minha avó **leu** o livro **tranquila**.
   ↓   ↓
   núcleo   núcleo

   Minha avó **viajou** ontem **tranquila**.
   ↓   ↓
   núcleo   núcleo

PREDICATIVO

1) Do sujeito
   Ex.: O funcionário voltou <u>animado</u>.

2) Do objeto direto
   Ex.: Deixem o corredor <u>livre</u>.

3) Do objeto indireto
   Ex.: Ela gosta do filho <u>limpo</u>.

■ TERMOS INTEGRANTES

1) Objeto direto: complemento de verbo transitivo direto.
   Ex.: Resolvi <u>a questão</u>.
   Mostrei-<u>o</u> a todos.

CASOS ESPECIAIS

a) **Objeto direto preposicionado**: com preposição que o verbo não exige.
   Ex.: Cumpri <u>com meu dever</u>. (verbos cumprir, puxar, pegar, beber, comer etc.)
   Ninguém entende <u>a mim</u>. (Os pronomes oblíquos tônicos exigem preposição.)
   Não respeita <u>a ninguém</u>. (os pronomes indefinidos sempre admitem a preposição.)

b) **Objeto direto pleonástico**: repetição do objeto direto.
   Ex.: Meu amigo, ninguém <u>o</u> chamou.

c) **Objeto direto interno ou cognato**: com certos verbos normalmente usados como intransitivos.
   Ex.: Sonhei um sonho agradável.
   Vivo uma vida muito boa.

2) **Objeto indireto**: complemento de verbo transito indireto.
   Ex.: Todos carecem de afeto.
   Alguém lhe desobedeceu.
Obs.: Pode ser um dos complementos de um verbo transitivo direto e indireto.
   Ex.: Pedi ajuda ao amigo.
   Mandei-lhe dinheiro.

CASOS ESPECIAIS
a) **Objeto indireto pleonástico**: repetição do objeto indireto.
   Ex.: Ao professor, não lhe diga tal coisa.

b) **Objeto indireto de posse**: equivale a um pronome possessivo.
   Ex.: Tocou-me o braço. (= meu braço)
Obs.: Segundo alguns autores, a melhor classificação, aqui, é de adjunto adnominal.

3) **Complemento nominal**: complemento do substantivo (abstrato), adjetivo ou advérbio.
   Ex.: Não tenho dúvida disso.
   Estava certo da aprovação.
   Tudo foi feito favoravelmente a você.

> **OBSERVAÇÕES**
>
> a) O complemento nominal, às vezes, se confunde com o objeto indireto. Veja a diferença.
>
> - Necessito de apoio. (objeto indireto: completa o sentido do verbo.)
> - Tenho necessidade de apoio. (complemento nominal: completa o sentido do substantivo.)
>
> b) Pode também ser confundido com o adjunto adnominal. Veja, adiante, as diferenças.

4) **Agente da passiva**: aquele que pratica a ação na voz passiva; transforma-se no sujeito da voz ativa.

Ex.: A mesa foi pintada por meu tio. (Mudando a voz: Meu tio pintou a mesa.)

■ TERMOS ACESSÓRIOS

1) **Adjunto adnominal**: determinante do substantivo; é representado por:
a) artigo definido ou indefinido.
   Ex.: O lápis sumiu.
   Um menino te procurou.
b) adjetivo
   Ex.: O cão feroz fugiu.
c) numeral
   Ex.: Tenho três gravatas.
d) pronome adjetivo
   Ex.: Faça alguma coisa.
e) locução adjetiva
   Ex.: Comprei copos de papel.

Obs.: Este último caso, por vezes, se confunde com o complemento nominal. As principais diferenças são:

- Substantivo concreto pede adjunto adnominal.
  Ex.: Achei uma pasta de couro.

- Adjetivo e advérbio pedem complemento nominal.
  Ex.: A lata está cheia <u>de água</u>.
  Agi contrariamente <u>à sua opinião</u>.

- Quando a palavra-base vem de verbo, o termo é complemento nominal quando passivo; adjunto adnominal, se ativo.
  Ex.: A explicação <u>da matéria</u> foi excelente. (A matéria foi explicada: complemento nominal.)
  A explicação <u>do menino</u> foi excelente. (O menino explicou: adjunto adnominal.)

2) **Adjunto adverbial**: indica uma circunstância qualquer para o verbo; mais raramente pode ligar-se ao adjetivo ou a outro advérbio; é representado por:
   a) advérbio.
      Ex.: Cheguei <u>cedo</u>.
   b) locução adverbial.
      Ex.: Tremia <u>de frio</u>.
   c) pronome relativo.
      Ex.: O rio <u>onde</u> me lavei é limpo.

PRINCIPAIS ADJUNTOS ADVERBIAIS

a) Afirmação
   Ex.: Fiz <u>mesmo</u> a prova.

b) Negação
   Ex.: <u>Não</u> me viram.

c) Dúvida
   Ex.: <u>Talvez</u> faça calor.

d) Modo
   Ex.: Trabalhava <u>calmamente</u>.

e) Tempo
   Ex.: <u>Antigamente</u> havia muitos cursos.

f) Lugar
   Ex.: Passei a noite <u>em Recife</u>.

g) Intensidade
   Ex.: Ele fala <u>bastante</u>.

h) Causa
   Ex.: Chorou <u>de emoção</u>.

i) Meio
   Ex.: Iremos <u>de ônibus</u>.

j) Instrumento
   Ex.: Pintei <u>com o pincel</u>.

l) Condição
   Ex.: <u>Sem estudo,</u> não aprenderemos.

m) Concessão (ideia contrária, oposta)
   Ex.: <u>Apesar dos gritos</u>, ele não acordou.

n) De assunto
   Ex.: Conversavam <u>sobre coisas importantes</u>.

o) Fim ou finalidade
   Ex.: Vive <u>para o estudo</u>.

p) Conformidade (acordo entre a expressão e o verbo)
   Ex.: Agi <u>conforme as ordens</u>.

3) **Aposto**: termo de natureza explicativa que se liga ao substantivo ou pronome substantivo; os principais tipos são:
   a) Explicativo
      Ex.: Marcos, <u>o pedreiro</u>, está lá fora.

   b) Resumitivo
      Ex.: O homem, a mulher, as crianças, <u>todos</u> ficaram aliviados.

   c) Especificativo ou apelativo (nome de alguma coisa ou alguém)
      Ex.: O primo <u>Ricardo</u> formou-se.
      A cidade <u>de Nova Friburgo</u> tem ótimo clima.

   d) Relativo a uma oração (o, fato, coisa etc.)
      Ex.: Riam muito alto, <u>o</u> que nos incomodou demais.

■ VOCATIVO

Termo de natureza exclamativa que não pertence nem ao sujeito nem ao predicado. Serve para chamar algo ou alguém.

Ex.: <u>Meu filho</u>, não suba aí!

Vejam, <u>amigos</u>, que rua larga!

CLASSIFICAÇÃO DAS ORAÇÕES

■ ABSOLUTA
Única oração do período simples.
>**Ex.:** Olga recebeu um presente.

■ DESENVOLVIDA
Iniciada por conjunção ou pronome relativo.
>**Ex.:** É importante que se estude.

■ REDUZIDA
Iniciada por infinitivo (precedido ou não por preposição), gerúndio ou particípio.
>**Ex.:** É importante estudar.

■ COORDENADA
A que se liga a uma outra, também coordenada, sem lhe representar qualquer função sintática; pode ser:
1) **assindética**: sem conjunção
2) **sindética**: introduzida por uma conjunção coordenativa.
   >**Ex.:** Recebi meus amigos com alegria, e fomos todos para a cidade.

   1ª oração: Recebi meus amigos com alegria: coordenada assindética

   2ª oração: e fomos todos para a cidade: coordenada sindética

CLASSIFICAÇÃO DAS COORDENADAS SINDÉTICAS

a) **Aditivas**: iniciadas por e, nem etc.; expressam uma simples soma.
   Ex.: Cheguei da escola e procurei logo as minhas revistas.

b) **Adversativas**: iniciadas por mas, porém, contudo, todavia etc.; expressam uma ideia contrária em relação à coordenada assindética.
   Ex.: Falei muito alto, contudo ninguém me escutou.

c) **Conclusivas**: iniciadas por logo, portanto, pois (esta, ente vírgulas) etc.; indicam uma conclusão.
   Ex.: Fiz muito esforço, portanto mereço uma oportunidade.

d) **Alternativas**: iniciadas por ou, ou... ou, ora... ora, já... já etc.; indicam uma alternativa.
   Ex.: Ou estudas, ou serás reprovado.
   Obs.: As duas são sindéticas alternativas.

e) **Explicativas**: iniciadas por porque, pois, que etc.; expressam uma explicação ou justificativa.
   Ex.: Ele falou muito alto, porque está rouco.
   Obs.: Confundem-se, por vezes, com as subordinadas adverbiais causais. Veja as diferenças mais adiante.

■ SUBORDINADA

Oração que representa um termo sintático (sujeito, objeto direto, adjunto adverbial etc.) de uma outra, chamada principal.

Ex.: Ele disse que voltaria logo. (A oração é objeto direto da outra.)

CLASSIFICAÇÃO DAS SUBORDINADAS

1) **Adjetivas**: iniciadas por um pronome relativo (mais raramente por um pronome indefinido), funcionam como adjunto adnominal da oração principal.

Ex.: A casa que construí é grande. (**que construí** é adjunto adnominal de casa.)

As subordinadas adjetivas podem ser:
a) **Restritivas**: restringem o sentido do antecedente; não há vírgula antes do pronome relativo.
   Ex.: Chegou a pessoa que faltava.
b) **Explicativas**: assemelham-se a um aposto; há vírgula antes do pronome relativo.
   Ex.: Fernando, que é estrangeiro, sentiu-se deslocado.

2) **Substantivas**: iniciadas pelas conjunções integrantes **que** ou **se** (às vezes também por um advérbio ou um pronome interrogativos (onde, quem etc.); podem ser trocadas por **isto**.
   Ex.: Espero que todos compreendam. (Espero isto.)

As subordinadas substantivas podem ser:
a) **Subjetivas**: funcionam como sujeito da oração principal.
   Ex.: É importante que ninguém falte.
   Parece que vai chover.
b) **Objetivas diretas**: funcionam como objeto direto.
   Ex.: Não sei quem virá.
c) **Objetivas indiretas**: funcionam como objeto indireto.
   Ex.: Sempre aspirei a que todos ali se unissem.
d) **Completivas nominais**: funcionam como complemento nominal.
   Ex.: Estou certo de que tudo se acomodará.
e) **Predicativas**: funcionam como predicativo; vêm sempre após o verbo **ser**.
   Ex.: O ideal seria que pesquisassem mais o assunto.
f) **Apositivas**: funcionam como aposto; vêm geralmente depois de dois pontos.
   Ex.: Pediu algo: que o deixassem em paz.

3) **Adverbiais**: funcionam como adjuntos adverbiais; são iniciadas por uma conjunção subordinativa (menos as integrantes).
   Ex.: Quando amanheceu, o povo regressou. (**Quando amanheceu** é o adjunto adverbial de tempo da oração principal.)

As subordinadas adverbiais podem ser:

a) **Causais**: iniciadas por porque, como, pois, já que etc.
   Ex.: Sentiu-se mal porque fazia muito calor.

Obs.: Podem confundir-se com as orações coordenadas sindéticas explicativas. Veja os exemplos abaixo:

- Volte cedo, porque vai chover. (Depois de verbo no imperativo, a oração será coordenada explicativa.)

- A criança ficou feliz porque ganhou um brinquedo. (O fato de ganhar um brinquedo fez com que ela ficasse feliz: oração adverbial causal.)

- Ele chorou, porque os olhos estão vermelhos. (Trata-se de uma explicação ou justificativa para o que se afirmou: oração coordenada explicativa.)

b) **Condicionais**: iniciadas por se, caso etc.
   Ex.: Se me explicarem bem, entenderei tudo.

c) **Concessivas**: iniciadas por embora, mesmo que, ainda que etc.; expressam uma ideia contrária, oposta.
   Ex.: Ainda que pedisse, não seria atendido.

d) **Comparativas**: iniciadas por como, que, quanto etc.
   Ex.: Corre mais que um cavalo.

Obs.: O verbo geralmente é o mesmo da oração principal e fica subentendido.

e) **Conformativas**: iniciadas por conforme, como, segundo etc.
   Ex.: Fiz tudo como pedi.

f) **Consecutivas**: iniciadas por que (depois de tão, tal, tanto, tamanho).
   Ex.: Rodou tanto que ficou tonto.

g) **Finais**: iniciadas por para que, a fim de que etc.
   Ex.: Entrou para que ninguém o chamasse.

h) **Proporcionais**: iniciadas por à proporção que, à medida que, quanto etc.
   Ex.: Quanto mais se esforça, mais progride.

i) **Temporais**: iniciadas por quando, logo que, depois que, mal etc.
   Ex.: Logo que se formou, conseguiu emprego.

■ ALGUMAS ORAÇÕES REDUZIDAS

a) É necessário <u>colaborar com todos</u>.
Subordinada substantiva subjetiva reduzida de infinitivo

b) Ninguém gosta <u>de ser explorado</u>.
Subordinada substantiva objetiva indireta reduzida de infinitivo

c) <u>Apesar de ser inocente</u>, estava com medo.
Subordinada adverbial concessiva reduzida de infinitivo

d) Vivia <u>para trabalhar</u>.
Subordinada adverbial final reduzida de infinitivo.

e) Vi um garoto <u>brincando no jardim</u>.
Subordinada adjetiva restritiva reduzida de gerúndio.

f) <u>Sendo mais responsável</u>, você teria sido promovido.
Subordinada adverbial condicional reduzida de gerúndio.

g) <u>Terminado o ano letivo</u>, a família viajou.
Subordinada adverbial temporal reduzida de particípio.

■ PALAVRAS QUE INICIAM ORAÇÕES DIVERSAS

1) SE
a) Conjunção subordinativa integrante
   Ex.: Veja <u>se tudo está bem</u>. (oração subordinada substantiva objetiva direta)
b) Conjunção subordinativa condicional (= caso)
   Ex.: Jogarei <u>se deixarem</u>. (oração subordinada adverbial condicional)
c) Pronome reflexivo
   Ex.: Deixou-<u>se ficar na cadeira</u>. (oração subordinada substantiva objetiva direta reduzida de infinitivo)

2) DESDE QUE
a) Conjunção subordinativa temporal
   Ex.: Estava lá <u>desde que ele chegou</u>. (oração subordinada adverbial temporal)
b) Conjunção subordinativa condicional
   Ex.: Iremos, <u>desde que não chova</u>. (oração subordinada adverbial condicional)

3) COMO

a) Pronome relativo
   Ex.: Não gostei do jeito como me olharam. (oração subordinada adjetiva restritiva)

b) Advérbio interrogativo de modo
   Ex.: Ignoro como isso aconteceu. (oração subordinada substantiva objetiva direta)

c) Conjunção subordinativa causal
   Ex.: Como era tarde, resolvemos voltar. (oração subordinada adverbial causal)

d) Conjunção subordinativa comparativa
   Ex.: Era alto como o pai. (oração subordinada adverbial comparativa)

e) Conjunção subordinativa conformativa
   Ex.: Trabalhei como recomendaram. (oração subordinada adverbial conformativa)

f) Conjunção coordenativa aditiva
   Ex.: Tanto estuda, como trabalha. (oração coordenada sindética aditiva)

4) POIS

a) Conjunção coordenativa conclusiva
   Ex.: Trabalhou demais; estava, pois, esgotado. (oração coordenada sindética conclusiva)

b) Conjunção coordenativa explicativa
   Ex.: Fale baixo, pois não sou surdo. (oração coordenada sindética explicativa)

c) Conjunção subordinativa causal
   Ex.: Foi reprovado pois não se preparou adequadamente. (oração subordinada adverbial causal)

5) E

a) Conjunção coordenativa aditiva
   Ex.: Fui à escola e falei com o diretor. (oração coordenada sindética aditiva)

b) Conjunção coordenativa adversativa
   Ex.: Fui à praia e não tomei banho. (oração coordenada sindética adversativa)

6) MAS
a) Conjunção coordenativa adversativa
   Ex.: Corri muito, mas não me cansei. (oração coordenada sindética adversativa)
b) Conjunção coordenativa aditiva (não só... mas também)
   Ex.: Não só pinta, mas também escreve. (oração coordenada sindética aditiva)

7) QUANTO
a) Pronome relativo
   Ex.: Tudo quanto ganhei é honesto. (oração subordinada adjetiva restritiva)
b) Conjunção subordinativa comparativa
   Ex.: Fala tanto quanto a irmã. (oração subordinada adverbial comparativa)
c) Advérbio interrogativo de preço ou valor
   Ex.: Não sei quanto custa o livro. (oração subordinada substantiva objetiva direta)

8) ONDE
a) Pronome relativo
   Ex.: O bairro onde moro é elegante. (oração subordinada adjetiva restritiva)
b) Advérbio interrogativo de lugar
   Ex.: Desconheço onde está o material. (oração subordinada substantiva objetiva direta)

9) QUEM
a) Pronome relativo
   Ex.: Paula, de quem ouvi aquilo, viajou. (oração subordinada adjetiva explicativa)
b) Pronome interrogativo
   Ex.: Gosto de quem me respeita. (oração subordinada substantiva objetiva indireta)
c) Pronome indefinido
   Ex.: Isso é resposta de quem não quer nada. (oração subordinada adjetiva restritiva)

10) QUANDO
a) Conjunção subordinativa temporal
Ex.: Todos se animaram <u>quando o trem parou</u>. (oração subordinada adverbial temporal)
b) Advérbio interrogativo de tempo
Ex.: Ninguém me disse <u>quando eles egressariam</u>. (oração subordinada substantiva objetiva direta)
c) Pronome relativo
Ex.: O dia <u>quando nasceram</u> estava nublado. (oração subordinada adjetiva restritiva)

11) QUE
a) Pronome relativo
Ex.: A árvore <u>que plantei</u> já dá frutos. (oração subordinada adjetiva restritiva)
b) Conjunção coordenativa explicativa
Ex.: Não faça isso, <u>que é perigoso</u>! (oração coordenada sindética explicativa)
c) Conjunção coordenativa adversativa
Ex.: Peça isso a outra pessoa, <u>que não a ele</u>. (oração coordenada sindética adversativa)
c) Conjunção subordinativa comparativa
Ex.: Sempre trabalhou mais <u>que o amigo</u>. (oração subordinada adverbial comparativa)
d) Conjunção subordinativa consecutiva
Ex.: Era tamanho seu medo <u>que desmaiou</u>. (oração subordinada adverbial consecutiva)
e) Conjunção subordinativa causal
Ex.: <u>Doente que estava</u>, não pôde viajar. (oração subordinada adverbial causal)
f) Conjunção subordinativa concessiva
Ex.: <u>Doente que estivesse</u>, viajaria. (oração subordinada adverbial concessiva)

g) Conjunção subordinativa integrante

Ex.: É certo que voltarei. (oração subordinada substantiva subjetiva)

Obs.: Pode iniciar todas as outras orações subordinadas substantivas.

h) Pronome interrogativo

Ex.: Não sei que desejas. (oração subordinada substantiva objetiva direta)

i) Conjunção subordinativa final

Ex.: Faço votos que sejas feliz. (oração subordinada adverbial final)

EXERCÍCIOS

203) **Assinale a oração de sujeito simples.**
   a) Disseram coisas importantes.
   b) Adiantou-se o salário.
   c) Há problemas sérios na empresa.
   d) Falou-se em transformações radicais.

204) **Assinale a oração sem sujeito.**
   a) Volte cedo.
   b) Alugaram a casa.
   c) Está trovejando demais.
   d) Admitiu-se o erro.

205) **Marque a oração de predicado nominal.**
   a) Continuávamos ali.
   b) Tenho excelentes colegas.
   c) Elas pareciam bem esclarecidas.
   d) Augusto ficou no escritório.

206) **Marque a oração de predicado verbal.**
   a) Os estudantes regressaram agitados.
   b) Ninguém aqui é bobo.
   c) Ando triste.
   d) Ocorreu um fato novo.

207) **Assinale a oração de predicado verbo-nominal.**
   a) Adquiri um bom material naquela loja.
   b) O navio chegou carregado de soja.
   c) Tudo permanece igual.
   d) A grama foi aparada pelo jardineiro.

208) **Marque a opção sem objeto direto.**
   a) Ele o fez de manhã.
   b) Vi alguém no quintal.
   c) O artista pintou um novo quadro.
   d) A semente virou árvore.

209) **Marque a opção sem objeto indireto.**
   a) Anseio por sua chegada.
   b) Conversei com Rodrigo.
   c) Perdeu tudo com a seca.
   d) Gosta-se de lugares tranquilos.

210) **Marque a opção sem complemento nominal.**
   a) Refiro-me à nossa condição.
   b) Não fiz alusão àquele povo.
   c) Realizei a venda do apartamento.
   d) Não temos confiança nele.

211) **Marque a opção sem agente da passiva.**
   a) Era amado de todos.
   b) A sala tinha sido lavada por mim.
   c) Fui feito para você.
   d) A cão fora tratado pelo veterinário.

212) **Admiro** sua **persistência**, rapaz.
   Respectivamente, temos:
   a) predicativo e vocativo
   b) adjunto adnominal e aposto
   c) adjunto adnominal e vocativo
   d) adjunto adnominal e sujeito

213) **O primo** Alberto **tem um anel** de prata.
   Respectivamente, temos:
   a) adjunto adnominal e adjunto adnominal
   b) aposto e complemento nominal
   c) adjunto adnominal e complemento nominal
   d) aposto e adjunto adnominal

214) Com tinta vermelha **escrevi uma chorosa** carta.
   Respectivamente, temos:
   a) adjunto adverbial de meio e adjunto adnominal
   b) predicativo e núcleo do objeto direto
   c) adjunto adverbial de instrumento e núcleo do objeto direto
   d) objeto indireto e adjunto adnominal

215) **Depois do almoço, vi crianças no campo passeando alegremente com suas mães.**
Na frase acima, temos:
a) predicado verbal, 1 objeto direto e 4 adjuntos adverbiais
b) predicado verbal, 1 objeto direto 3 adjuntos adverbiais
c) predicado verbo-nominal, 1 objeto direto e 4 adjuntos adverbiais
d) predicado verbal, 2 objetos diretos e 4 adjuntos adverbiais

216) Dê a função sintática dos termos sublinhados.
1) O ônibus parou na esquina.
2) Havia poucas mulheres trabalhando.
3) Estou ansioso por sua vinda à nossa casa.
4) Arrependeu-se de tudo o infeliz.
5) Osvaldo, o eletricista, acaba de chegar.
6) Osvaldo, o eletricista acaba de chegar.
7) A realização da festa está ameaçada.
8) Nosso trabalho será analisado com carinho por todos os membros.
9) Só preciso de uma coisa: sua amizade.
10) Aqui não se conversa sobre religião.
11) Apesar da música alta, consegui dormir logo.
12) A história que nos contaram é verdadeira.
13) A felicidade a que aspiramos só depende de nós mesmos.
14) Colhemos boas uvas para o preparo do vinho.
15) Isto lhe será proveitoso.
16) Acariciei-lhe os cabelos.
17) Mandei-lhe um jarro chinês.
18) Esse jarro parece chinês.
19) Segundo as últimas informações, fará frio à noite.
20) Uma palavra especial – perdão – ele não consegue entender.
21) Um raio de luz penetrou-me o coração angustiado.
22) Com certeza, teremos de enfrentar adversários que jogam sujo.
23) Ela tem ânsia de paz.
24) Nada será possível sem sua ajuda.
25) Jamais entenderei o que ele pediu.
26) Ele não é responsável, o que impedirá sua promoção.
27) Considero-a responsável.
28) Quem pôs o manual naquela estante?
29) Nossa volta da Europa será antecipada.
30) Tu, amigo, serás chamado imediatamente.

217) **Fiz um ótimo trabalho, porém não fui aproveitado.**
Oração coordenada sindética:
a) aditiva
b) conclusiva
c) adversativa
d) explicativa

218) **Você entendeu o problema, logo já pode começar.**
Oração coordenada sindética:
a) adversativa
b) alternativa
c) aditiva
d) conclusiva

219) Assinale a oração coordenada sindética explicativa.
a) Pulou o muro e fugiu.
b) Estude, que a prova será difícil.
c) Bebeu muita água, mas continua com sede.
d) Ora ri, ora chora.

220) Assinale a opção que apresenta uma oração absoluta.
a) Levamos as crianças para o jardim.
b) Percebi que nada conseguiria.
c) É bom conversar.
d) Tudo que quero é silêncio interior.

221) Marque a frase com oração subordinada adjetiva restritiva.
a) Leve o que desejar.
b) Grite, que ele ouvirá.
c) Irritou o tigre, que é animal feroz.
d) Não sei quem é ele.

222) Assinale a frase com oração subordinada adjetiva explicativa.
a) Bebi o refresco que ele me deu.
b) Adoro o bairro onde resido.
c) Conheci Patrícia, que mora ao lado.
d) A mulher de quem lhe falei está no jardim.

223) **Parece que nada mudou.**
Oração subordinada substantiva:
a) predicativa
b) subjetiva
c) apositiva
d) objetiva direta

224) Tenho receio <u>de que roubem a bolsa</u>.
   Oração subordinada substantiva:
   a) predicativa
   b) objetiva indireta
   c) apositiva
   d) completiva nominal

225) O bom seria <u>que todos se amassem</u>.
   Oração subordinada substantiva:
   a) predicativa
   b) objetiva direta
   c) subjetiva
   d) objetiva indireta

226) Assinale o erro na análise da oração subordinada substantiva.
   a) Aposto <u>que ele virá</u>. (objetiva direta)
   b) Sabe-se <u>que faltará água</u>. (objetiva direta)
   c) Convém <u>que fiquem quietos</u>. (subjetiva)
   d) Não é possível <u>que queiram mais</u>. (subjetiva)

227) <u>Logo que nasceu o dia</u>, a caravana prosseguiu.
   Oração subordinada adverbial:
   a) causal
   b) temporal
   c) condicional
   d) final

228) Era tão alto <u>que tocava o teto da casa</u>.
   Oração subordinada adverbial:
   a) causal
   b) comparativa
   c) conformativa
   d) consecutiva

229) <u>À medida que o tempo passar</u>, você irá se acostumando.
   Oração subordinada adverbial:
   a) final
   b) temporal
   c) proporcional
   d) concessiva

230) <u>Mesmo que faltasse alguém</u>, o trabalho não seria interrompido.
   Oração subordinada adverbial:
   a) concessiva
   b) condicional
   c) comparativa
   d) causal

231) Só não há oração adverbial comparativa na alternativa:
   a) Viajo mais que você.
   b) Ele é forte como um touro.
   c) Portou-se como a mãe mandou.
   d) Tu te divertes tanto quanto eu.

232) **Marque o erro na análise da oração subordinada adverbial.**
a) Uma vez que todos concordaram, devolverei a proposta. (causal)
b) Caso a prova seja anulada, voltarei ao curso. (condicional)
c) Você será o escolhido, a menos que haja uma surpresa. (conformativa)
d) Como fazia frio, pegou o cobertor. (causal)

233) **Classifique as orações sublinhadas.**
1) Falou alto e ninguém ouviu.
2) A que ele perdeu era a melhor.
3) Quando cheguei, todos se aquietaram.
4) Nunca tive medo de que me expulsassem de lá.
5) Leu toda a obra do autor; tem, pois, competência para o cargo.
6) Desde que você queira, mudaremos a data.
7) Urge que nos aprontemos.
8) Abrimos todas as portas, a fim de que passasse o cheiro de mofo.
9) Todos quantos ali moram serão convidados.
10) A verdade é que escassearão os alimentos.
11) Conquanto tenha se esforçado, não alcançou o objetivo.
12) Não só caminha pela praia, mas também frequenta uma academia.
13) Desde que comecei meu trabalho, não conversei com o supervisor.
14) Alguém trouxe flores, porque o pátio está cheio de pétalas.
15) Apresento-lhe minha esposa, que também nasceu naquela cidade.
16) Necessitava muito de que o auxiliassem na tarefa.
17) Nem corre, nem joga futebol.
18) Apenas parou a chuva, as crianças recomeçaram a brincadeira.
19) Diga-nos aonde deseja ir.
20) Ali está o prédio cujo telhado foi reconstruído.
21) Farei o possível, se bem que não estou otimista.
22) Não se definiu quem poderá participar do concurso.
23) Agiu como um irresponsável.
24) Quanto menos você tenta, menos consegue.
25) Contentou-se com o que sobrou.
26) Fraco que era, não ergueu a pilastra.
27) É imprescindível que façamos a paz em nós mesmos.
28) Dirigi-me a ele assim que cheguei.
29) Era tal a sua dificuldade, que o colega o amparou.
30) Se desistirmos, seremos derrotados.
31) Não tinha noção de que aquilo era vital.
32) Seja sincero, pois é melhor.

33) Enviou um telegrama que diz tudo.
34) Visto que não fui convidado, ficarei em casa.
35) Por mais que me dedique, sou sempre preterido.
36) Só desejava uma coisa: que pudesse permanecer no grupo.
37) Pretendo chegar lá.
38) Fiz muita comida, entretanto quase ninguém comeu.
39) Segundo nos informaram, o incêndio já foi debelado.
40) Amemos a Deus, que nos concede a bênção da vida.

GABARITO

GABARITO 1
(QUESTÕES OBJETIVAS)

3 c	11 d	17 d
4 d	13 c	18 c
5 b	14 b	19 b
9 b	15 d	20 d
	16 a	

24
(1 c   2 a   3 b   4 d   5 c   6 b   7 d   8 a   9 d   10 c
11 c   12 d   13 b   14 d   15 a   16 c   17 d   18 d   19 b   20 c
21 a   22 d   23 c   24 c   25 b   26 b   27 a   28 d   29 b   30 d
31 a   32 c   33 d   34 b   35 d   36 b   37 b   38 a   39 c   40 d
41 d   42 b   43 a   44 c   45 d)

27 d	33 d	40 d
28 c	34 d	41 c
29 a	35 c	42 b
30 b	36 b	43 a
31 b	37 d	44 b
32 b	38 d	45 c
	39 c	

49
(1 c   2 d   3 d   4 a   5 c   6 c   7 a   8 c   9 d   10 a
11 c   12 b   13 d   14 b   15 c   16 a   17 c   18 b   19 c   20 d
21 d   22 a   23 c   24 b   25 b   26 d   27 c   28 a   29 b   30 a
31 c   32 c   33 a   34 d   35 c   36 d   37 d   38 a   39 a   40 c
41 d   42 d   43 b   44 a   45 d)

51 a	56 d	61 c
52 b	57 c	62 d
53 d	58 c	63 a
54 c	59 a	64 d
	60 c	

66
(1 b   2 b   3 d   4 c   5 b)

70
(1 c 2 d 3 c 4 a 5 b 6 a 7 c 8 d 9 c 10 a
11 b 12 c 13 a 14 d 15 c 16 a 17 d 18 d 19 b 20 b
21 c 22 d 23 b 24 a 25 b 26 b 27 d 28 d 29 d 30 b
31 c 32 a 33 c 34 a 35 c 36 c 37 b 38 c 39 d 40 d
41 c 42 a 43 d 44 c 45 b)

72 a 74 c 77 b
73 c 75 b 78 d
  76 d

80
(1 c 2 d 3 a 4 d 5 c)

84
(1 b 2 c 3 d 4 a 5 c 6 d 7 b 8 b 9 d 10 d
11 c 12 a 13 d 14 c 15 a 16 b 17 d 18 c 19 a 20 b
21 d 22 d 23 b 24 b 25 a 26 c 27 d 28 c 29 c 30 a
31 d 32 d 33 a 34 a 35 b 36 a 37 c 38 a 39 b 40 c
41 c 42 d 43 a 44 a 45 c)

85 c 93 a 102 c
86 c 94 c 103 d
87 a 96 c 104 c
88 d 97 d 105 a
89 a 98 d 106 b
90 d 99 d 107 c
91 d 100 b 108 c
92 b 101 c

111
(1 a 2 c 3 a 4 d 5 b 6 d 7 b 8 a 9 c 10 d
11 d 12 c 13 b 14 c 15 d 16 b 17 a 18 a 19 d 20 c
21 c 22 b 23 b 24 b 25 a 26 c 27 b 28 d 29 d 30 c
31 c 32 d 33 c 34 b 35 a 36 a 37 c 38 b 39 d 40 a
41 c 42 d 43 c 44 b 45 a)

112 c
113 c
114 d
115 c
116 a
117 d
118 b

119 c
120 a
121 d
122 b
124 c
125 d
126 a

127 d
128 b
129 d
130 c
131 a
132 b
133 d

136
(1 d 2 c   3 c   4 b   5 d   6 a   7 c   8 b   9 c   10 a
11 a 12 d 13 d 14 c 15 b 16 d 17 c 18 c 19 b 20 d
21 a 22 c 23 a 24 d 25 b 26 c 27 c 28 d 29 b 30 d
31 c 32 d 33 b 34 a 35 b 36 d 37 c 38 a 39 b 40 d
41 b 42 b 43 c 44 b 45 d)

138 c
139 c
140 d
141 a

142 c
143 c
144 d
145 d

146 b
147 c
148 d
149 a

152
(1 b 2 d   3 d   4 c   5 b   6 b   7 a   8 c   9 d   10 c
11 a 12 d 13 c 14 c 15 b 16 a 17 d 18 d 19 c 20 a
21 d 22 b 23 b 24 c 25 b 26 d 27 a 28 c 29 d 30 b
31 d 32 a 33 c 34 c 35 d 36 a 37 c 38 c 39 d 40 a
41 d 42 c 43 d 44 a 45 d)

153 c
154 d
155 c
156 c

157 b
158 b
159 d
160 d

161 a
162 b
163 b

168
(1 a   2 d   3 c   4 b   5 c   6 c   7 a   8 b   9 c   10 a
11 d 12 d 13 b 14 b 15 c 16 d 17 d 18 a 19 c 20 a
21 c 22 d 23 b 24 b 25 c 26 d 27 d 28 a 29 d 30 b
31 c 32 a 33 b 34 d 35 a 36 c 37 c 38 d 39 a 40 a
41 b 42 c 43 c 44 d 45 a)

170 c
171 b
172 d
173 a
174 c

178

(1 c	2 b	3 c	4 d	5 b	6 b	7 d	8 c	9 a	10 c
11 d	12 c	13 a	14 b	15 c	16 d	17 a	18 c	19 b	20 a
21 b	22 d	23 d	24 a	25 b	26 d	27 c	28 c	29 d	30 b
31 a	32 a	33 c	34 c	35 a	36 d	37 b	38 c	39 c	40 d
41 d	42 d	43 b	44 c	45 a)					

181 b		188 c		195 d	
182 d		189 b		196 b	
183 d		190 d		197 a	
184 c		191 b		198 c	
185 c		192 d		199 a	
186 d		193 c		200 c	
187 b		194 c			

202

(1 c	2 b	3 d	4 d	5 b	6 a	7 a	8 c	9 d	10 b
11 b	12 d	13 d	14 b	15 b	16 a	17 c	18 d	19 c	20 b
21 b	22 a	23 d	24 a	25 b	26 b	27 d	28 a	29 d	30 c
31 a	32 c	33 c	34 d	35 d	36 a	37 d	38 a	39 b	40 c
41 c	42 b	43 b	44 a	45 c)					

■ GABARITO 2

1) cipó – acarajé – armazém – boné – vatapá – carijós – vinténs – atrás – através
2) fácil – éter – clímax – órfã – pátria – vírus – rádom – álbuns – éden – júri
6) ajudá-la-emos – vê-la-ei – parti-lo-á – admiti-lo-íamos – pô-lo-ei
7) troféu – anéis – fogaréu – os sóis
8) Luís – ruído – ruíste – raízes – juíza – caístes – eu caí – proteína – baú – saímos
10) coroa, degrau, moita, só, ainda
12) bênção – miosótis – amável – cipó – mês – segredo – já – órfã – enérgico – abricó – sério – gás – centeio – vê-lo-ás – plateia – pudico – ananás – fênix – atraímos – retém – saímos – vezes – suíno – zênite – necropsia – crê – tênis – doce – pajé – crêramos – pangaré

21)
1. O copo que eu lhe trouxe está limpo.
2. Adquiri as revistas que ele elogiou.
3. Ninguém soube fazer os cálculos que resolveriam o problema.
4. O suco que bebemos estava sem açúcar.
5. Respondi à carta que Helena me enviou.
6. Este é o material de que preciso.
7. O exercício a que eu me refiro é fácil.
8. A lâmina com que ele se cortou é afiada.
9. A empresa por que sempre lutamos está progredindo muito.
10. A janela a que você se encaminhou estava suja.
11. O vestido que Paula alugou é branco.
12. Recebi um bilhete a que responderei logo.
13. Os navios que se aproximavam do porto estavam carregados.
14. Este é o chapéu com que saí.
15. Tudo que eles me propuseram era possível.
16. A empresa a que eu me dediquei por muitos anos progrediu muito.
17. Foi perfeita a orientação que recebemos na escola.
18. Falava de um acidente que ninguém percebera.
19. A comunidade a que ele tinha sido útil o abandonou.
20. A transportadora a que encomendei o serviço tem sede fora do Rio de Janeiro.

22)
1. O rapaz a quem enviamos a resposta disse a verdade. (ao qual)
2. Faltou ao serviço o tesoureiro de quem necessitamos bastante. (do qual)
3. O gerente com quem discuti continua esperando. (com o qual)

4. Havia naquela casa algumas pessoas a quem pedi ajuda. (às quais)
5. Eis aqui a mulher por quem lutarás. (pela qual)
6. A enfermeira a quem fiz referência terminou seu trabalho. (à qual)
7. Está lá fora o homem com quem gostaríamos de conversar. (com o qual)
8. É muito bonita a criança sobre quem lhe falei. (sobre a qual)
9. A médica em quem tinhas confiança está na Europa. (na qual)
10. Estava triste o jornalista de quem vocês se queixaram. (do qual)
11. A empresária com quem eu me aborreci sentiu-se mal. (com a qual)
12. Antônio é o caseiro a quem fiz o pagamento da quinzena. (ao qual)
13. A pesquisadora a quem dei preferência fez um excelente trabalho. (à qual)
14. O jornalista com quem você se comprometeu já entregou a matéria. (com o qual)
15. O pedreiro em quem sempre acreditei foi à minha casa pela manhã. (no qual)
16. Lúcia, de quem tenho saudades, escreveu-me. (da qual)
17. O sindicalista contra quem há um delicado processo vai ser entrevistado à noite. (contra o qual)
18. A costureira a quem prometi ajuda resolveu o problema. (à qual)
19. Pediu demissão o diretor a quem fizemos queixa. (ao qual)
20. A moça de quem jamais duvidei vai sair da cidade. (da qual)

23)
1. Comprei o cão cuja pata está machucada.
2. O jovem cuja namorada viajou escreveu a carta.
3. O cantor de cujas músicas gosto muito foi premiado mais uma vez.
4. A emissora cujos jornalistas são responsáveis noticiou o acidente.
5. Fiz uma prova cujo gabarito foi anulado.
6. Apareceu o trabalhador em cuja palavra confio.
7. A árvore cujo tronco foi atingido pelo caminhão continua viva.
8. Ganhei uma planta com cujas folhas é feito um chá saboroso.
9. O problema para cuja solução contribuí atormentou muita gente.
10. O cientista de cuja capacidade ninguém duvida trabalha naquele laboratório.
11. A mulher a cuja influência eu quis fugir deseja prejudicar-me.
12. A gravata cujas cores criticamos é italiana.
13. O deputado a cujo assessor propus uma nova rotina de trabalho não mostrou nenhum interesse.
14. Rodolfo, com cujo colega eu me aborreci, não disse nada.
15. O atendente cuja boa vontade a freguesa elogiou receberá um aumento de salário.
16. Está sorridente o atleta cujo desempenho foi satisfatório.
17. Carolina, cujo único prazer era ver televisão, acabou adoecendo.

18. Meu vizinho de cima, a cujos hábitos jamais aludi, é bem estranho.
19. Mostrou-me uma pesquisa cujo teor é sério.
20. Maurício, cujas ideias me desagradam, não teve culpa.

25)
1. animal
2. anexas
3. mesma
4. necessário
5. possível
6. obrigada
7. quite
8. bom
9. mesma
10. possíveis

26)
2. anexas
3. bastantes
5. sós
6. piscina
7. leso
8. menos
10. clara

46)
1. Calçaram a rua onde eu a conheci.
2. A fábrica onde você trabalha tem centenas de trabalhadores.
3. Perdi a carteira onde sua foto estava.
4. A cidade de onde viemos há um ano possui um clima agradável. (ou donde)
5. Há muitos estrangeiros no bairro aonde iremos amanhã.
6. A estante onde coloco meus cadernos será pintada novamente.
7. O lugar de onde vim é aconchegante. (ou donde)
8. Temos um hotel onde os artistas sempre se hospedam.
9. Gosto muito do clube aonde ele foi com os filhos.
10. O rio onde tomei banho tem águas limpas.
11. A vala onde o turista se sujou fica naquela estrada.
12. O bairro aonde iremos no sábado é muito afastado.
13. O piso onde meu filho escorregou estava ensaboado.
14. Dali avistávamos o precipício onde o ônibus caiu.
15. O estádio onde o jogo será realizado pertence ao município.
16. O vale onde o animal foi encontrado tem muita neblina.
17. A selva de onde eles procedem fica na África. (ou donde)
18. O caminhão onde o contrabando estava foi parado pela polícia.
19. Secou a fonte onde os cisnes nadavam.
20. O bolso onde pus as moedas estava furado.

47)
1. A árvore em que o pássaro fez ninho é muito antiga.
2. Ele fez uma pergunta na qual todos pensaram muito.
3. Osvaldo, cujo trabalho foi premiado, ficou bastante feliz.
4. Não encontrei a pasta onde deixei os documentos.
5. Todas quantas estão aqui serão aproveitadas.
6. A diretora a quem pedi emprego está na Europa.
7. Era muito difícil a tarefa sobre a qual exigi explicações.
8. Adquiri o dicionário que você recomendou.
9. Mariana, a cuja beleza estou escravizado, é colega de faculdade.
10. Traga-me o jornal onde li aquela notícia.
11. A partida à qual aludimos foi emocionante.
12. Os moradores a quem a associação impôs silêncio ficaram revoltados.
13. O tema que propus agradou a todos.
14. O ancião cuja conduta só podemos elogiar lançou a sua candidatura.
15. Gostava daquela rua onde as pessoas sempre se cumprimentavam.
16. Tudo quanto realizei teve o apoio da sociedade.
17. Dulce, a cujas virtudes inúmeras vezes fiz alusão, vive sozinha.
18. A festa pela qual estava ansiosa foi adiada.
19. O candidato em quem votei me decepcionou.
20. O clube a que não quis associar-me tem uma bela piscina.

48)
1. A história de que lhe falei é muito triste. (ou da qual)
2. O aluno cujo pai ficou doente faltou.
3. O diretor a quem você enviou o relatório mandou chamá-lo. (ou a que, ou ao qual)
4. A escultura com que fiquei impressionado está bem protegida. (ou com a qual)
5. Traga o papel onde coloquei minha assinatura. (ou em que, ou no qual)
6. Fiz o teste que você exigiu.
7. O pintor a quem aludimos alugou aquela sala. (ou a que, ou ao qual)
8. Aqui está a mulher por cujo amor sempre lutei.
9. Mostraram-me o canil onde meu cachorro ficou. (ou em que, ou no qual)
10. Conheci algumas pessoas com quem pude conversar. (ou com que, ou com as quais)
11. Meus livros, a que tenho muito amor, estão cheios de pó. (ou aos quais)
12. Apareceu o policial com cuja ajuda não pude contar.
13. No jarro há flores que precisam ser regadas. (ou as quais)
14. Encontrei na estação o arquiteto a quem a valise pertence. (ou a que, ou ao qual)
15. Na escrivaninha há um estojo onde vocês encontrarão o anel. (ou em que, ou na qual)
16. Meu sobrinho, em cuja casa residi, é excelente pessoa.
17. O céu estava repleto de estrelas que piscavam suavemente. (ou as quais)
18. As roupas de que ele se desfez eram muito velhas. (ou das quais)
19. Conheço naquele bairro uma senhora cuja alegria contagia a todos.
20. Admiro o jornaleiro a quem mandaste o recado. (ou a que, ou ao qual)

50)
1. haverá
2. existem
3. houve
4. pode
5. podem
6. faz
7. deve
8. embarcaram
9. embarcou ou embarcaram
10. falta
11. faltam
12. falta ou faltam
13. comprou
14. compraram
15. construirá
16. construirão
17. gosta
18. comem
19. leem
20. precisa

55)
1. erramos
2. errou ou erramos
3. bateram
4. bateram
5. bateu
6. viajaremos
7. viajareis ou viajarão
8. vencemos
9. venci ou vencemos
10. conseguiu
11. conseguiram
12. contam
13. conta
14. festejava ou festejavam
15. festejava
16. resolverá
17. resolveremos ou resolverão
18. ajudará
19. era ou eram
20. serão
21. será
22. são
23. são
24. é
25. parecem
26. parece
27. parece
28. parece
29. parece
30. parece

65)
1. por que
2. por que
3. porque
4. porque
5. porquê
6. por que
7. por quê
8. porquê
9. porque
10. porque
11. por que
12. por quê

67)
1. Carlos não teve percepção do perigo.
2. O garoto tem muita admiração por seus pais.
3. Ele quer a resolução imediata do problema.
4. Lutemos para a edificação da paz em nós mesmos.
5. Desejávamos a pronta paralisação de todas as atividades econômicas.
6. Os políticos procuravam o total envolvimento dos fazendeiros do Amapá na trama.
7. Tentemos o cabal aproveitamento das suas explicações.
8. É necessário o correto manuseio do aparelho.
9. É proibida a permanência de estranhos na seção. (ou É proibido permanência...)
10. O escritor fez alusão ao casamento da irmã.
11. Ele não tentará a condução clara do processo.
12. Esperamos melhor posicionamento dos zagueiros no segundo tempo.

68)
1. Paulo e José, participantes da festa, nada viram de anormal.
2. Encontrei teu sobrinho, leitor de todos os meus artigos.
3. Pessoas amantes da natureza são especiais.
4. Os supervisores desse departamento não podem faltar.
5. As atividades mais agradáveis aos nossos visitantes são os passeios pelo bosque.
6. Márcio, meu ajudante usual, fala várias línguas.
7. As pessoas carentes de afeto são normalmente humildes.
8. Trabalham naquela sala os funcionários estáveis.
9. Os assinantes de nosso jornal receberão em casa boletos pagáveis em qualquer agência bancária.
10. Os opressores do povo devem ser punidos com a cassação.
11. Conheci no exterior os herdeiros de sua fortuna.
12. Aprecio as crianças orientadoras dos colegas inexperientes.

69)
1. O cientista apelou dramaticamente às autoridades.
2. O pianista concertará naquele teatro.
3. O filho continuará a obra do pai.
4. Estimava a construção em trinta mil reais.
5. Cederá aos credores inúmeros bens imóveis.
6. Opinamos com muita sinceridade. (ou muito sinceramente)
7. Espero que ele contribua satisfatoriamente.
8. Não dissolva precipitadamente a sociedade.

9. O investidor se posicionou quanto ao caso.
10. Ninguém queria que ele manobrasse tão arriscadamente.
11. O agricultor pressionava para obter as verbas.
12. Consultou os economistas visando a esclarecer antigas questões.

71)
1. trans. indir
2. trans. dir.
3. intrans.
4. lig.
5. intrans.
6. rans. dir. indir.
7. trans. indir.
8. trans. dir.
9. trans. dir.
10. trans. dir. indir.
11. lig.
12. intrans.
13. intrans.
14. trans. dir.
15. trans. dir. indir.
16. trans. indir.
17. intrans.
18. trans. dir.
19. trans. dir. indir.
20. lig.

79)
1. ao jogo
3. às questões
5. a uma
7. o recepcionista de que
(ou ao recepcionista que)
8. ao bem
10. necessariamente uma repreensão
11. ao funcionário
13. ao concerto
16. ao acordo
19. à ópera

81)
1. sem vergonha
4. sem-número
5. cabeça chata
7. cabra-cega
9. dois quartos
11. bom-bocado
13. sem terra

82)
1. O rio e a floresta são importantes para nossa cidade. Aquele porque nos dá a água que bebemos; esta por causa de seu oxigênio.
2. O pai e a filha estavam conversando. Esta sorria bastante; aquele estava sério.
3. Depois do almoço, as senhoras procuraram o supervisor do projeto, julgando que seriam necessárias algumas modificações. Este, sensibilizado, concordou; aquelas, felizes, agradeceram.

4. A jovem e o namorado passeavam pela praça. Aquela se sentiu mal; este foi pedir ajuda em uma delegacia.
5. Estavam na varanda Antônio e seu primo. Aquele quis jogar futebol; este gostou muito da ideia.
6. Gosto muito de camomila e erva-cidreira. Aquela é calmante; esta combate a gripe.
7. O surfista e o salva-vidas conversavam sobre o acidente. Aquele estava muito nervoso; este, ao contrário, indiferente. (ou estava indiferente)
8. Ganhei dois presentes: uma camiseta e um boné. Aquela me agradou; este, não. (ou este não me agradou)
9. Vi duas pessoas conhecidas no mercado: a vizinha do quarto andar e uma tia do Méier. Aquela fala excessivamente; esta, ao contrário, parece muda.
10. Adoro massas e frutas. Estas são muito saudáveis; aquelas, no entanto, fazem engordar.
11. O vento forte e a chuva fina provocarão o adiamento da festa. Aquele poderá derrubar as barracas, que são muito fracas; esta estragará os enfeites, todos feitos de papelão.
12. Encontrei Rômulo e Teresa no parque. Esta estava brincando com os peixinhos; aquele, fotografando pássaros.

83)
1. O cão e o lobo têm vozes diferentes. O primeiro late; o segundo uiva.
2. Adolfo e Ricardo estão felizes. O primeiro arranjou emprego; o segundo foi promovido.
3. Chegaram alegres Augusto e Luciano. O primeiro porque seu time venceu o jogo; o segundo porque conseguiu uma namorada.
4. A mestra e a aluna estão realizando pesquisas importantes. A primeira, no campo da comunicação; a segunda, no da informática.
5. Perdi o documento de identidade e o título de eleitor. O primeiro foi encontrado, dias depois, por um garotinho; o segundo, infelizmente, não consegui recuperar.
6. Henrique e João Carlos chegaram há pouco do Ceará. O primeiro está na piscina; o segundo, no jardim. (ou está no jardim)
7. Repreendi severamente meu filho e meu sobrinho. O primeiro, porque saiu sem avisar; o segundo, porque, sendo mais velho, não procurou evitar.
8. Havia duas pessoas na sala: o gerente de produção e o tesoureiro, ambos bastante preocupados. O primeiro explicava o mau desempenho dos funcionários; o segundo, em silêncio, tentava descobrir uma solução.
9. Ofereceu-me chocolate e bolinho de bacalhau, mas fui obrigado a recusar.
O primeiro estraga os dentes; o segundo faz subir a pressão.
10. Bruno e Adalberto foram juntos ao jogo. O primeiro pagou os ingressos; o segundo, os lanches. (ou pagou os lanches)

95)
1. a que
2. ao chefe
3. ao bem-estar
4. onde
6. o aroma
7. a que
8. informei-o de que (ou informei-lhe que)
10. para eu
11. na avenida
12. de o garoto
13. não implicará grandes
15. o aprecio
16. custa-me aceitar
17. muita gente assistiu ao jogo
19. prefiro brincar a conversar
20. à contagem
21. ao questionário
23. ao jornaleiro
25. contra ti
26. após mim
27. ao juiz
29. à novela
30. ao acampamento

109)
1. O hino nacional (ou brasileiro) é maravilhoso.
2. Foi um bom dia.
3. Na vez anterior, ele saiu-se melhor.
4. Irei já (ou Vou já)
5. Ele marca animais naquela fazenda. (ou Gado ele marca naquela fazenda.)
6. Não pense jamais nisso. (ou Nunca pense nisso)
7. Se você precisa viajar, pelo menos não seja agora.
8. Alfredo tinha dado uma resposta.
9. Uma das mãos está sangrando.
10. Linha ele joga no lixo.
11. Ela não ama as minhas ideias. (ou Ela não gosta das minhas ideias)
12. Você bebe muito café.
13. Pagou cem reais por lote grande
14. Dá ainda para aprender.
15. Quero amar você. (ou Quero-a amar, ou Eu a quero amar)

110)
1. Da varanda da sua casa, assistiu ao incêndio.
   Assistiu ao incêndio ocorrido na varanda da sua casa.
2. Ela, nervosa, deixou a irmã.
   Ela fez com que a irmã ficasse nervosa.
   Ela deixou a irmã ficar nervosa. (terceiro sentido)
3. Ele, correndo muito, conseguiu pegar o ônibus.
   Ele conseguiu pegar o ônibus, que corria muito.

4. O menino limpo comeu um peixe.
   O menino comeu um peixe que estava limpo.
5. Ao ler o rascunho da redação, e você não pode deixar de lê-lo, aplique os conhecimentos adquiridos.
   Ao ler o rascunho da redação, o qual você não pode deixar de fazer, aplique os conhecimentos adquiridos.
6. Tome cuidado com as frases que possuam conectores. O sentido deles é importante.
   Tome cuidado com as frases que possuam conectores. O sentido delas é importante.
7. Colocamos um anúncio no jornal, e isso nos ajudou muito.
   Colocamos, no jornal que nos ajudou muito, um anúncio.
8. À noite fiz bolinhos de bacalhau para eles comerem.
   Fiz bolinhos de bacalhau para, à noite, eles comerem.
9. Antônio, filho de José, trabalha em Brasília.
   Antônio é filho de José, que trabalha em Brasília.
10. O menino ganhou uma bola, que pretende usar logo, e uma bicicleta.
    O menino ganhou uma bola; também uma bicicleta, que pretende usar logo.
11. Eis o retrato da mulher da qual lhe falei.
    Eis o retrato da mulher do qual lhe falei.
12. Ela, quando já estava cansada, encontrou a irmã.
    Ela encontrou a irmã quando esta já estava cansada.

123)
1. à beira
3. às alunas
5. à direita, à porta
6. àquela hora, a ela
7. a Portugal
8. a meditar
10. à que
11. àquele
12. a cada
13. à disposição
16. a qualquer
18. a cem
19. a Vossa Excelência
20. a caminho
21. a cadeia
22. à que
25. às escuras
26. a deputada
27. à lei
28. à garçonete
29. a Cuba
30. a evidente
32. à peça
33. a Sua Senhoria
35. a averiguar

134)
oc-ci-pi-tal
ci-sal-pi-no
pers-pec-ti-va
jo-ei-rar
su-bli-más-seis

psi-co-gra-fi-a
pai-sa-gis-ta
su-bar-ren-dar
es-toi-ci-da-de

135)
1. Essa
2. Aquela
3. Esta
4. este
5. Essa
6. Isto

7. Esse
8. Isso
9. Isto
10. Aquilo
11. aquele
12. este

137) anzóis – túneis – projéteis – projetis – sabões – éteres – clímax – limõezinhos – avestruzes – obuses – atlas – ferozes – escrivães – seniores – látex – males – florezinhas (ou florzinhas, ou florinhas) – meles (ou méis) – pagãos – sóis – sós – gravidezes – pasteizinhos – barris – pires – caracóis – sutis – súteis – cidadãos – caracteres – mãos – cônsules – possíveis – cânceres – troféus – papéis – arrozes – azuis – ilusões – casais – xérox – xerox

150)
1. metáfora
2. metonímia
3. sinestesia
4. elipse
5. hipérbole
6. hipálage
7. pleonasmo
8. zeugma
9. eufemismo
10. antítese

11. metáfora
12. metonímia
13. prosopopeia
14. hipérbole
15. pleonasmo
16. eufemismo
17. metáfora
18. antítese
19. metonímia
20. prosopopeia

151) Resposta livre

164)
1. O padeiro foi chamado por meu avô.
2. A prova será feita por poucos no domingo.
3. O apartamento foi alugado.
4. Que o muro seja construído pelo operário.

5. Se o navio for consertado pelos marinheiros.
6. Aquela estátua era admirada por muita gente.
7. O perigo fora percebido por Paulo.
8. A notícia tinha sido lida por todos.
9. A notícia estava sendo lida por todos.
10. A notícia foi lida por todos.
11. Verduras são compradas por ti.
12. A roupa seria passada pela empregada.

165)
1. Ela te ama.
2. Ela o ama.
3. O gerente deveria enviar as cartas.
4. O gerente enviaria as cartas.
5. Que o artista pinte um novo quadro.
6. Quando o sambista compuser a música.
7. Todos me estimam naquela família.
8. Eu te avisara.
9. O novo autor alterará a novela.
10. Se os pintores retratassem a paisagem com fidelidade.
11. Ontem a turma nos viu.
12. Tu lavavas o carro.

166)
1. Afrodite
2. Jornal do Brasil
4. Queda
6. Clássica
7. Excelentíssimo Senhor Prefeito
8. Via Láctea
10. Setembro
12. O Dia
16. Caixa
17. Sua Excelência

167) Resposta livre

169)
1. o machucou
2. Informaram-me
3. Dir-te-ei
4. me pedisse
6. o mandaria

7. lhe falei
8. Em se tratando
9. Explique-me
11. me solicitaste
12. preocupo-me
13. lhe será
14. dirigindo-me
18. me viu
21. te encontrarei
23. Tenho-lhe avisado
27. te pretendo esquecer (ou pretendo esquecer-te)
28. Quero-lhe desagradar (ou Quero desagradar-lhe)
31. Não lhe quero desagradar (ou Não quero desagradar-lhe)
34. Tinham-nos auxiliado
35. Tinham-nos auxiliado

175)
1. Colégio Militar
3. Portaria
5. Biblioteca Nacional
6. lei
7. rio
11. Igreja
20. Idade Média
12. de
13. Receita Federal
15. oceano
16. Código Civil Brasileiro
18. Casa da Moeda
19. maio

176)
1. A pessoa apresentada por mim adoeceu.
2. O homem esforçado progride.
3. Rodolfo, brasileiro, não gostou da brincadeira.
4. Convém todos comparecerem.
5. Falou muito alto, atitude incorreta.
6. Carlos é pintor; José, veterinário.
7. A pessoa que chegou e disse estar sonolenta saiu.
8. Eis (ou aqui está) o funcionário que eu disse morar em Bangu.
9. Desejo a ajuda de todos. (ou Desejo todos me ajudem)
10. Gostaríamos que entendessem a inutilidade da mudança.
11. Reconheceram-me na loja e quase me agrediram.
12. A escola de minha lembrança é aquela onde aprendi as primeiras letras.

13. Reconheço ter alguma dificuldade.
14. Caiu porque correu tanto.
15. Não tive felicidade naquele tempo.
16. Trouxemos um papagaio falador.
17. O que trazes contigo terá utilidade no trabalho?
18. Ele é um indivíduo respeitador das leis.
19. Não importa quem virá, mas quem trabalhará.
20. Tenho de chegar cedo.
21. Quem faz exercícios tem mais saúde.
22. Jamais conheci alguém tão esquisito.
23. Não venha tarde, pois vai chover.
24. Emprestou-nos a apostila para estudarmos juntos.
25. Publicarão a história escrita por mim.
26. Diga-me quem precisa de dinheiro.
27. As pessoas amantes da natureza não jogam lixo nos rios.
28. A quem pertence a revista em teu colo?
29. Já ergueram a casa derrubada pelo avião.
30. Embora estivesse doente, faria a viagem.

177)
1. A população mundial aumenta assustadoramente, porém (mas, no entanto, contudo etc.) os governos nada fazem para reduzir a fome que se avizinha.
2. Já que ele é inteligente, poderá resolver o problema.
3. Por estar desempregado, começa a entrar em desespero.
4. Voltou suado, portanto precisa de um banho. (ou precisa, pois, de um banho)
6. Em virtude de (ou por causa de) tudo o que a firma me fez de ruim, irei imediatamente à justiça.
7. Aceitarei a sua proposta, posto que ela me pareça absurda. (ou Não aceitarei a sua proposta, porque – ou porquanto – ela me parece absurda.)
8. Conquanto estivessem cansados, o sargento ordenou que prosseguissem.
10. Conquanto tenha chegado cedo, perdi o início do jogo.
11. Por mais que eu estude, nunca entendo aquelas lições.
13. Quis ajudar, se bem que ninguém precisasse.
14. Havia tanta gente junto ao estreito portão, que parecia impossível o imediato acesso ao interior. (ou que não parecia possível)
15. Como ia chover, quis pegar o guarda-chuva. (ou Como não ia chover, não quis pegar o guarda-chuva)

16. Não sabia bem aquele idioma, por conseguinte jamais conseguiria a vaga de tradutor. (ou Sabia bem aquele idioma, porém jamais conseguiria a vaga de tradutor)
17. Ainda que escrevesse a carta, não conseguiria convencê-lo.
19. Sempre foi o primeiro da turma. Assim, estava apto a passar no vestibular.
20. Uma vez que tinha trazido tanta comida, resolveu alimentar os pobres do lugar. (ou Embora tenha trazido tanta comida, resolveu não alimentar os pobres do lugar)

179)
1. Ele gritou, mas ninguém ouviu.
2. Tenho maçãs, laranjas, goiabas e pêssegos.
3. Antes do almoço, as colegas conversavam bastante.
4. Carregou o piano, porque era forte.
5. Porque era forte, carregou o piano.
6. Preferiu estudar à tarde, deixando o trabalho para a noite.
7. As crianças pediram refrescos, no entanto não foram atendidas.
8. Descansados, os jogadores fizeram uma boa partida.
9. Falou pouco, brincou menos ainda.
10. A Física, ou melhor, a Matemática era a sua grande paixão.
11. Os pedreiros, os serventes, os engenheiros buscavam fazer o melhor possível.
12. Se andarem ligeiro, alcançarão a caravana, o que tranquilizará os organizadores da festa.
13. Ninguém esperava que, com medidas tão antipáticas, ele viesse a prejudicar tantas pessoas.
14. O jovem chamou os amigos e, para surpresa geral, disse que se casaria logo.
15. Com o aumento dos impostos, decisão que chocou os contribuintes e desagradou aos adversários políticos, o governo confirmou que nada tem de popular.
16. O tigre, que é um animal perigoso, deve ficar isolado, para que os visitantes do zoo não corram quaisquer riscos.
17. Amigo, precisamos de uma participação mais ostensiva, ousada, inteligente.
18. Vejamos se, com as solicitações do eleitorado, ele se dispõe a alterar o projeto.
19. Como foi combinado, estou-te trazendo as informações necessárias ao que pretendes escrever.
20. Entregou ao cliente as notas fiscais e, para que não restassem dúvidas, despachou, imediatamente, as mercadorias.

180)
1. Só desejava uma coisa: paz.
2. Quem, contrariando determinações superiores, encomendou o papel?
3. Quanta desgraça, meu Deus!

4. Ignoro qual foi o resultado, portanto ficarei em silêncio.
5. Eu tinha três pedidos a fazer; ela, mais de dez.
6. Disse Napoleão: "Elevamo-nos acima daqueles que nos ofendem, perdoando-lhes."
7. Recebeu muitos elogios; estava, no entanto, triste.
8. Puxa! Você ainda não entendeu?!
9. Alguém, um amigo, resolveu ampará-lo.
10. Estava escrito na porta: "A fé remove montanhas."
11. Ainda que estivesse para chover, foi ao jogo de boliche.
12. Respondi a seu pai que não haveria necessidade de tanto planejamento, porque, pelo que pude observar, todos já sabiam exatamente o que fazer.
13. Afirmou Confúcio: "Há pessoas que choram por saber que as rosas têm espinhos; outras há que gargalham de alegria por saber que os espinhos têm rosas."
14. – Posso dizer uma coisa?
    – Pode, mas seja discreto.
15. Rio de Janeiro, 8 de dezembro de 2000.
16. Não se vive sem ar, sem luz, sem pão, sem amor.
17. Desconheço quem lhe contou o incidente.
18. Glória, poder, dinheiro, todas as coisas materiais passam.
19. Caiu, mas não se machucou.
20. Minha mãe, que é muito sensível, percebeu o perigo, e meu pai chamou a polícia.

201)
1. Os homens que falam só a verdade aos filhos dão exemplo de boa conduta em sociedade.
2. Quando o português de família rica, famosa e influente, chegou ao Brasil, estabeleceu-se como borracheiro e logo dominou o mercado.
3. Tenho várias camisas no apartamento; meu irmão, apenas uma.
4. Encontramos teu amigo e o pai na escola.
5. Notei que seus avós ficaram felizes porque você foi aprovado e não perdeu a humildade.
6. O tumulto criado pelo irmão tornou-se um grande problema para a família.
7. Naquela fria noite, todos puderam perceber que faltaria alimento para os animais da fazenda.
8. Antigamente não havia computador, tevê a cabo e telefone celular, mas nem por isso o homem era infeliz.
9. Apesar da chuva torrencial e dos trovões assustadores, o garoto queria sair para jogar futebol.
10. Tudo será feito como ele recomendou.
11. Aqui ele nasceu e morrerá.

12. Os operários, revoltados com os patrões e o governo, resolveram, depois de desgastantes reuniões, paralisar as atividades.
13. Após as aulas, os mestres disseram ao coordenador que estavam preocupados com a disciplina.
14. A realização do evento estava sob a responsabilidade de um grupo que não possuía nenhuma experiência no assunto.
15. Os cientistas não quiseram participar da pesquisa por não se tratar de um campo apropriado para eles.
16. Ele tem dois colegas tolos naquela cidade.
17. Há pássaros na árvore e na piscina. Não sei se devo alimentá-los.
18. No início da excursão, os turistas perderam-se na mata, sendo encontrados duas horas depois.
19. Queria reformar a casa, mas não tinha dinheiro suficiente.
20. Naquela época afastada, as mulheres usavam vestidos compridos e com babados.
21. As crianças, admiradas, olhavam aquelas nuvens a formar figuras em sua imaginação.
22. Encomendei algumas ferramentas, mas, se não gostar, devolvê-las-ei imediatamente. (ou as devolverei)
23. Com certeza lhes é desagradável pedir desculpas publicamente. (ou desagradável para eles).
24. Ele gostava muito de frutas, mas só as comia quando maduras.
25. Algo que não quero é viver no luxo, pois sou uma pessoa simples.

■ GABARITO 3

203) B
204) C
205) C
206) D
207) B
208) D
209) C
210) A
211) C
212) C
213) D
214) C
215) A

216)
1. Adjunto adverbial de lugar
2. Objeto direto
3. Complemento nominal e complemento nominal
4. Objeto indireto e sujeito
5. Sujeito e aposto
6. Vocativo e sujeito
7. Complemento nominal
8. Adjunto adnominal, adjunto adverbial de modo e agente da passiva

9. Objeto indireto e aposto
10. Adjunto adverbial de assunto
11. Adjunto adverbial de concessão e adjunto adverbial de tempo
12. Objeto direto, objeto indireto e predicativo do sujeito
13. Objeto indireto e objeto indireto
14. Objeto direto, adjunto adverbial de fim e complemento nominal
15. Complemento nominal
16. Adjunto adnominal
17. Objeto indireto e adjunto adnominal
18. Adjunto adnominal e predicativo do sujeito
19. Adjunto adverbial de conformidade, objeto direto e adjunto adverbial de tempo
20. Objeto direto e aposto
21. Adjunto adnominal, adjunto adnominal e adjunto adnominal
22. Adjunto adverbial de afirmação, sujeito e adjunto adverbial de modo
23. Complemento nominal
24. Sujeito, predicativo do sujeito e adjunto adverbial de condição
25. Adjunto adverbial de tempo, objeto direto e objeto direto
26. Predicativo do sujeito, aposto e sujeito
27. Objeto direto e predicativo do objeto direto
28. Sujeito e adjunto adverbial de lugar
29. Complemento nominal
30. Vocativo e adjunto adverbial de tempo

217) C	221) A	225) A	229) C
218) D	222) C	226) B	230) A
219) B	223) B	227) B	231) C
220) A	224) D	228) D	232) C

233)
1. Coordenada sindética adversativa
2. Subordinada adjetiva restritiva
3. Principal
4. Subordinada substantiva completiva nominal
5. Coordenada sindética conclusiva
6. Subordinada adverbial condicional
7. Subordinada substantiva subjetiva
8. Subordinada adverbial final
9. Subordinada adjetiva restritiva

10. Subordinada substantiva predicativa
11. Subordinada adverbial concessiva
12. Coordenada sindética aditiva
13. Subordinada adverbial temporal
14. Coordenada sindética explicativa
15. Subordinada adjetiva explicativa
16. Subordinada substantiva objetiva indireta
17. Coordenada sindética alternativa
18. Subordinada adverbial temporal
19. Subordinada substantiva objetiva direta
20. Subordinada adjetiva restritiva
21. Subordinada adverbial concessiva
22. Subordinada substantiva subjetiva
23. Principal
24. Subordinada adverbial proporcional
25. Subordinada adjetiva restritiva
26. subordinada adverbial causal
27. Subordinada substantiva subjetiva
28. Subordinada adverbial temporal
29. Subordinada adverbial consecutiva
30. Subordinada adverbial condicional
31. Subordinada substantiva completiva nominal
32. Coordenada sindética explicativa
33. Subordinada adjetiva restritiva
34. Subordinada adverbial causal
35. Subordinada adverbial concessiva
36. Subordinada substantiva apositiva
37. Absoluta
38. Coordenada sindética adversativa
39. Subordinada adverbial conformativa
40. Subordinada adjetiva explicativa

BIBLIOGRAFIA

BIBLIOGRAFIA

ACADEMIA BRASILEIRA DE LETRAS. *Vocabulário ortográfico da língua portuguesa.* 5. ed. São Paulo: Global, 2009.

ALMEIDA, Napoleão Mendes de. *Dicionário de questões vernáculas.* São Paulo: Caminho Suave, 1981.

ANDRÉ, Hildebrando Afonso de. *Curso de redação.* 3. ed. revista e ampliada. São Paulo: Moderna, 1988.

BECHARA, Evanildo. *Moderna gramática portuguesa.* 37. ed. Rio de Janeiro: Lucerna, 1999.

CEGALLA, Domingos Paschoal. *Dicionário de dificuldades da língua portuguesa.* Rio de Janeiro: Nova Fronteira, 1996.

CUNHA, Celso e CINTRA, Lindley. *Nova gramática do português contemporâneo.* 2. ed. Rio de Janeiro: Nova Fronteira, 1985.

FERNANDES, Francisco. *Dicionário de verbos e regimes.* 33. ed. Porto Alegre/Rio de Janeiro: Globo, 1983.

FERREIRA, Aurélio Buarque de Holanda. *Novo dicionário Aurélio da língua portuguesa.* 4. ed. conforme a nova ortografia. Curitiba: Editora Positivo, 2009.

FOLHA DE SÃO PAULO. *Manual geral da redação.* 2. ed. revista e ampliada. São Paulo: Folha de São Paulo, 1987.

HOUAISS, Antônio, VILLAR, Mauro de Salles e FRANCO, Francisco Manoel de Mello. *Dicionário Houaiss da língua portuguesa.* 1. ed. com a nova ortografia da língua portuguesa. Rio de Janeiro: Objetiva, 2009.

INFANTE, Ulisses. *Do texto ao texto, curso prático de leitura e redação.* São Paulo: Scipione, 1991.

LUFT, Celso Pedro. *Novo guia ortográfico.* 14. ed. Porto Alegre/Rio de Janeiro: Globo, 1983.

MARTINS FILHO, Eduardo Lopes. *Manual de redação e estilo de O Estado de São Paulo.* 3. ed. revista e ampliada. São Paulo: O Estado de São Paulo, 1997.

MICHAELIS. *Moderno dicionário da língua portuguesa.* São Paulo: Melhoramentos, 1998.

O GLOBO. *Manual de redação e estilo,* organizado e editado por Luiz Garcia. 15. ed. São Paulo: Globo, 1992.

ROCHA LIMA, Carlos Henrique da. *Gramática normativa da língua portuguesa.* 20. ed. Rio de Janeiro: José Olympio, 1979.

SACCONI, Luiz Antonio. *Não erre mais! Português agradável e descomplicado.* 25. ed. reformulada. São Paulo: Atual, 2000.

TERRA, Ernani e NICOLA, José de. *Redação para o 2º. grau: pensando, lendo e escrevendo.* São Paulo: Scipione, 1996.

TUFANO, Douglas. *Estudos de redação.* 3. ed. ampliada. São Paulo: Moderna, 1990.

Outras Obras de
Renato Aquino

1. PORTUGUÊS PARA CONCURSOS — TEORIA E 900 QUESTÕES — RENATO AQUINO

3. INTERPRETAÇÃO DE TEXTOS — TEORIA E 815 QUESTÕES COMENTADAS — RENATO AQUINO

4. MANUAL DE PORTUGUÊS E REDAÇÃO JURÍDICA — RENATO AQUINO / WILLIAM DOUGLAS

5. PORTUGUÊS QUESTÕES COMENTADAS — COM QUESTÕES DAS BANCAS NCE, FCC, ESAF, CESGRANRIO, FEC, FJG, VUNESP, CESPE — RENATO AQUINO

6. DICIONÁRIO DE GRAMÁTICA — CONTÉM MAIS DE 2.700 VERBETES — RENATO AQUINO

Gramática Objetiva da Língua Portuguesa — Renato Aquino — Inclui 800 exercícios com gabarito comentado

Espelho da ALMA — Sonetos, trovas e outros poemas — Renato Aquino

Rua Alexandre Moura, 51
24210-200 – Gragoatá – Niterói – RJ
Telefax: (21) 2621-7007

www.impetus.com.br

Esta obra foi impressa em papel offset 75g/m².